本书出版获国家自然科学基金面上项目（72371164）、国家自然科学基金青年项目（72002133）资助

人工智能与企业管理赋能

Artificial Intelligence
and Enterprise Management Empowerment

王 欣 主编

上海交通大学出版社
SHANGHAI JIAO TONG UNIVERSITY PRESS

内容提要

　　本书主要介绍人工智能技术在企业管理领域的应用与实践,通过总结企业运用人工智能的真实案例,深入研究在企业内部管理以及各个行业中的采用的人工智能技术。全书共分为上下两篇。上篇主要介绍企业在管理职能方面如何应用人工智能技术实现内部管理效率的提高;下篇主要介绍人工智能在乳品、金融、物流、零售、医疗、汽车、教育、制造、运输等九个行业中各具特色的实践案例。

　　本书适合管理学专业的本科生、研究生、MBA 学生阅读使用,也适合所有对人工智能与管理领域之间交叉应用感兴趣的读者。

图书在版编目(CIP)数据

　　人工智能与企业管理赋能/ 王欣主编.—上海:
上海交通大学出版社,2024.5(2024.9 重印)
　　ISBN 978 - 7 - 313 - 30679 - 1

　　Ⅰ.①人… Ⅱ.①王… Ⅲ.①人工智能-应用-企业
管理-研究 Ⅳ.①F272.7

　　中国国家版本馆 CIP 数据核字(2024)第 095470 号

人工智能与企业管理赋能

RENGONG ZHINENG YU QIYE GUANLI FUNENG

主　　编:王　欣
出版发行:上海交通大学出版社　　　　　地　　址:上海市番禺路 951 号
邮政编码:200030　　　　　　　　　　　　电　　话:021 - 64071208
印　　制:上海万卷印刷股份有限公司　　经　　销:全国新华书店
开　　本:787 mm×1092 mm　1/16　　　　印　　张:17
字　　数:311 千字
版　　次:2024 年 5 月第 1 版　　　　　　印　　次:2024 年 9 月第 2 次印刷
书　　号:ISBN 978 - 7 - 313 - 30679 - 1
定　　价:69.00 元

前　言 | Foreword

　　人工智能是计算机科学的一个分支领域,自 20 世纪 50 年代诞生以来,已经在多个应用领域取得了令人瞩目的进展。作为一门综合性的前沿交叉学科,人工智能已经成为我国国家战略的重要组成部分,在激烈的国际竞争中扮演着重要角色。人工智能技术作为经济发展的重要驱动力,受到各级政府的高度重视和国家产业政策的重点支持,国家陆续出台了多项政策,鼓励人工智能行业发展与创新。2021 年 3 月,十三届全国人大四次会议通过的《中华人民共和国国民经济和社会发展第十四个五年规划和 2035 年远景目标纲要》明确指出,要统筹推进人工智能场景创新,着力解决人工智能重大应用和产业化问题。着力推进学科交叉融合,完善共性基础技术供给体系,瞄准人工智能等前沿领域,加快推动互联网、大数据、人工智能等同各产业深度融合。我国已将发展人工智能上升到国家战略高度。2022 年 7 月,科技部、教育部、工信部等发布的《关于加快场景创新以人工智能高水平应用促进经济高质量发展的指导意见》指出,场景创新已经成为人工智能技术升级、产业增长的新路径,场景创新成果持续涌现,推进新一代人工智能发展上水平。重点鼓励在制造、农业、物流、金融、商务、家居等重点行业深入挖掘人工智能技术应用场景,促进智能经济高端高效发展。

　　在企业发展转型的重要时期,企业的管理与决策走向了以创新技术为导向的阶段,持续不断地利用人工智能相关技术实现企业自身的创新与突破。人工智能在企业中的智慧赋能,通过各类智能终端和人工智能算法,加上物联网、大数据等技术的加持,推动全行业向智能化的方向转型。人工智能赋能的企业,具有更强大的数据处理和信息资源整合能力、更加科学的辅助决策和生产规划能力、更加严密的风险防控体系和更加精确的营销服务能力。

　　本书的编写目的是总结各类企业对人工智能技术的应用与实践,分析目前传统企业在转型和发展中有哪些痛点、难点,着眼于帮助读者更好地了解当前人工智能技术在各行各业中如何为企业实现赋能,在降低企业成本的同时提高企业的生产效率,给企业带来更高的利润和更强的市场竞争力。

本书共分为上下两篇。上篇详细介绍了人工智能技术改善企业内部管理的具体应用,包括企业的人力资源、财务管理、风险合规管理、舆情管理、智慧营销、广告创作等职能方向。自动化的办公处理流程减少了繁重的企业日常任务,节省了人力和时间成本,使得员工能够集中精力处理更加复杂的工作任务。同时,智能技术能帮助企业及时检测到潜在风险,降低企业的法律风险,帮助企业更好地实现战略式发展。下篇详细介绍了人工智能技术在乳品行业、金融行业、物流行业、零售行业、医疗行业、汽车行业、教育行业、制造行业、运输行业等九个行业中各具特色的实践案例。这些行业中的人工智能应用不仅在提高企业生产和运营效率方面发挥了积极作用,还显著提升了服务质量,有效削减了成本开支。与此同时,这些技术的引入也催生了全新的商业模式和丰富的市场机会,为各行业带来了深刻的变革和创新,极大地推动了行业的前进和发展。

总的来说,本书的目标是运用通俗易懂的语言,阐述人工智能等新兴技术在企业管理中的应用与实践,向读者展示人工智能与管理领域的深度融合,为企业带来切实的好处,为科学技术与经济管理的发展起到推动作用。当然,随着人工智能等技术的日新月异,人工智能在企业管理中的应用和研究仍在持续发展与跟进之中,我们真诚地希望能够抛砖引玉,给各行各业的读者们以相应的启发。

本书在写作过程中引用参考了大量国内外相关文献,在此特向原作者表示最诚挚的感谢。限于作者水平,书中存在的不足之处,恳请广大读者惠予批评指正。

目 录 | Contents

上篇 人工智能的职能

下篇 人工智能在各行业的应用

上 篇

人工智能的职能

第 *1* 章
人力资源招聘

1.1　基于深度学习的自动简历筛选系统

人力资源是推动企业不断发展和社会持续进步的重要引擎。在这个充满变革的时代,实现人岗匹配的准确性和提高招聘效率已成为人力资源招聘管理中的核心任务。在传统的企业招聘流程中,多采用先人工筛选简历然后通知应聘人员集中面试的方法进行招聘。这种方法的技术要求比较简单,操作起来比较容易,但是也存在着一些问题。首先,这种方法容易受到招聘人员主观意识的影响,导致招聘决策可能会受制于个人倾向,降低了招聘过程的客观性和一致性。其次,这种方法在处理大规模求职简历时也存在一些瓶颈,简历数据的海量涌入往往导致招聘人员无法高效地分辨每份简历的细微差异。最后,传统的面试方法可能只能从有限的面试时间中了解应聘人员的一部分,这可能会导致不足以做出全面准确的评判。

正是在这样的背景下,人工智能技术在人力资源招聘中的应用显得尤为重要。目前在人力资源领域,人工智能技术已经被广泛应用于招聘工作[1]。它具有强大的数据处理和分析能力,能够自动识别和提取大量的关键信息,从而在短时间内完成对简历的智能筛选,减轻了招聘人员的工作负担。

在招聘流程中,应聘者首先按照预设的简历模板将自己的相关信息输入企业的招聘系统中,从而生成了大量的个性化简历数据,这些数据被储存在简历数据池中。鉴于简历数量庞大且每份简历都涵盖独特的内容,因此,提高简历的筛选效率至关重要。深度学习模型通过构建多层次的神经网络,能够从简历数据中学习到高级别的特征表示,实现自动化的简历筛选。这种方法在处理大量复杂的特征和数据时,具有很强的表示能力和适应性,为优化和加速招聘流程提供了有力的技术手段。

要实现简历的自动筛选,首先需要建立起简历选拔的量化指标。根据不同岗位的特点和用人标准,制订一系列可量化的指标,从不同维度评估应聘人员。为了评估应聘人员对于相应岗位的适合度,量化指标可以涵盖多个方面,如应聘者的基本状况、人格特征、工作动机、工作技能、个人能力等。这些指标可以划分为若干个子指标,以便更具体地评估每个维度。同时,不同指标的重要性各不相同,需要为每个指标设定相应的权重,以反映其对应聘者岗位契合度的相对贡献。指标权重的设定需要结合具体岗位的需求和特点,离不开企业人力资源部门的专业知识和以往经验的支持。

然后,基于建立起的筛选量化指标,企业需要制订相应的简历模板,以确保应聘者填写岗位申请信息的全面性和标准化。模板需要具体涵盖多个维度的关键信息,包括应聘者的基本信息、个人简介、教育背景、工作经验、职业技能等要素,同时还需要包括一系列个性化问题,如个人特长爱好、代表作品等,以便进一步刻画求职者画像,提供更加准确的信息。

最后,利用深度学习模型实现简历的智能筛选。深度学习模型能够从海量的简历数据池中提取相应特征和判断指标,利用约束方程和神经网络反向传播(Back Propagation,BP)算法进行匹配度判断,最终通过卷积神经网络(Convolutional Neural Network,CNN)来提高模型的准确性,从而实现对应聘求职者的智能化筛选。这种神经网络模型的综合使用使得简历筛选过程更加准确高效,同时也促进了人工智能技术在人力资源领域的创新应用,其具体的技术步骤可以总结如下:

(1) 数据获取和预处理。从简历数据池中获取求职者的简历数据,然后进行相应的文本预处理,包括数据格式转换、去除停用词等操作,以减少数据噪声。

(2) 建立岗位匹配模型。企业的人力资源部门需要根据各个招聘岗位的独特需求构建起岗位匹配模型,并以此为基础建立一系列约束方程。在岗位匹配模型中,约束方程是指用于衡量候选人特征与岗位要求之间关系的数学表达式。这些方程以不同指标(例如基本技能、个人人格特质)为基础,每个特征都对应一个约束方程,并且设定了特定的阈值范围,如某项技能的等级、某个特质的存在与否等。

(3) 特征提取与数据分析。系统从每份简历中提取关键特征,这些特征可以是技能关键词、工作经验时长、教育背景等。这些特征将作为输入,通过 CNN 模型对提取到的特征进行深入学习。CNN 模型能够有效地捕捉特征之间的关系,并构建出一个更高级别的特征表示,有助于智能简历筛选系统更好地理解候选简历中的信息。在深度学习的过程中,系统根据学习的效果和与实际情况的偏差,对卷积值进行反馈。这个反馈将用于调整深度学习模型中的加权参数、阈值权数和控制参数,以逐步优化筛选过程。对于涉及简历中的主观性的指标,如个人人格特征等,则需要人工干预,以确保筛选系统的判断更加准确[2]。

1.2　基于知识图谱的智能人岗推荐系统

推荐系统是一种信息过滤技术,基于用户的历史行为、兴趣和偏好,以及物品(如商品、文章、音乐等)的特性,旨在为用户提供个性化的建议和推荐。其核心目标是通过分析用户与物品之间的关联,预测用户可能感兴趣的物品,从而增强用户体验并促进用户与物品的互动。

人岗推荐系统是推荐系统的一种特定类型,主要应用于人力资源管理领域。在企业中,人岗推荐系统旨在通过综合考虑求职者的技能、背景、经验等方面的特征,与企业的岗位需求进行匹配,从而为人力资源管理者提供有关员工岗位匹配的建议和推荐。作为推动人力资源管理与招聘领域变革的重要因素之一,人岗推荐系统通过人工智能、数据分析等技术手段优化了信息匹配、提高了企业的招聘效率,使求职者和用人单位受益,同时也对社会的就业和人才流动产生积极影响。

主流的推荐系统通常基于协同过滤(Collaborative Filtering, CF)技术,其核心在于个性化推荐算法,分析用户的行为(如购买、评分、点击等)、物品的属性(如种类、特性等),以及用户和物品之间的历史交互,然后从这些信息中提取出用户和物品的特征,以实现为不同用户提供个性化的推荐。传统的推荐系统通常将用户与物品的交互信息作为系统的输入,但这将导致两个主要问题:数据稀疏性和冷启动。数据稀疏性会导致模型过度拟合的风险,而冷启动问题则使得算法无法进行推荐。针对这些问题,知识图谱技术开始被引入到推荐系统之中,弥补传统推荐系统在数据稀疏性和冷启动问题方面的不足,从而提高推荐系统的准确性和效果[3]。

基于知识图谱的人岗推荐是人工智能技术在招聘领域的又一创新应用,其核心在于运用知识图谱技术,对人才和岗位之间的关联性进行深入建模和分析。这种方法超越了传统的文本匹配和关键词匹配,将个人技能、职业背景、工作经历等因素融合在一个统一的知识表示框架中,从而实现更加精准的人岗匹配。在这种方法中,知识图谱被构建为一个多维的数据结构,其中包含了各种与人才和岗位相关的实体和关系。这些实体可以是求职者的技能、教育背景、职业兴趣等,也可以是岗位的职责描述、所需技能、工作环境等。而关系则可以表示求职者与技能之间的熟练程度、岗位与技能之间的依赖关系等。这种细致粒度的表示使得系统能够更全面地把握求职者与岗位之间的各种联系,从而实现个性化推荐的目标。知识图谱不仅仅是信息的存储,更是对关系、语义及实体特征的高效编码,使得企业能够在招聘过程中更好地处理不同层面的用人需求。

构建基于知识图谱的人岗推荐系统,首先要对企业收集到的招聘简历进行数据预处理。这些简历数据可能来自各种格式的文件,如 PDF、JPG、Word 等,需要将各种格式的数据转化为文本数据,以方便后续知识图谱的构建。在获得了文本数据后,下一步是进行自然语言处理(Natural Language Processing, NLP)操作,包括分词、词性标注、实体识别、句法分析等。通过 NLP 技术,将原始文本数据转化为机器能够理解和处理的结构化数据。通过将这些标准化的人岗数据整合在一起,构建了一个标准化人岗数据库。这个数据库可以作为知识图谱的节点和关系的基础,为后续的推荐系统提供丰富的信息。

针对非结构化数据,如简历中最常出现的纯文本数据,需要采用信息抽取(information extraction)的方法来进行三元组的构建,从中提取有用的信息(见图 1-1),其技术步骤可以概括如下:

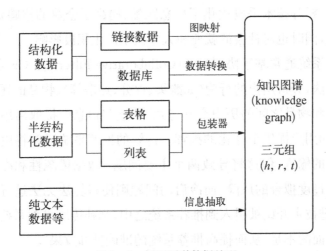

图 1-1　知识图谱数据处理

(1) 对求职者简历中的相应信息进行实体抽取,识别出关键实体,如求职者的姓名、毕业院校、年龄、期望薪资、曾就职的公司名称等,这些信息有助于构建人岗知识图谱中的实体节点。

(2) 利用半监督算法,如比较经典的 Bootstrapping 等算法进行关系抽取。这一操作的目的在于发现求职人员与不同实体之间的关联信息,如"张明—合作伙伴—李磊""李磊—曾任职—A 公司""王芳—居住地—北京"等。同样地,属性信息也会被提取,如"张明—年龄—28""李磊—学历—硕士""王芳—工作经验—4 年"等。在人岗推荐系统中,企业收集到的人岗信息经过信息抽取后,可以获得构建人岗知识图谱所需的人岗三元组数据。这些数据的格式类似于:(张明,年龄,28)、(张明,学历,本科)、(张明,技能,Java)等[4]。

除了运用信息抽取技术来构建三元组,还需要采用知识图谱补全(Knowledge Graph Completion,KGC)技术,以便向知识图谱中添加新的三元组。在知识图谱中,人岗三元组数据指的是描述人员与岗位之间关系的三元组,通常由三个要素组成:头实体、关系、尾实体。然而,在实际简历数据收集过程中,可能会遇到某些三元组数据缺失的情况。为了提高知识图谱的完整性和质量,就需要进行知识图谱补全操作,对这三元组的缺失部分进行补全[5]。知识图谱补全技术通过将实体和关系嵌入到向量空间中构建有向图结构,并利用节点之间的相似度计算和关系推断来预测缺失的信息。这种方法可以在缺少部分信息的情况下,利用已有的知识来预测新的三元组,从而丰富知识图谱。

在知识图谱补全过程中,知识表示是一项关键任务。知识表示旨在将实体和关系映射到一个连续的向量空间中,以便能够在这个向量空间中进行计算和推断。这种映射被称为嵌入表示,它将实体和关系的语义信息以向量的形式进行编码,使得它们之间的关系能够通过向量之间的相似度来表示。图谱中的实体表示为节点,关系表示为边,构成了一个有向图的结构。在这个图中,每个实体对应一个节点,每种关系对应一个有向边。将实体和关系进行嵌入表示后,可以在向量空间中进行节点之间和边之间的计算,从而进行知识图谱补全操作。其具体的技术步骤可以总结如下:

(1) 嵌入表示。对图谱中的实体和关系进行嵌入表示,将它们映射为向量。TransE(Translating Embeddings for Modeling Multi-relational Data)是知识图谱中关系表示学习的经典模型之一,其核心思想是基于平移操作来表示关系。模型假设关系实际上是将头实体的嵌入向量平移到尾实体的嵌入向量上,即通过一个关系向量来表示关系的本质。对于一个三元组 (h, r, t),其中 h 表示头实体,r 表示关系,t 表示尾实体,TransE 模型将这个关系表示为 $t \approx h + r$,模型的目标是通过学习合适的嵌入向量和关系向量,使得对于已有的三元组,关系向量与头实体向量和尾实体向量之间的平移关系能够较好地近似成立,如图 1-2 所示。具体的训练目标是最小化已有三元组的预测误差,即最小化预测的尾实体向量与真实尾实体向量的距离[6]。

(2) 构建有向图。有向图是一种图结构,其中节点表示实体,有向边表示关系。在构建有向图的过程中,每个实体被映射为一个嵌入向量,每个关系也被映射为一个嵌入向量,这样可以在向量空间中表示实体和关系之间的语义关系。

$$\text{head entity prediction}: (?, r, t) \longrightarrow (?, 熟悉, \text{Java})$$

$$\text{relation prediction}: (h, ?, t) \longrightarrow (张明, ?, \text{Java})$$

$$\text{tail entity prediction}: (h, r, ?) \longrightarrow (张明, 熟悉, ?)$$

图 1-2　知识图谱补全

（3）计算节点之间的相似度。在嵌入向量空间中，通过计算不同实体的嵌入向量之间的距离或相似度来衡量这些实体之间的语义关联程度。常用的计算方法有余弦相似度、欧氏距离、曼哈顿距离（L1 距离）等。

（4）进行关系推断与图谱补全。关系推断是指通过计算有向边之间的相似度预测缺失的关系，找到与已知关系相似的边，然后根据已知的实体进行推断可能的尾实体。利用相似度计算和关系推断，图谱补全对缺失的头实体、尾实体或关系进行预测。通过寻找与已知实体或关系最相似的节点或边，将可能的补全信息添加到知识图谱中[7]。

人岗推荐系统中，需要将求职人员与招聘需求进行匹配，以找到最合适的候选人。与传统的推荐算法不同，人岗推荐算法需要考虑求职人员的技能、经验等与招聘需求的匹配程度。在人岗推荐算法模型中，算法的输入由两部分组成，一个是招聘需求信息 u，另一个是候选的人员简历信息 v，输入这些信息是为了进行人岗匹配。算法的输出是一个表示招聘需求 u 对应的人员简历 v 的可能性。换句话说，算法需要预测应聘者的求职简历在满足招聘需求方面的匹配度。Rh 是关系 R 和头节点 h 的嵌入表示，t 代表尾节点嵌入表示。在图谱中，关系和头实体、尾实体都可以用嵌入向量来表示，以捕捉它们之间的语义关系。

为了考虑与招聘需求 u 相关的历史交互信息，算法将与招聘需求有过关联的求职人员作为种子集合，这些人员构成了与招聘需求 u 之间的历史互动，如图 1-3 所示。种子集合的形成不仅包括与招聘需求直接关联的人员（一跳关联），还可能涉及间接关联的人员（两跳关联）或更多跳的人员关联。这些种子集合中的人员信息将在图谱中传播，以便获取更广泛的历史互动信息。然后需要使用种子集合信息和求职人员简历 v 的嵌入表示，进行迭代交互。通过交互的反馈信息，可以得到的招聘需求信息与种子集合信息综合，形成最终的招聘需求表示，这个表示综合了招聘需求 u 的特点及与其历史交互有关的种子集合信息。最后，利用招聘需求表示和人员简历信息的嵌入表示，通过可能性计算公式，可以预测招聘需求 u 对于应聘人员求职简历 v 的招聘可能性，这个可能性的值可以用来排序和筛选候选人员[8]。

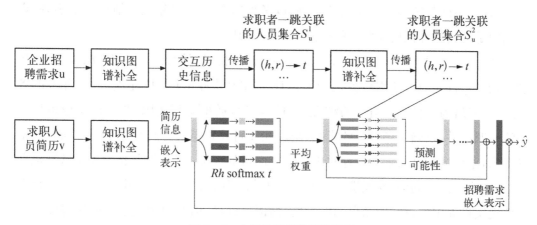

图 1-3　人岗推荐系统算法框架

1.3　基于 VR+AI 的虚拟场景面试系统

利用虚拟现实(Virtual Reality，VR)技术进行面试可以更真实地模拟应聘人员在未来工作中可能遇到的情境,从而更全面地评估他们的能力和适应性。VR 技术可以创造出一个虚拟的现实世界,借助 3D 图像、声音和互动元素,使用户感觉自己置身于一个虚拟的环境中。通过结合面试官机器人和 VR 技术,在虚拟环境中模拟出一个实际的面试场景,面试官机器人可以提出问题、与应聘者进行对话,并观察他们的回答和行为。虚拟现实面试通过在虚拟环境中还原实际工作情境,可以更准确地评估应聘者在真实工作中的表现。由于应聘者处于沉浸式的环境中,他们的反应可能更贴近真实情况,从而提供更具代表性的评估。

在面试情境中,企业可以利用 VR 技术创建与特定职位相关的工作场景,然后让求职者在虚拟环境中进行实际操作和决策。例如,公司正在招聘项目经理,他们可以使用 VR 技术创造一个虚拟的项目团队环境,然后给候选人一个具体的项目任务,要求他们在虚拟环境中做出决策、协调资源、解决问题等。面试官可以通过观察候选人在虚拟环境中的表现,了解他们的沟通能力、领导才能、问题解决能力,以及在压力下的应对能力。虚拟面试的具体步骤可以总结如下:

(1) 企业的人力资源团队要仔细审视所要招聘的特定职位,了解该职位所需的关键技能、背景和能力,明确岗位候选人应具备的核心素质。然后根据这些信息确定适用的招聘场景,也就是在实际工作中会遇到的情境和任务。通过构建虚拟的面试情境,以模拟应聘者在工作中可能遇到的实际情况。并且基于这些定义好的招聘场景,设计一系列与情境面试相关的问题,以考察求职者在实际工作情境下的表现,以及他们是否具备胜任所述职位的技能和专业知识。

(2) 企业需要与 VR 开发公司合作,将设计的情境考题转化为适用于虚拟现实环境的场景。首先通过使用计算机辅助设计(CAD)软件进行 3D 建模,创建环境的各个元素,然后为模型赋予适当的纹理和材质,以增强视觉真实感,并且设定虚拟环境中的光照条件,以确保场景中的光线、阴影和反射效果逼真。同时需要根据面试的情景需求,添加可交互元素。在针对虚拟现实面试的情境中,企业需要引入面试官机器人,其功能是提出问题、与候选人互动,并记录他们的表现。这一机器人的设计旨在模拟现实世界中面试官的角色,并融合自然语言处理、语音识别及情感分析等多项技术,实现沟通和评估的过程。

(3) 在虚拟现实设备上,通过虚拟面试机器人引导进行面试。求职者戴上 VR 头显,置于一个 360 度的虚拟环境中,头部和手部动作可以互动。虚拟现实面试过程中,求职者能够在模拟的真实场景中展现自己的能力,应对虚拟环境中模拟的考核任务。在这个虚拟现实面试的环境中,虚拟面试官会不断向求职者的 VR 头显发送与岗位相关的虚拟现实任务场景。这些虚拟场景包括模拟真实工作场景中的挑战和任务,VR 设备中的运动控制传感器将跟踪并记录求职者的行为,允许求职者在虚拟世界中进行自由操作,如移动、互动等。虚拟面试官会根据求职者对相应问题的解答情况,进行综合技能评分,用于为企业的人力资源招聘团队提供面试者的技能和适应性预测[9]。

1.4 小结

将人工智能技术应用于人力资源招聘领域,体现了企业对于成本管理的重视和创新。这种应用模式可以建立一种新的人机合作工作模式,将人工智能与人力资源管理融合,从而提高工作效率并显著降低管理成本。这一革新使得人力企业对于人才的招聘变得更加智能化,为企业带来了更多机会和益处。传统的简历筛选过程通常需要大量的人力和时间,同时可能会由于主观因素导致信息筛选不准确。而基于深度学习的智能简历筛选系统可以通过自动化和高效的方式,快速分析大量简历并提取关键信息。这样一来,企业可以节省大量的人力资源和时间成本。而通过建立知识图谱,将求职者的职业技能、工作经验等信息与岗位要求等企业信息相关联,可以实现更精准的人岗匹配。这样的推荐系统可以帮助企业快速地找到适合的岗位候选人,减少招聘周期,降低招聘失败的风险。虚拟现实与人工智能(Artificial Intelligence,AI)技术的结合,模拟出了真实的面试场景,一方面减少了真实场景面试的物理安排和资源消耗;另一方面也为企业评估求职者的工作能力等提供了更多信息,有利于企业更好地决策是否录用求职者。总的来说,人工智能技术在人力资源招聘方向上的应用,不仅仅是简单地替代传统的人力资源工作,更是在提高效率的基础上,实现了更加准确、更具有针对性的人力资源管理模式。

思考题

(1) 人才招聘对于企业的发展至关重要,请总结深度学习和知识图谱等人工智能算法是如何提升招聘效率和招聘效果的。

(2) 面试是企业确定求职者是否符合职位要求的关键环节,VR 与 AI 技术相结合进行虚拟面试的案例在面试招聘方面给了我们怎样的启发?

(3) 人力资源的工作职能不仅仅包括人力资源招聘,还包括员工培训、员工绩效管理、薪酬管理等一系列内容,请结合你自己的工作经验,谈谈在未来还可以应用人工智能等技术实现哪些方面的创新。

第 2 章
财务管理

2.1 基于机器学习的智能会计引擎

传统财务依赖手工处理、文档记录和人工计算等流程进行财务核算和管理的方式,然而,手工操作容易导致耗时和错误,同时数据分析和决策支持能力有限,无法适应快速变化的商业环境。为了克服这些限制并提升财务管理效能,引入智能财务迫在眉睫。智能财务借助人工智能和自动化技术,能够高效准确地处理重复性工作,提高效率并减少错误。此外,智能财务强调数据分析,通过对大量财务数据的深度分析,提供有价值的信息,支持明智的决策。实时报表和数据分析使得企业财务能够快速地响应变化,从核算型模式向更具管理和战略性的模式升级。总之,引入智能财务能够赋能企业财务部门,提高效率、准确性和决策支持能力,使企业在竞争激烈的市场中更具优势。

智能财务以人工智能技术为核心,对企业财务核算流程与管理职能进行重构。一方面,它具备高效而准确地处理高度重复的手工记账工作的能力,从而让财务人员有更多时间和精力投入到更具有创造性价值的事务中。另一方面,智能财务在企业的预测决策、风险管控和成本管理等方面提供有力支持,从而推动企业财务模式从简单的核算阶段逐步演进为更加注重管理的阶段[10]。人工智能技术的应用对会计引擎的性能提升具有积极影响,机器学习作为人工智能领域中的一个重要分支,运用这类算法的计算机系统能够按照一定的方式对所提供的训练数据进行学习,进而构建相应的模型。随着训练次数的增加,模型能够不断地改进和优化,并对相关的财务问题进行预测。

会计引擎充当着数据处理的核心角色,其作用在于连接业务数据库与财务应用系统,最终将数据转化为会计信息的输出者。这一引擎具备内嵌的核算规则,能够自动且无误地将业务信息转换为规范化记账凭证,其中包含了复式会计分录。其高效率的功能使得数据转换过程具有自动化且高度准确的特性,进而实现了交易明细和会计总账之间的无缝互联。对于业务与财务高度融合的现代环境而言,会计引擎具有不可忽视的重要性,发挥着关键的作用[11]。

　　会计引擎作为业务系统与财务系统之间的中介,扮演着数据转换的关键角色。其定位于数据转换器,负责将业务系统前端所产生的业务数据转化为财务系统后端所需的财务信息,如图 2-1 所示。在这一过程中,会计引擎充当业务系统与财务系统之间的连接枢纽。业务系统通过数据接口将业务数据传送至会计引擎,而财务系统则从会计引擎获取所需的转化后的财务数据。业务系统在前端,通过与会计引擎的数据接口进行连接,将生成记账凭证所需的业务数据传递至会计引擎。这一步骤实现了业务信息的输入,为后续财务处理提供了基础。会计引擎内部嵌入了预设的转换规则。这些规则是根据会计标准和组织的财务政策制订的,它们指导着会计引擎将输入的业务数据转化为预制记账凭证,这个过程确保了数据的准确性和一致性,遵循了财务处理的规范。会计引擎按照内置的转换规则,将输入的业务数据转化为预制记账凭证。这些凭证包含了复式会计分录,是财务系统进一步处理的基础。生成的预制记账凭证经由会计引擎传递至财务系统。在财务系统中,这些凭证将经过审核,一旦确认准确无误,它们便成为正式的记账凭证,用以完成财务信息的输出和记录[12]。

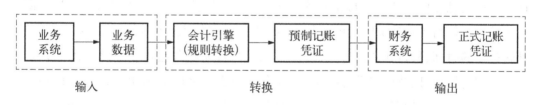

图 2-1　会计引擎原理

　　机器学习在财务会计引擎的智能化升级中,主要聚焦记账凭证的智能生成。通过引入机器学习技术,财务会计引擎可以在大规模标记过的数据训练下持续提升性能。在这个过程中,首先经过机器学习技术的运用,财务会计引擎能够高效而准确地识别业务信息。这意味着在处理多样且复杂的业务数据时,引擎能够自动识别不同类型的业务交易、事件或操作,从而为后续处理打下坚实基础。接着在识别业务信息的基础上,财务会计引擎基于改进后的转换规则生成预制记账凭证,并即时传递至财务系统。这意味着通过机器学习,引擎能够对不同类型的业务数据进行更准确、更快速的转换,从而大幅提高记账效率和准确性。一旦预制记账凭证进入财务系统,它将被视为正式的记账凭证,并且将自动完成记账过程,进一步提高了处理效率。

　　智能财务会计引擎的流程是通过融合影像识别与处理、文字识别与处理等技术,将企业各业务系统中纷繁复杂的业务信息转换为结构清晰明了的业务数据。首先要做的就是原始凭证的电子化与识别。企业通过使用影像扫描技术将纸质原始凭证转化为电子形式,或者通过网络传输获取电子原始凭证。图像识别与处理技术被应用于业务系统内,用以对原始凭证进行真伪识别、票面核对和分类。这些技术能够自动检测原始凭证的有效性,确保所处理的数据是准确的。这些原始凭证所包含的各项信息,如发票号码、开票日期、购买方信息、销售方信息、货物或应税劳务(服务)信息等,会被转化为固定结构的文字与数据,从而避免遗漏和错误。

　　接着需要自动提取信息和生成记账凭证,智能会计引擎从业务系统内自动提取生成记账凭证所需的信息,借助文字识别与处理技术,这些提取的信息进一步被转化为机器可理解的数据。例如,从电子凭证中提取的信息可能包括交易日期、交易金额、交易描述等。机器学习技术在这个流程中的主要作用是对业务信息进行识别,从而提升财务会计引擎对业务数据的识别能力。监督式学习是主要的机器学习方法,它要求对输入业务系统的原始业务信息及智能财务会计引擎处理后的业务信息进行标记。这些标记有助于算法理解业务信息与处理结果的关联。例如,对于一张增值税专用发票,企业需要在导入电子版之前对发票的各项信息进行标记,包括发票号码、开票日期、购买方信息、销售方信息、货物或应税劳务(服务)信息和付款方式等。这些标记信息被用于分类原始凭证,然后通过图像识别技术将其转化为文字与数据。在传输至智能财务会计引擎之前,同样需要对这些采购信息进行标记,以便引擎能够理解记账的时间、科目和金额等。通过这一流程,智能财务会计引擎结合图像识别、文字识别与处理,以及机器学习技术,使财务人员在记账时无需手动选择会计科目,从而实现了自动化记账,提高了记账的效率和准确性。这个过程不仅能减轻财务人员的工作负担,还能在大数据量的情况下提升数据的处理效率和质量。

　　改进现有记账凭证转换规则的流程是通过引入监督式学习算法,使智能财务会计引擎能够自动识别和提取业务信息,并将其转换为预制记账凭证。其技术步骤可以总结如下:

　　(1)进行数据准备与标记,收集大量标签化的业务数据,其中包括原始业务信息和对应的记账凭证。每个数据样本需要标注包含的业务信息、日期、会计科目和发生额等。

　　(2)进行特征提取和处理,将原始数据转化为机器可理解的形式,以便用于训练和应用模型。在智能财务会计引擎中,这个步骤的目标是从标签化的业务数据中提取与记账凭证有关的信息,并将这些信息转化为适合机器学习算法的特征,以进行预测和分类任务。对于图像数据,如发票、凭证的图像,首先进行预处理,包括图像大小的标准化和去除噪声等。预处理后的图像变得更加适合进行特征提取。例如,从发票图像中可以提取出发票号码的位置和形状特征,从而在模型中表示发票号码。对于文本数据,如业务描述、客户名称,首先需要对文本进行分词,以便计算机能够理解和处理。在中文分词操作之后,每个词都需要进行编码,将其转化为向量或数值表示。常见的编码方式包括词袋模型、词嵌入(word embedding)等。词袋模型将每个词转化为一个独立的特征,形成一个向量,向量中的每个元素表示对应单词的出现次数或权重。词嵌入是一种更高级的编码方式,将每个单词映射到一个连续向量空间中的点,捕捉了单词之间的语义关系。

(3) 选择机器学习算法。由于这是一个监督式学习任务,可以选择分类算法,如支持向量机(Support Vector Machine,SVM)、随机森林(random forest)、神经网络等。将准备好的特征和标记好的业务信息用于训练机器学习模型。模型的目标是根据输入的业务信息,预测记账凭证的核心要素:记账日期、会计科目及各科目的发生额。使用验证集评估训练得到的模型性能,根据性能指标进行模型的调整和优化,以确保模型在不同情况下的准确性。训练好的机器学习模型将被应用于实际业务数据中。当新的业务信息到达时,模型能够根据业务信息自动预测对应的记账凭证要素。随着收集到更多标签化的业务数据,模型内嵌的转换规则将持续进行动态调整和优化。模型会不断学习新的业务情况和变化,以适应不同业务类型和场景的转换需求[13]。

2.2　基于深度学习的智能审计平台

在大数据时代,随着云计算、数据挖掘等信息技术的快速发展,审计方法也在不断地进化。越来越多的企业和机构开始采用大数据分析这一技术手段来进行财务会计数据的审计。在以往的审计工作中,审计过程主要依赖离线的财务数据,这在一定程度上会导致一系列的问题,如数据存在部分缺失,导致完整性下降、审计结果不够准确;由于财务数据是在离线环境中处理的,当出现人为篡改会计数据时无法进行有效的追踪;由于财务数据包含的范围很广,企业内部的财务信息被储存在不同的业务部门,审计人员需要与多个部门进行对接合作,容易造成财务数据的碎片化,给企业内部财务信息的共享造成阻碍。

财务共享服务模式在近年来被广泛应用,作为一种新兴的会计报表业务管理模式,其核心思想是将分散在各个地区的不同单位的会计业务汇聚到一个集中的财务共享中心,以便实现统一的记账和报账流程。财务共享中心通过合理的分工对各个单位的财务业务进行有效组织,在工作平台、记账报账准则及结构方面,则根据不同地区的财务制度进行相应调整。财务共享服务模式的关键在于建立云会计信息系统(Accounting Information System,AIS)作为财务共享服务中心的核心。这一系统对企业的财务数据进行统一处理,同时实现与企业旗下子公司的企业信息系统(Enterprise Resource Planning,ERP)、供应链管理(Supply Chain Management,SCM)等各类系统的无缝对接。通过这种方式,财务共享服务模式实现了企业内部各项关键业务系统之间的高度协同和数据交互。这一模式在不同地区的实施具有灵活性,它充分考虑了各地区的财务制度和标准的差异。虽然该模式通过统一的财务共享中心实现了核心功能,但同时也允许在地区特色和需求的基础上进行相应的定制,以适应多样化的环境。通过在不同地区建立统一的财务共享中心,企业可以实现财务数据的标准化处理,进而提升整体财务管理的效率与精确性[14]。

在财务共享服务模式中,首先需要明确企业财务数据的流向,以此来规避企业审计中常出现的一系列问题。例如,在传统的财务会计模式中,母公司下各个子公司的数据被单独存储在各自的 AIS 中。母公司在进行审计时,需要将所有子公司的数据从各自的 AIS 中汇集到审计数据仓库中,导致数据的收集过程烦琐耗时。针对这一问题,财务共享服务模式利用财务共享中心进行财务数据的集中采集,而业务数据则可以通过 ERP 等系统进行采集,有效减少了数据采集工作量。此外,在传统的财务会计模式中,不同企业的 AIS 之间缺乏统一对接,容易造成数据接口的差异等问题,即不同系统间的数据格式、标准不一致,额外增加了审计时数据清洗的工作量。而标准化的会计业务流程采用统一的数据录入标准和财报生成等方法,使得财务数据不需要进行清洗和转换就可以传递到共享服务中心。同时,财务共享机制也降低了企业收集外部数据的难度和成本,标准化的会计业务流程为企业直接利用外部数据提供了基础。

在财务共享服务模式下,大数据的预处理起着至关重要的作用,以确保从大数据中获取准确、有用的信息。在财务共享服务模式中,主要的数据来源包括:

AIS 系统:涵盖了共享的财务数据、业务财务数据及战略财务数据,具体是指项目相关预算、费用报销、资产核算等,以及战略管理层面的综合预算、投融资、经营分析等数据。

ERP、SCM 等业务系统:涵盖了企业采购、生产、销售等业务流程数据,在财务共享服务模式下,这些业务数据经过标准化处理,共同构成了更为全面的业务数据来源。

企业外部数据:企业外部数据与企业的业务相关,可以从不同角度反映企业的运营状况,为审计提供了更全面的视角。

尽管前面已经提到,标准化的录入模式在一定程度上可以减少数据清洗的工作量,但外部数据通常来自多个不同的数据源,在数据一致性和正确性等方面可能存在问题。为了确保外部数据与内部数据相兼容,数据清洗仍是不可或缺的操作步骤。数据清洗可以识别、纠正和消除数据中的错误和不一致问题,主要涉及去除重复数据、修复缺失数据、纠正格式错误等操作,以提高数据质量和可信度。清洗后的数据经过集中管理和分级存储,通常会建立审计数据仓库。这个仓库是一个存储大数据的中心,为审计所需的数据提供便捷访问。审计数据仓库的建立使得审计人员能够更轻松地从数据中查找、分析和提取所需的信息。在大数据审计中,深度学习模型可以被用于自动审计过程。这些模型能够自动检测和标注出异常的财务数据,从而为审计专家提供了潜在的问题点。这不仅减轻了审计人员的工作负担,还能提高审计的效率和准确性。

由于运用人工智能算法进行财务审计的实际应用方案有很多,我们这里举例介绍一种利用深度学习算法来检测异常财务数据以实现自动审计的方法,该方法主要基于变分自编码器(Variational Autoencoder,VAE)与双向长短时记忆网络(Bidirectional Long Short-Term Memory,Bi-LSTM)[15]。

VAE 是一种生成模型,用于学习数据的分布并生成新的数据样本。在财务数据审计中,VAE 的作用是将原始会计分录进行重建,从而捕捉数据的关键特征。首先需要将原始会计分录输入编码器,编码器将其映射到潜在空间的分布参数,即潜在变量的均值和方差。然后根据潜在变量的分布参数,从潜在空间中进行采样,生成隐含表示。接着将隐含表示输入解码器,解码器将隐含表示映射回原始数据空间,从而重建原始会计分录。计算重构的会计分录与原始会计分录之间的误差,这个误差可以用来衡量会计分录的异常程度,较大的重构误差表明该会计分录可能是异常的。重构误差通常采用重构的数据与原始数据之间的差异作为损失函数,通常使用均方差(Mean Squared Error,MSE)作为损失函数,用于度量重构的准确程度。为了确保潜在变量的分布接近一个标准正态分布,通常还会引入 KL 散度作为正则化项,用于惩罚潜在变量的分布与标准正态分布之间的差异。

Bi-LSTM 是一种递归神经网络,用于处理序列数据,它具有记忆和学习序列模式的能力。在财务数据审计中,Bi-LSTM 可以用于预测金额值,并检测出偏离正常预测的金额。将会计分录的金额序列输入 Bi-LSTM，Bi－LSTM 能够捕捉序列中的时序关系和模式。Bi－LSTM 的特点是具有双向学习能力，它同时从过去和未来的信息中学习序列模式，这有助于更好地捕捉金额的变化趋势。然后 Bi－LSTM 输出预测值，即预测的金额值，通过比较预测值与实际值，可以检测出偏离正常预测的金额。

这种将 VAE 和 Bi－LSTM 结合起来构建财务数据自动审计方案，利用 VAE 重构会计分录，并计算重构误差；使用 Bi－LSTM 预测金额值，并比较预测值与实际值，检测偏离正常预测的金额。将 VAE 的重构误差和 Bi－LSTM 的金额预测误差综合考虑，标识出异常财务数据和异常金额。通过应用深度学习算法，能够更好地捕捉数据中的模式和关联，为财务数据审计带来了显著的成效。

2.3　基于 RPA 技术的自动化财务机器人

在财务工作中，重复性和烦琐的任务占据了相当大的比例，这对企业的会计人员构成了巨大的负担。这些工作不仅消耗了大量的人力、物力和财力，还容易引发人为错误。在这种背景下，财务机器人开始被研发引入，有效解决了这一难题。财务机器人是"机器人流程自动化（Robotic Process Automation，RPA）"技术在财务领域的应用，是人工智能时代的产物。这些机器人以机器人流程自动化为核心技术，借助其高度重复性、逻辑清晰和规律性强等特点，在财务领域取得了显著的成果[16]。

数据检索与记录是财务机器人的基础功能，其核心目标是通过模拟财务人员的操作，将传统财务工作中的手工操作记录下来，并借助计算机规则进行模拟，使财务机器人能够自动执行数据检索、迁移和录入等任务。

在数据检索过程中，财务机器人通过预设的规则和流程模拟财务人员手工的检索操作。它可以自动访问内部和外部的安全站点、数据库或系统，根据预设的关键字段进行数据检索，并从中提取所需的相关信息。相较于传统的编程方式，财务机器人更具灵活性，因为它可以动态地获取页面元素，即使页面进行了部分修改，也无须对项目架构进行大幅调整，从而节约了系统维护的成本。

数据迁移：数据迁移涉及在不同系统之间迁移结构化数据。财务机器人能够自动采集数据、进行逻辑转化，然后将数据从一个系统迁移到另一个系统。在迁移过程中，它会进行数据的完整性和准确性测试和校对。对于不同系统之间的数据迁移，财务机器人能够适应数据或流程的变更，保持灵活性。不仅适用于一对一的系统数据迁移,还可以处理一对多、多对一、多对多等复杂的数据迁移关系,从而降低了跨系统数据迁移的成本。

数据录入:对于需要将数据录入系统的情况,财务机器人可以识别纸质文件信息或接收电子文件信息,并模拟财务人员的手工操作,自动将预填充的数据录入对应的系统中。例如,在供应商管理系统中设立和维护供应商数据、在开票系统中录入发票开票信息以实现财务机器人的自主开票,或在银行系统中输入付款数据以自动生成会计分录,甚至支持普通付款和批量付款等操作。

财务机器人借助光学字符识别(Optical Character Recognition,OCR)技术,实现对图像的自动识别和信息提取,将这些信息转化为可以进行进一步结构化处理的数据。这一过程不仅对数据进行了审查与分析,还输出了对企业管理和决策有帮助的信息。财务机器人首先对获取的图像进行预处理,可能包括去噪、调整亮度等,以确保图像质量适合识别。在预处理后,财务机器人运用 OCR 技术将图像中的文字转换为计算机可读的文本数据。为了减少数据量,财务机器人从识别的文本数据中提取出关键特征,并将其转化为更低维度的表示。基于提取的特征,财务机器人设计和训练文字分类器,用于将识别出的文本划分为不同类别,如发票号码、金额、日期等,并且需要对识别结果进行优化校正和格式化,确保准确性和一致性。经过 OCR 识别和处理后,财务机器人将从图像中提取的关键字段信息转化为结构化数据,为后续审查、分析和决策提供数据基础。财务机器人根据预设的规则模拟人类判断的过程,对识别出的文本信息进行审查和分析。它可以检查金额的准确性,验证关键信息的匹配等。经过审查和分析,财务机器人将识别的文本信息从图像形式转化为管理和决策所需的有用信息。这些信息可能以报告、数据集等形式输出,为企业的财务管理和业务决策提供支持。

信息监控与产出也是财务机器人的关键功能,它模拟人类的判断能力,推进财务工作流程,其中包括工作流分配、标准报告生成、基于明确规则的决策及自动信息通知等操作。财务机器人根据预设的工作流程,自动将任务分配和交接,从而实现工作流程和审批流程的自动推进。例如,当出现数据校验失败时,财务机器人会根据设定的流程,自动发送电子邮件通知相关人员进行审核和批复。财务机器人通过整合从内部和外部获得的信息,按照标准的报告模板和数据要求,模拟人类的操作,生成自然语言的报告。基于明确设定的规则,财务机器人自动进行分析、预测和决策。它可以利用过去的数据和市场信息进行自动化预测,根据历史信用记录自动进行信用审批,以及按照预先设定的规则自动处理标准费用支出等。在财务处理的各个环节中,当需要向其他相关方(如财务人员、员工、供应商、客户等)推送通知和提醒信息时,财务机器人可以发挥作用。财务机器人会自动识别涵盖推送信息的关键字段,生成信息通知指令,并将通知信息发送给相应的接收方[17]。

2.4　小结

人工智能技术在财务管理领域的应用具有深远的意义,它不仅提升了企业在财务管理工作方面的效率和准确性,还改变了财务工作的方式和决策的依据。通过将繁重的事务性工作交由人工智能技术处理,企业的财务管理部门可以将更多时间和精力投入到战略性决策和业务分析中,为企业创造更大的价值。智能会计引擎作为整个系统的基石,依托机器学习技术,为财务管理提供了强大的分析和决策支持。通过机器学习,该引擎能够自动识别和分类财务数据,从而实现财务信息的准确汇总和分类。此外,它还能够自动发现数据异常和模式,帮助企业及时发现潜在的问题和风险。这种精确而高效的数据处理,不仅减少了人为错误,也为企业决策提供了更可靠的依据。基于深度学习的智能审计平台进一步提升了财务管理的智能化水平。传统审计需要大量的人力和时间,而智能审计平台通过深度学习,能够自动分析海量数据,检测潜在的违规行为和错误。它能够在短时间内完成大规模的审计任务,减轻了审计人员的工作压力。财务领域涉及大量重复性和烦琐的任务,如数据输入、报表生成等,这些任务容易产生误差且耗费时间。自动化财务机器人通过 RPA 技术,能够自动执行这些任务,减少了人为操作,提高了工作效率。

思考题

(1) 在企业引入智能会计和审计后,企业的财务管理相较于传统的手工操作模式有了哪些方面的提升?

(2) 请总结机器学习、深度学习等人工智能算法是如何帮助企业实现财务管理效率提升的。

(3) 请结合你自身的工作经历,谈谈在企业目前的财务管理工作中,还有哪些方面可以应用人工智能算法来提升财务管理效率,如应用深度学习算法和大数据分析技术来改进财务决策、优化企业资源分配等。

第 3 章
风险合规管理

3.1 基于自然语言处理技术的合同管理

社会和商业环境的不断发展和变化,使得企业的合规管理变得愈发重要。合规管理是确保企业可持续增长、维护声誉和实现社会使命的关键组成部分,预防违规行为比事后应对更具成本效益,有效的合规管理措施有助于企业避免罚款、赔偿金和法律费用等额外支出。与此同时,监管机构对企业的合规要求也越来越严格,企业面临着越来越复杂的法律、法规等要求,企业的违规行为可能会面临更高的罚款和法律制裁。因此,需要更加重视企业合规管理。作为一项关键的经营准则,企业合规要求企业根据法律、伦理和社会公益的要求,对其经营活动进行内部监督、约束和管理,以确保其行为是合法的、正当的、道德的,并承担起相应的社会责任。合规管理涵盖了公司的法律义务和社会使命,对于企业的可持续发展具有至关重要的意义。

随着国家法律体系的不断完善,合同作为法治社会的代表成果,在社会的经济发展中起到重要作用。无论是在生产加工、资金流动还是企业管理等领域,合同的法律规范都扮演着不可或缺的角色。合同作为双方权益和义务的明确约定,承载着经济交易的稳定性及法律秩序的维护功能。合同明确了各方的权利、义务和责任,通过签订合同,企业可以确保自己在商业交易中的权益不受侵犯,并能够在发生争议时依法维权。但在目前的企业合同管理中,合同的起草、审查和签署等合规流程还并不完善,容易导致一系列的潜在风险。特别是在合同起草阶段,由于复杂的法律用语和专业术语,容易出现解释模糊或争议。审查合同也需要耗费大量时间和精力,以确保各项条款的准确性和合规性。而在签署合同后,合同的有效管理和跟踪也对企业提出了严峻挑战。这些问题不仅影响了合同执行的效率,还可能导致法律风险的增加[18]。

与此同时，伴随着人工智能技术的发展，NLP技术也在企业的合规管理中被逐步引入。NLP技术可以帮助企业克服合同管理中的诸多难题。通过文本分析，它可以快速解析合同内容，提取关键信息，实现自动摘要和分类。此外，智能合同生成工具能够基于模板和数据自动生成合同，大大减轻了起草的工作量。AI算法还可以识别合同中的潜在风险，辅助风险评估和合规性检查。

在合同的订立过程中，一般是由企业的各个相关部门分别进行审核来实现合同的合规检测，对于合同风险的研判主要来自合同审核人员的个人经验及主观判断，因此各部门在合同风险的管理能力方面存在着一定差异。此外，在企业进行招投标等业务的集中时期，审查人员难以在短时间内实现大规模的合同风险分析。并且在合同的履约过程中，合同风险依然可能造成一系列合同纠纷案件，进而造成责任方必须承担支付索赔要求的风险。为了解决这一痛点，可以采用NLP技术并结合深度学习(Deep Learning，DL)等人工智能技术，以实现对合同风险的智能检测和管理[19]。

企业在签订合同时，通常使用自然语言来编写非结构化文本数据。这些合同文本包含了丰富的语义信息，包括词汇和语法规则。然而，传统的风险评估方法，无论是定性还是定量分析，往往难以从这些合同文本中直接提取出所需要的信息。针对这一问题，NLP技术可以将非结构化文本转化为结构化形式，从而实现企业合同风险的智能检测。DL作为一种机器学习方法，通过模拟人类的神经网络，能够提升NLP对大规模复杂数据的处理能力，因此在NLP中，DL算法被广泛应用。此外，在处理中文的合同文本时，NLP的技术重点是针对中文信息的处理方法，分析粒度主要分为词汇级、句子级和篇章级。

利用NLP技术来进行合同风险管理的方法主要分为以下三大类：

(1) 基于规则的方法。在NLP领域的早期发展阶段，所采用的方法主要依赖语言学研究，旨在理解和处理人类语言的方式。在这个阶段，计算机程序通过制订一系列的语法规则来尝试理解和生成文本，这些规则主要是基于语法和语言学规则。因此在最早利用NLP进行合同风险管理时，主要是利用人工将合同风险抽象为一组语法规则集合，规定一套数据和结果符合"IF - THEN"逻辑的规则。这种方法的核心思想是通过预定义的规则来判断目标语料是否符合预设的风险规则。然而，这种方法在应对复杂的文本语义和多样性方面可能显得不够灵活，且需要手动创建大量规则[20]。

(2) 基于统计的方法。由于基于规则的方法需要人工来建立大量规则以处理文本数据,这种做法需要耗费大量人力物力,在这种背景下,出现了基于数据统计的 NLP 方法。这种方法不依赖人工编写规则,而是从大规模的自然语言中提取特征,依靠概率统计学原理来处理文本。基于统计的方法通过计算语言事件的概率数值来表示可信度,并通过排序来确定最有可能的结果。相比于基于规则的方法,基于统计的方法能够更好地适应不同的数据和语境,但仍然可能受到数据质量和数量的影响。

（3）基于深度学习的方法。基于 DL 的 NLP 方法是基于统计方法的进一步改进,特别是针对处理复杂的语义分析任务,如情感分析等。研究人员开始采用数学表示方式（如词向量模型、词袋模型、向量空间模型）来表征自然语言,同时利用人工神经网络（Artificial Neural Network，ANN）在分词、命名实体识别等任务中获得了显著成果。深度学习算法具有强大的能力,能够自动学习和捕捉文本数据中的复杂模式和语义关系,从而在合同风险智能检测中表现出更高的效果和准确性。

在合同风险领域,NLP 技术可以分为三个层次的研究与应用,如图 3-1 所示。

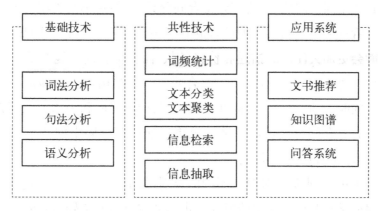

图 3-1　NLP 技术在合同风险领域的应用

（1）基础技术这一层次的研究主要关注语法规则的分析,它包括了合同文本的词法分析,句法分析及语义分析等。词法分析涉及对合同文本中单词的识别和分类,句法分析关注句子结构和成分的关系,而语义分析则涉及理解合同文本的意义和语境。这些基础技术为后续的研究和应用提供了重要的基础。

（2）共性技术是一种在基础技术之上的研究层次,旨在解决特定类型的 NLP 任务,在合同风险智能检测中的主要任务有词频统计、合同文本的分析与聚类、条款信息的抽取与检索等。词频统计可以帮助识别合同中的关键术语和短语,而文本分析和聚类则可以将合同按照一定的特征进行分类和分组。条款信息的抽取与检索则涉及从合同文本中提取出特定信息,并实现有效的检索。

（3）在应用研究方面，多项基础技术与共性技术相结合，共同解决高级的语言学问题。例如，在合同风险领域，合同文书推荐系统可以根据用户需求和历史数据，智能地为企业推荐适合的合同条款和文本样本；问答系统则可以根据企业所提出的问题，从合同文本中自动提取出相关信息并回答问题。这些应用需要深入的文本理解和语义匹配，结合多个 NLP 技术进行综合处理[21]。

合同风险的智能检测可以被划分为两个主要模块：合同结构完整性检测和条款合法合理性检测[22]。合同结构完整性检测关注合同的整体结构是否完备、清晰且符合标准，旨在确保合同在语法和结构上的正确性，以及合同中是否包含了必要的部分。条款合法合理性检测关注合同中各个条款的合法性和合理性，主要涉及对合同条款的语义理解和语境分析。

（1）合同结构完整性检测。

① 合同分类。企业在商业领域的活动中会涉及多种类型的合同，如销售合同、租赁合同、劳动合同等。每种合同类型都有其特定的法律和商业规定，合同中的条款和要求也会有所不同。因此，需要首先将合同分类，以便对不同类型的合同采取相应的风险评估和管理策略。不同类型的合同在章节编排上可能存在明显差异。例如，销售合同可能会更加关注产品描述和价格条款，而租赁合同可能会更加关注租赁期限和房屋维护。对于合同风险检测，了解合同的章节结构对于正确地识别和评估风险至关重要。同时，不同类型的合同在法律术语、行业惯例和表达方式等方面可能会因合同类型而异。合同分类可以帮助系统更好地理解合同中的特定术语和表达方式，从而更准确地评估其中的风险。

在文本分类中，文本通常被分成不同的类别，每个类别由一个预定义的标签来表示。这个过程通常需要根据文本的特征来预测文本所属的类别，从而实现自动分类。文本分类根据输出的标签类型数量，可以分为三种主要类别[23]：

● 二分类问题。这种问题的目标是判断数据是否属于某个特定的标签。模型的输出结果只有两种可能性，即"是"或"否"。

● 多分类问题。在这类问题中，数据需要被划分到多个可能的标签中的一个。这些标签之间是互斥的，模型的输出通常以一种"one-hot"向量的形式表示，其中只有一个元素为 1，表示文本所属的类别。

● 多标签分类问题。在这类问题中，数据可以同时属于多个标签，而不是仅属于一个。这意味着文本可以被分配到多个相关联的标签中，这些标签之间可能有一定的关联性。模型的输出以一个类别向量的形式表示，其中可能有多个元素为 1，表示文本所涉及的多个类别。

在合同文本分类的流程中,合同管理人员首先需要确定当前合同属于哪一类合同,因此合同文本分类算法的主要任务是判断当前合同属于多个合同类别中的哪一种,从而属于多分类问题。每个合同都应该被准确地归类到其对应的合同类型中。在机器学习和自然语言处理中,解决多类别分类问题需要训练模型来识别不同的类别,从而使系统能够准确地将每个合同分配到正确的分类。文本分类任务旨在将文本文档分为不同的类别,在合同风险管理中,文本分类用于将合同按照其属性或特征分成不同的类别,以实现更有效的风险评估和管理。传统的文本分类方法依赖领域专家的知识和特征工程,这意味着需要人工定义特征并选择分类算法。这些方法在合同风险管理中可能受限于领域知识的缺乏或需要大量的人工预处理。通过将深度学习技术引入 NLP 领域,减少传统文本分类中的人工预处理和特征工程过程,从而实现对合同进行自动分类的过程。这有助于更好地应对合同风险管理中的大规模文本数据,并提供更准确的分类结果。如图 3-2 所示,合同文本分类算法的技术过程可以总结为以下四个步骤:

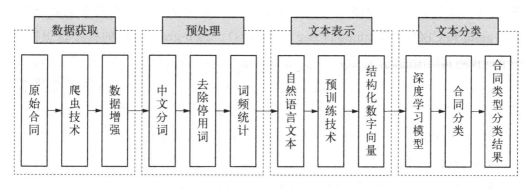

图 3-2　合同文本分类算法

第一,数据获取。企业通常会有一个内部的合同数据库,其中存储着过去签订的合同文本,这些合同涵盖各种合同类型,包括销售、采购、租赁等,可以从这个数据库中获取合同文本作为训练数据。除此之外,从各类公开的法律文书网站补充合同文本数据也是一种常见的获取数据的方式。

第二,文本预处理。合同的文本预处理涵盖了多个步骤,包括文本清洗、分词、停用词去除、词频统计等,以获得适用于文本分类的高质量特征表示。这些步骤有助于从原始合同文本中提取出有意义的信息,为后续的合同分类任务提供准确的数据。原始合同文本可能包含格式不规范、特殊字符、HTML 标签、页眉页脚等多项内容。在进行文本分析之前,需要进行文本清洗,去除这些无关的内容,以保留纯粹的文本信息。然后需要进一步进行分词,因为中文是不带空格的连续文字,而在文本分析中,需要将文本切分成独立的词语,中文分词是将连续的字符序列切分成有意义的词语序列的过程。传统的基于规则的分词方法、基于统计的方法和基于机器学习的分词方法,都可以应用于中文分词。分词的目标是为了提取出独立的语义单元,以便后续处理。停用词是指那些在文本中频繁出现但通常缺乏意义的词语,如"的""是""和"等。这些词语在文本分类任务中往往没有太大的信息量,因此可以在预处理阶段去除,以减少特征空间的维度,提高模型效率。在文本表示的阶段,可以通过统计每个词语在文本中出现的频率来获得词语的重要性信息。常用的方法包括计算词频(Term Frequency,TF)和逆文档频率(Inverse Document Frequency,IDF),以及它们的乘积 TF‑IDF,这可以帮助将文本映射为向量,用于后续的文本分类。

第三,文本表示。在合同风险管理中,文本表示是将合同文本转化为计算机可以处理的结构化数字向量形式的关键步骤。这些向量表示将文本的语义和语法信息编码为数值,从而为后续的合同分类等任务提供数据基础。在文本表示中,词向量模型是一种常见的预训练技术,而 Word2Vec 是其中最为广泛使用的模型之一。Word2Vec 通过训练神经网络来学习词语的分布式向量表示。它有两个主要算法:Skip-gram 和 CBOW(Continuous Bag of Words)。Skip-gram 算法的核心思想根据一个词预测其周围的词,而 CBOW 算法则是根据周围的词预测目标词。训练后,每个词会被映射为一个固定长度的向量,这些向量保留了词语之间的语义关系。Word2Vec 模型在大规模文本数据上进行无监督训练,具有良好的表现和高效的训练效率。它可以将合同中的每个词语映射为具有语义信息的向量,从而实现文本表示。文本表示后的向量可以作为特征输入到机器学习或深度学习模型中,用于合同分类和风险分析。这些向量保留了文本的语义信息,有助于模型理解和判断合同的含义和关系。

第四,文本分类。通过文本分类技术将合同文本归类到不同的合同类别中,考虑到合同文本的长文本性质,卷积神经网络(CNN)和长短时记忆神经网络(Long Short-Term Memory,LSTM)是两种常用的深度学习模型,可以用于合同文本的分类。在文本分类中,CNN 可以通过卷积层来捕捉不同长度的局部特征,进而组合成全局特征。卷积操作可以看作是滑动窗口在文本上进行特征提取,从而捕捉到词语之间的局部依赖关系。LSTM 是一种循环神经网络(Recurrent Neural Network,RNN)的变体,专门设计用于处理序列数据。在文本分类中,LSTM 可以捕捉长距离的上下文信息,并且能够解决传统 RNN 在处理长序列时出现的梯度消失问题。LSTM 的原理是利用门控机制来控制信息的输入、遗忘和输出,通过学习哪些信息该保留,哪些信息该丢弃,从而减轻了梯度消失问题,允许更长序列的信息传递。考虑到合同文本的特点,可以采用卷积神经网络(CNN)和长短时记忆神经网络(LSTM)的结合来进行文本分类。这种模型融合的方法可以更好地捕捉文本中的局部和全局特征。常见的融合策略是将两者的输出结果进行拼接或加权相加,然后通过全连接层进行最终的分类。在实际应用中,可以构建一个混合模型,该模型包含 CNN 和 LSTM 分支,并在模型的中间或末尾融合它们的输出。这样,模型可以同时受益于 CNN 对局部特征的捕捉和 LSTM 对长距离依赖关系的建模,从而提高了合同文本分类的效率和准确性[24]。

② 合同条款缺漏检测。合同条款在合同文本中扮演着重要角色,涵盖合同的核心内容,包括合同主体、参与方、约定关系等,同一个条款可以包含多个标签,并且这些标签之间可能存在关联性,这使得合同条款的分类和语义分析变得复杂。合同条款的分类问题属于多标签分类,即一个条款可能对应多个标签,且标签之间可能存在相关性。为了处理这种情况,可以采用基于多头注意力机制的预训练模型 BERT(Bidirectional Encoder Representations from Transformers)来进行半监督训练(见图 3-3)。BERT 能够对输入文本进行编码,捕捉上下文信息,并为每个标签分配一个概率。这样可以较好地应对多标签分类问题,同时利用标签之间的关联性。由于合同条款的样本可能相对有限,可以利用文本数据增强技术来扩充训练集。例如,通过同义词替换、随机插入等方法生成与原始条款语义相近但略有变化的样本,提高模型的泛化能力。

企业的合同条款需要保证语义一致性,以确保合同的各个部分不会相互冲突,同时合同中的信息遗漏也可能导致法律风险。将 BERT 和 LSTM 模型相结合可以更好地解决这些问题,BERT 模型能够提取上下文信息和标签概率,而 LSTM 网络则可以在不同层次上判断文本相似度。针对已识别的标签,利用 BERT 模型提取标签相关的文本段。然后使用 LSTM 网络依次从词、短语、句子这三个层次来判断提取的文本段与条款是否相似。

使用 BERT 预训练模型来进行合同条款的处理。将训练语料按顺序输入 BERT 模型的词嵌入层、段落嵌入层和位置嵌入层。在预训练阶段,模型将在词语和句子级别进行训练,以获取条款的语义信息。这使得模型能够学习上下文关系和语义含义。在获取了条款的语义信息后,通过微调对 BERT 模型进行调整,以确定最优参数。然后,构建一个多标签分类模型,该模型能够利用条款的语义信息,以及之前构建的多维度标签体系,为每个条款分配相应的标签。如果识别标签缺失,则存在条款缺漏;如果识别标签完整,则可继续匹配条款文本语义一致性。这使得模型能够根据条款的内容准确地判断其是否完整,同时也降低了后续语义相似度计算的数据集规模。

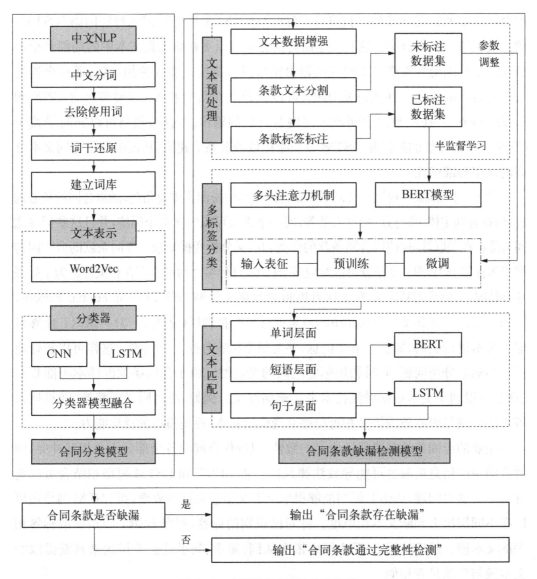

图 3-3　合同结构完整性检测流程

　　然后构建 LSTM 网络,用于判断文本的相似度。LSTM 可以有效地处理序列数据,适用于捕获文本的上下文信息。使用 BERT 提取的标签相关文本段和合同条款中的其他部分,将它们作为输入传递给 LSTM 网络。LSTM 网络将对这两个文本段进行编码,并生成它们的语义表示。然后使用余弦相似度等方法来计算这两个文本段的相似度分数。根据计算得到的相似度分数,可以根据阈值来判断条款是否存在缺漏。通过比较不同层面上的文本相似度,可以判断待检测条款是否与已标记条款相似。如果在某个层面上的相似度较低,说明待检测条款与已标记条款存在较大差异,可能意味着有内容遗漏或错误。此时,模型将输出"是",表示存在条款缺漏[25]。

（2）合同条款合理合法性检测。

合同条款的合理合法性检测是合同管理和风险控制不可或缺的环节。作为法律文件,合同条款的合法性直接关系到合同的有效性和权益明晰性。确保合同条款合法合理,能有效维护各方的合法权益,避免潜在的法律风险和纠纷。首先,合同效力的保障是核心目标,若条款存在违法、不公平或不合理之处,可能导致合同无效。其次,法律合规性是不可忽视的,合同条款必须遵循国家法律法规,以确保合同的合法性和合规性。再次,合同条款需要明确各方的权利义务,保护合同当事人的权益,有效防范潜在风险。通过对合同条款进行合理合法性检测,可以确保条款公平公正,避免不公平对待。最后,这一检测过程有助于预防合同纠纷,降低风险,促进各方之间的信任和合作,提升合同管理的专业性和可靠性。

① 专用条款结构化处理。在合同管理和法律领域,合同条款的合理性和准确性对于确保合同的有效性、权益明晰性,以及法律合规性具有至关重要的作用。一个完整合理的合同条款需要遵循一定的语法结构,通常体现为"主语-谓语-宾语"(Subject-Verb-Object,SVO)的三元组列表。这种语法结构能够使条款表达清晰、明确,减少歧义和误解的可能性,从而确保合同各方能够准确理解各自的权利和义务。

在实际应用中,通过计算机自然语言处理技术,可以应用正则表达式来提取合同条款中的专用 SVO 三元组列表。这意味着可以自动识别条款中的主语、谓语和宾语,并将它们列成清晰的列表。通过这种提取和整理,可以将复杂的合同条款语法结构最大限度地简化,使合同条款更加易读易懂。这对于涉及法律术语和专业领域的合同来说尤为重要,因为这些合同通常包含复杂的条款和术语,容易造成解释和理解的困难。

使用正则表达式提取合同条款中的 SVO 三元组列表可以自动化地捕捉合同条款的核心信息,使得条款的语法结构更加清晰。如图 3-4 所示,首先需要根据合同条款的语法结构和特点,设计一个正则表达式模式,以匹配 SVO 结构的句子。然后对每个合同条款应用设计好的正则表达式模式。正则表达式会从文本中匹配出符合模式的句子,即包含 SVO 结构的句子。接着,从匹配到的句子中提取出主语、谓语和宾语这三个关键要素,可使用正则表达式的分组功能来实现这一步骤。例如,通过在正则表达式中使用括号将主语、谓语和宾语部分分别分组,然后提取出每个分组的内容。最后,将每个合同条款匹配到的 SVO 三元组整理成一个列表。每个三元组包含提取出的主语、谓语和宾语。这将形成一个结构化的数据集,方便后续的分析和处理。除此之外,还需要对提取的结果进行验证,确保提取的主语、谓语和宾语准确无误。根据合同领域的特点,需要优化正则表达式模式,以适应不同的合同条款变体。

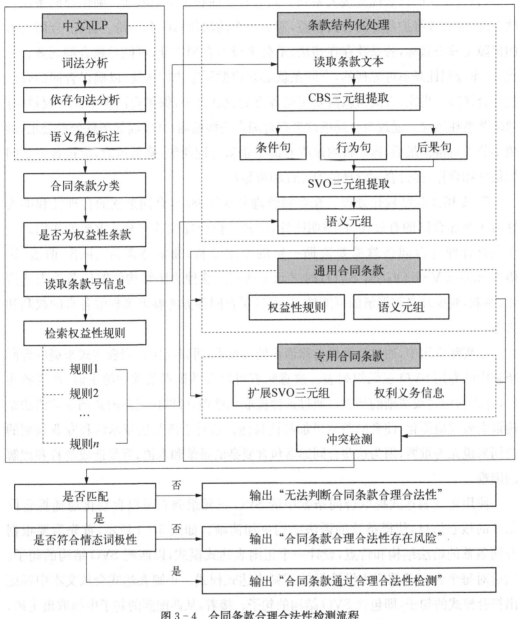

图 3-4　合同条款合理合法性检测流程

②权益性规则匹配。通常,一份合同或文件中包含多个条款,其中通用条款描述了普遍适用的规则,而权益性条款则关注特定主体的权益和义务,提取通用条款和权益性条款的关键词,以及权益性规则是一项关键性任务。权益性规则的结构主要

由以下部分组成：主语部分、谓语部分和宾语部分。其中，主语部分是权益性规则的核心，它由主语概念组成，通常代表了执行或受益于规则的行为主体。这个主语概念可以是个人、组织、合同参与者等。谓语部分则包含情态动词和谓语中心词，用于描述主体行为的性质和方式。情态动词可以表达行为的义务、可能性、必要性等情况，而谓语中心词则具体描述主体的行为。最后，宾语部分涵盖了行为指向的对象，以及对该对象的修饰属性关键词。

鉴于一条合同条款通常包含多个权益性规则，必须逐一比对每个专用条款的SVO 三元组与通用条款权益性规则是否相互对应，如图 3-4 所示。这个过程包括识别专用条款中的主语、谓语和宾语，然后与通用条款中的权益性规则进行匹配。如果专用条款中的 SVO 结构与通用条款中的规则相匹配，那么可以确定这两者之间存在关联，通用条款的权益性规则适用于该专用条款。

③ 条款风险检测。为了更深入地理解条款的含义，需要考虑情态词极性和权益性规则。情态词表达了行为的可能性、必要性或许可性。通过识别情态词，并确定其在上下文中的极性（肯定、否定、中性），可以进一步细化对条款的理解。此外，权益性规则涉及权利和义务的规范，与条款中的主体行为直接相关。通过分析权益性规则，可以确定主体是否被允许执行特定的行为。

在对条款进行分析时，需要将情态词的极性与权益性规则进行比较（见图 3-4）。若情态词的极性与权益性规则一致，表明主体被允许执行与通用条款相符的行为，这意味着条款通过了检测。然而，如果情态词的极性与权益性规则不一致，说明条款存在潜在的风险因素，可能导致不利的后果。在这种情况下，审查人员需要采取风险应对措施，进一步核实条款的具体含义，与相关法律法规进行对比，或者与相关部门进行协商，以确保主体的合法权益受到保护。

3.2　基于知识图谱技术的风险管理

随着人工智能和大数据的迅猛发展，企业积累了大量与风险管理领域相关的数据。从这些数据中提取有价值的信息并有效利用，成为推动企业与社会智能化进程的关键所在。同时，这也是实现风险智能化管理的基础，对于提升管理决策水平、降低风险损失具有重要意义。

近年来，知识图谱作为智能信息服务的重要辅助工具，引起了学术界和企业界的普遍重视和热烈讨论。在这个信息爆炸的时代，人们正日益认识到，仅仅依靠传统的搜索引擎已经无法满足对知识获取和管理的需求,而知识图谱作为一种以语义关系为基础的知识组织和表达方式,为信息的整合、挖掘和应用提供了全新的思路和方法。关于知识图谱相关技术的研究涵盖知识抽取、知识融合、知识推理,以及知识问答等多个方面。通过从多个数据源中提取、融合和推理出有意义的知识,知识图谱有望实现对信息的更深层次理解,进而为决策和创新提供更可靠的支持。这些研究不仅在学术界推动了相关领域的发展,也为企业界提供了宝贵的技术支持,促使企业在信息管理和智能化服务方面迈出了重要的一步。

特别值得注意的是,知识图谱在风险管理领域的应用愈发显著。在风险识别、评估、预警与防控等方面,知识图谱展现出巨大的潜力和优势[26]。通过将各种风险因素、关联关系及应对措施进行语义化建模,知识图谱可以帮助专业人士更好地理解复杂的风险网络,从而提前识别潜在的风险事件,并采取有效的措施进行预防和化解。此外,知识图谱还能够在风险评估过程中提供全面而精准的数据支持,使决策者能够基于更准确的信息做出明智的决策。知识图谱作为一种高度有机的、信息丰富的异构网络,其中包括各种类型的节点与有向边相互交织。这些节点承载着现实世界中各种不同的实体,而这些有向边则储存了这些实体之间错综复杂的关系。在企业领域中,知识图谱在风险管理方面的应用具备着丰富的内涵,它不仅涵盖企业内外部的多样信息,还包括不同企业之间纷繁复杂的联系。这样的知识图谱在企业风险管理领域中具有重要的作用。它不仅仅是静态的信息储存库,更是一种能够演化和自适应的知识结构。通过将实体表示为节点,知识图谱将企业内外部的各种要素如员工、供应商、客户、市场动态等有机地连接在一起。而有向边则能够呈现出这些实体之间的多样关系,如合作、竞争、从属等。这种图谱式的表达方式,使得企业能够更清晰地理解复杂的关联,从而更好地洞察潜在风险[27]。与此同时,这种知识图谱还具有与企业经营数据深度融合的能力。通过将经营数据与图谱关联,企业可以实现对海量数据的智能分析,揭示数据背后的内在联系。这不仅有助于发现以往未曾察觉的风险迹象,还能够帮助企业预测潜在的风险趋势。

知识图谱是一种语义知识库,用于描述物理世界中各种概念及其相互关系。它的基本构建单元由两种主要类型的三元组组成:实体—关系—实体三元组和实体—属性—属性值三元组。前者表示了不同实体之间的关系,如"人物—拥有—公司";而后者表示了实体的属性及其对应的属性值,如"公司—成立时间—2005年"。通过这样的三元组关系,知识图谱将知识以一种网状图的结构进行表达,从而方便进行知识的储存、抽取、组织、检索和推理。

在风险管理领域,针对特定的应用背景,形成了风险管理领域知识图谱(Risk

Management Domain Knowledge Graph，RMDKG）。这个知识图谱包括与风险管理相关的结构化风险语义知识和风险事件库。它的基本构建单元扩展为四元组，包括实体—关系—时间区间—实体四元组和实体—属性—事件—属性值四元组[28]。在这个图谱中，实体代表了风险管理领域中的各种要素，如企业、风险事件、控制措施等。关系则表示实体之间的关联，可以是风险事件与企业的关系、控制措施的实施时间等。时间区间则提供了事件发生的时间范围，用于更精确地表示风险事件的发生时间。实体—属性—事件—属性值四元组表示了实体的属性与相关事件及其属性值的关系，如企业的风险级别属性，以及与之相关的风险事件属性值。整个风险管理领域的相关信息通过这些四元组构成一个网状动态图知识结构，使得风险管理领域的复杂信息变得更加清晰和可操作。这种图谱结构能够帮助风险管理人员更好地理解不同实体之间的关系、风险事件的发生时间及属性，从而更有效地进行风险评估、监控和决策。通过将风险管理领域的知识以这种结构化的方式进行表示，知识图谱为风险管理领域的专业人士提供了强大的工具，帮助他们更好地应对复杂的风险挑战。

知识图谱技术架构是指构建知识图谱的方式和模式，通常包括自顶向下和自底向上两种不同的方法。这些方法用于从数据中提取实体、关系和属性，并将它们组织成一个有结构的知识库。

（1）自顶向下方法。自顶向下（top-down）方法是一种从顶层设计出发的构建模式。首先，构建者会设计知识图谱的本体（ontology）和数据模式，明确定义实体、关系和属性的类型、属性等信息。然后，通过领域专家的知识和领域内的标准术语，将这些设计好的概念和结构添加到知识图谱中。这种方法能够确保知识图谱的一致性和结构化程度，但需要较多的领域专家参与和丰富的领域知识。

（2）自底向上方法。自底向上（bottom-up）方法则是从底层数据出发的构建模式。它依赖从开放链接数据等来源中抽取已经存在的实体和关系，然后将这些置信度较高的信息融合到知识图谱中。这种方法能够迅速地丰富知识图谱，但可能会导致数据的杂乱和不一致。因此，后续可能需要进行数据清洗和结构调整。

在风险管理领域，知识图谱的构建需要更严格的知识深度、质量和粒度，因此通常会采用自顶向下和自底向上相结合的方式。自顶向下方法确保了知识图谱的结构化和规范性，能够满足领域专家对领域本体和数据模式的要求。自底向上方法则能够快速引入现实世界的数据，帮助填补知识图谱的空白部分。两种方法的结合能够在保持结构化和准确性的基础上，更全面地构建出适应风险管理领域需求的知识图谱。

　　风险管理领域知识图谱是一种利用大量抽取的领域知识来解决风险管理问题的工具。其构建流程主要分为三大模块：风险管理领域知识抽取、风险管理领域知识融合，以及风险管理领域知识计算。风险管理领域知识图谱通过将抽取的领域知识整合和利用，实现了从信息到智能决策的转变。它不仅丰富了风险管理的数据源，还提供了更高层次的分析和决策支持，使风险管理过程更加精准和高效。

　　(1) 风险管理领域知识抽取。这一模块旨在从多种数据源中提取有关风险管理的关键信息，包括实体（如企业、风险事件、控制措施）、关系（实体之间的联系）、时间（事件发生的时间）、属性（实体的特征、属性值）等。通过使用自然语言处理、信息抽取和数据挖掘等技术，将散乱的信息从不同来源中提取出来，并按照预定的存储规则将这些信息存入风险管理领域知识库。

　　(2) 风险管理领域知识融合。在这个阶段，目标是将风险管理领域知识库中的内容进行有机融合。这涉及知识的整合、消歧（消除多义性）等操作，以提高知识库的柔性、条理性和系统性。通过将不同来源的知识进行整合，可以生成更全面和准确的风险管理领域知识图谱。

　　(3) 风险管理领域知识计算。这个模块依赖知识图谱中的信息，通过知识推理来进行风险计算和决策支持。利用知识图谱中的关联关系、实体属性和时间信息，进行推断和逻辑推理，可以预测可能引发的风险事件，自动进行风险识别、预警和处理。这为风险管理人员提供了更准确的信息，帮助他们更好地应对潜在的风险。

　　风险管理领域知识图谱的构建与应用涉及多种智能知识处理技术，包括知识表示、抽取、融合、计算和推理等。这些技术相互协作，使得知识从海量的文本数据中被有效地提取、整合、分析和应用。首先，在风险管理领域知识图谱中，知识的核心是对实体和关系进行准确的表示。这涉及将实体（如企业、风险事件、控制措施）和关系（如合作、依赖、影响）转化为向量化的形式，以便计算机能够理解和处理。这些向量可以捕捉实体之间的关联关系，从而形成更高维度的知识表达。然后需要利用知识抽取技术，从大量风险管理领域的文本数据中自动提取实体和关系。通过自然语言处理、信息抽取和机器学习等方法，系统可以自动分析文本，识别并抽取其中的实体和关系，进而将这些抽取到的信息结构化并添加到知识图谱中。而知识融合的目标是消除实体和关系的歧义，以产生高质量、一致性的知识图谱。在知识抽取过程中，可能会出现同一实体的多种描述，或不同来源的实体间关系的冲突。知识融合技术通过消除这些不一致性，生成更可信和准确的知识图谱。在构建好的知识图谱基础上，知识计算与推理是进一步挖掘隐藏在图谱中的知识的过程。借助于知识图谱中的实体关系和属性信息，以及知识推理技术，系统能够自动进行推断和逻辑分析，发现潜在的关联和规律。这有助于从知识图谱中获取更多的洞察,支持风险识别、预测和决策。风险管理领域知识图谱的构建与应用依赖多种智能知识处理技术的有机结合。这些技术使得从原始数据中提取出有意义的知识,进行合理的知识整合和融合,以及通过推理和计算揭示隐藏在知识图谱中的潜在关联。进一步提高了风险管理的准确性和效率,为决策者提供了更多有价值的信息。

(1) 风险管理领域知识表示。风险管理领域知识表示(Risk Management Domain Knowledge Representation, RMDKR)是指通过挖掘风险管理领域的数据中的实体,以及实体之间的关系信息,将这些信息有机地组织成一个结构化的知识网络[29]。传统的风险管理领域知识表示方法存在计算效率低、结构稀疏等问题,这些问题在很大程度上影响了知识图谱在风险管理领域的应用。近年来,随着深度学习、人工智能等知识表示技术的发展,风险管理领域的知识表示方式得到了改进。这些新技术将实体和关系表示为低维稠密向量,使得实体和关系的信息可以以更紧凑的形式被表示。这种表示方法能够更好地融合知识图谱的结构信息,从而解决了以下三个问题:

① 复杂多样性问题。风险管理领域涉及各种不同类型的实体和关系,传统表示方法可能无法有效地捕捉这种多样性。使用低维稠密向量表示可以更好地表示不同实体之间的差异,有助于全面地表达各种风险管理概念。

② 图谱结构稀疏性问题。在知识图谱中,往往只有部分实体之间存在直接的关系。传统方法中,这种稀疏性可能导致难以进行有效的推理和分析。稠密向量表示能够通过捕捉实体之间的语义关联,填补图谱中的空白,提高图谱的数据密度。

③ 信息不准确性问题。图谱的构建过程中,由于数据的不确定性,可能会引入一些不准确的信息。低维稠密向量表示方法可以在一定程度上对这些不准确信息进行平滑化,提高图谱的整体质量。

风险管理领域知识表示通过引入新的知识表示技术,如低维稠密向量表示,解决了传统方法的问题,使得知识图谱能够更好地应用于风险管理领域。这种改进为构建更准确、更有用的风险管理知识图谱奠定了坚实的基础。风险管理领域知识表示模型可以大致分六类:

① 结构向量模型。结构向量(SE)模型是一种用于知识表示的模型,旨在将实体映射到一个共同的低维向量空间中,以便在这个向量空间中表示实体之间的关系和语义联系。SE 模型在处理知识图谱中的实体和关系时,尤其是在关系抽取、链接预测等任务中具有应用潜力。SE 模型的核心思想是通过一个映射矩阵来将实体映射到向量空间。每个实体和关系都被赋予一个低维实数向量,使得实体和关系之间的

关联能够在向量空间中表示。具体来说,对于给定的实体和关系,SE 模型通过线性变换将它们映射到向量空间中,从而生成相应的实体向量和关系向量。这些向量在向量空间中的位置和距离反映了实体之间的语义关系。

SE 模型的优点在于能够将实体和关系映射到低维向量空间中,有助于降低数据的维度,提高计算效率,并且通过在向量空间中的距离和角度来表示实体之间的关系,模型可以从语义上捕捉到实体之间的联系。然而,SE 模型在某些方面也存在一些限制,例如,协同性问题,SE 模型在处理复杂语义联系时可能表现不佳,难以精确地描述实体之间的关系。并且在大规模的知识图谱中,SE 模型的计算难度较高,训练和推理过程耗时耗力。

② 单层神经网络模型。单层神经网络(SNN)模型属于浅层神经网络的一种形式,通常用于捕捉实体之间的语义联系和关系,特别在知识图谱领域被用于实体链接、关系抽取和知识图谱补全等任务。SNN 模型的主要特点是它是一个单层的神经网络,通常由输入层、权重和偏置组成。在知识表示的背景下,输入层通常代表实体或关系,而每个输入单元与其对应的向量表示相关联。权重和偏置是模型的参数,用于将输入映射到输出。

SNN 模型的优点:SNN 模型能够自然地处理实体之间的关系,因为它可以通过学习权重和偏置来适应不同实体之间的关联。并且非线性激活函数使得 SNN 模型能够捕捉实体之间更复杂的语义联系,这对于知识表示而言是非常有益的。然而,SNN 模型也存在一些局限性:在路径表示方面,SNN 模型通常只考虑单个实体之间的联系,忽略了实体间通过多步关系路径的复杂联系,这在某些知识图谱任务中可能是不足的。此外,在处理大规模知识图谱时,SNN 模型的单层结构可能无法捕捉复杂的关系和语义,导致在一些任务上表现不佳。

③ 语义匹配能量模型。语义匹配能量(SME)模型是一种用于知识表示和关系嵌入的模型,它主要应用于知识图谱中实体和关系的语义匹配和表示学习。SME 模型旨在通过矩阵映射和点乘操作来评估实体之间的关系,进而在低维空间中表示实体之间的语义联系。其核心逻辑是将实体和关系映射到同一个低维向量空间,然后通过点乘操作来衡量实体与关系之间的匹配程度。具体来说,SME 模型使用两个矩阵来分别表示实体和关系,并将它们映射到向量空间中。在向量空间中,实体与关系之间的匹配能量被计算为实体向量与关系向量之间的点乘。匹配能量的大小反映了实体与关系之间的语义联系。训练过程通常涉及通过最小化匹配能量的差异来调整实体和关系的向量表示。

SME 模型能够将实体和关系同时映射到低维向量空间,从而能够直接建模实体之间的语义关联和关系的含义。通过计算匹配能量,SME 模型能够量化实体和关系之间的匹配程度,有助于在低维空间中衡量它们的语义关联,并且解决了实体关系匹配问题,即判断给定关系是否与给定实体相匹配。SME 模型的限制在于,其模型的复杂度较高,在训练过程中,计算匹配能量的点乘操作可能会导致模型的计算难度较高,尤其在处理大规模知识图谱时。此外,SME 模型通常用于处理单个实体和关系之间的匹配,而在复杂的关系路径上可能会有限制。

④ 神经张量网络模型。神经张量网络(NTN)模型作为一种用于知识表示和关系嵌入的深度学习模型,特别适用于在知识图谱中捕捉实体之间的复杂关系。NTN 模型在表示实体和关系时引入了双线性张量运算,以增强模型的表示能力。NTN 模型的核心思想是,为每个关系引入一个双线性张量,该张量用于表示不同实体之间的关系。模型首先将实体和关系通过线性变换映射到一个共同的低维向量空间,然后使用双线性张量对这些向量进行操作。这个操作可以看作是两个向量的点乘,其中点乘操作的权重是一个张量。通过这种方式,NTN 模型能够捕捉实体与关系之间的非线性、高阶交互。

NTN 模型的优点在于其出色的关系建模能力,引入双线性张量使得 NTN 模型能够建模复杂的实体关系,捕捉实体之间更高阶的语义联系。引入张量操作使得模型能够引入非线性变换,有助于更准确地表示实体之间的关系。其不足之处在于对知识稠密程度要求较高,在实际应用中,知识图谱中存在的数据不完整性和稀疏性问题可能会影响到模型的性能。

⑤ 隐变量模型。隐变量(LFM)模型是一种用于知识表示和关系嵌入的模型,主要应用于捕捉实体和关系之间的潜在语义联系。LFM 模型常被用于推荐系统和知识图谱中的实体链接、关系预测等任务。其核心思想是将实体和关系表示为潜在的向量表示,也被称为"因子"或"隐变量",这些向量在潜在空间中捕捉了实体和关系之间的语义关联。这些向量可以看作是实体和关系的嵌入,用于表示它们的特征和语义信息。在 LFM 模型中,每个实体和关系都被映射到一个共同的低维向量空间。模型假设实体和关系之间的关联可以通过向量的内积来表示。具体来说,实体与关系之间的得分或相似度可以通过实体向量与关系向量之间的点乘来计算。训练过程通常涉及学习合适的实体和关系向量,使得模型在训练数据上的预测尽可能地接近实际观测值。

LFM 模型的优点明显,模型通常相对简单,易于实现和训练,并且能够在潜在空间中捕捉实体和关系之间的语义联系,从而提供了一种有效的表示方法。通过调整向量的维度来平衡模型的复杂性和表示能力,LFM 模型可以适应不同的任务和数据。其限制在于模型的知识表示效果还有待提升，并且在实际应用中，知识图谱中的数据存在的稀疏性问题可能会影响模型的性能。

⑥ 平移模型。平移(TransE)模型兼顾了知识表示的效果与计算效率，在知识图谱的知识表示学习中被广泛应用，作为一种用于知识图谱中实体关系嵌入的模型，主要用于学习实体和关系之间的向量表示，以便在低维空间中捕捉实体之间的关系。TransE 模型的目标是通过平移操作来表示实体和关系之间的关联。TransE 模型的核心思想是，每个关系可以通过将一个实体向量平移到另一个实体向量来表示。在这个模型中，假设每个实体的向量表示都位于向量空间中的一个点，而关系则可以通过一个向量表示它在实体向量空间中的平移方向和大小。具体来说，给定一个三元组(头实体、关系、尾实体)，TransE 模型的目标是最小化头实体向量与关系向量之和与尾实体向量之间的距离。这个距离通常使用 L1 距离或 L2 距离进行衡量。通过训练过程，模型学习如何在向量空间中调整头实体向量和关系向量，以使平移后的向量能够与尾实体向量相近。

TransE 模型的优点在于其模型的核心思想非常直观，通过平移操作来表示实体之间的关系，这有助于捕捉实体之间的语义联系。并且由于模型的简单性，TransE 模型在计算上比一些复杂模型要高效。TransE 模型可以自然地扩展到表示实体关系路径，这对于复杂的关系推断非常有用。然而，TransE 模型也存在一些限制，主要表现为 TransE 模型在处理复杂的关系时表现不佳，因为它只考虑了实体向量的平移。在处理关系路径时，模型可能需要逐步平移实体向量，导致计算难度的增加。

(2) 风险管理领域知识抽取。风险管理领域知识抽取(Risk Management Domain Knowledge Extraction, RMDKE)是针对风险管理领域的多源异构数据，通过手动或智能化技术，从中抽取出与风险管理相关的候选知识单元的过程[30]。这个过程旨在从大量的数据中提取有关风险、企业、市场、经济等方面的信息，以构建一个丰富的知识库，为风险管理决策和分析提供支持。如图 3-5 所示，风险管理领域知识抽取的流程通常可以分为两个主要模块，实体与触发词识别模块和关系抽取模块。在实体与触发词识别模块中，系统会识别风险管理领域中涉及的各种实体，比如企业、风险类型、市场指标等。同时，系统也会识别出可以触发关系的词汇，这些词汇可能是关系抽取的关键点。关系抽取模块的任务是从文本数据中抽取实体之间的关系。系统会识别出文本中描述实体之间关联的句子或短语，然后将这些关系抽取出来，这里所指的关系可以是企业之间的合作关系、市场指标与风险之间的关系等[31]。

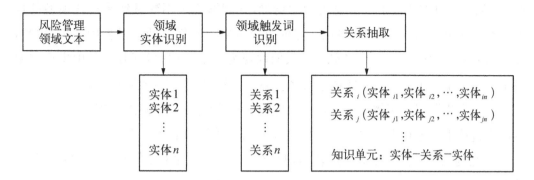

图 3-5　实体关系抽取流程

　　在整个抽取流程中,智能化技术可能包括自然语言处理、机器学习和深度学习等方法。这些技术可以帮助自动化地从大量文本数据中提取出关键信息,加速知识抽取过程,并减少人工操作的工作量。风险管理领域知识抽取的目标是为风险管理人员和决策者提供及时、准确、全面的信息,以支持他们做出基于数据和知识的风险管理决策。这个过程有助于构建一个丰富的知识图谱,帮助人们更好地理解风险领域的关键因素和相互关系。

　　在大规模数据中,获取风险管理领域的相关实体和关系能够为风险管理提供更全面准确的信息基础。这些实体和关系可以是企业、风险类型、市场指标、经济因素等,它们之间的关联可以帮助我们更好地理解风险的来源、影响和应对策略。在这个背景下,信息抽取技术成了一项关键任务,旨在从非结构化的文本数据中提取有关实体和关系的信息。然而,在传统机器学习方法中,风险管理领域的实体关系抽取过程面临一些挑战。首先,人工标注数据需要专业领域知识,而风险管理领域的专业性较强,这使得标注工作变得困难。其次,传统方法通常需要大量的特征工程,以便从文本数据中提取有关实体和关系的信息,这会耗费大量时间,并且由于相关领域的复杂性,不同情境下的抽取效果可能不稳定。

　　因此,为了应对这些挑战,深度学习方法开始被引入风险管理领域的实体关系抽取[32]。深度学习技术,如卷积神经网络、循环神经网络、注意力机制和预训练的语言模型(如 BERT),能够自动地从原始文本数据中学习特征表示,无须手动设计烦琐的特征工程。这些模型能够捕捉文本中的上下文信息、语义关联,以及实体之间的复杂关系,从而在实体关系抽取任务中取得更好的效果。

　　除此之外,基于深度学习的实体关系抽取方法能够降低对标注数据的依赖,并在非结构化文本中进行实体关系的抽取,但实际抽取效果还有待提升。在这种背景下,强化学习方法开始与深度学习方法相结合,以实现更准确和高效的实体关系联合抽取[33]。强化学习方法适用于需要决策的场景,并能够通过不断试错来优化模型的性能。在实体关系抽取任务中,强化学习的思想可以用于优化抽取过程中的决策和行动。这种方法的核心思想是将实体关系抽取视为一个序列决策问题,其中模型需要决定在每个步骤中选择哪个实体或关系标签,以最大化累积的奖励信号。

基于强化学习的实体关系联合抽取方法是一种在文本数据中提取实体和关系信息的先进技术。这种方法将整个抽取过程分为实体抽取和关系分类两个阶段,并融合了神经网络、注意力机制和强化学习算法,以实现更准确、高效的实体关系联合抽取。

首先,这种方法利用神经网络模型对领域文本的上下文信息进行建模。文本中的每个词汇都被表示为向量,这些向量捕捉了词汇在语境中的语义信息。抽取过程被视为一个序列标注问题,其中每个词汇被标记为实体或非实体。这种方法能够从文本中自动捕获实体的位置和上下文,减少了对大量标注数据的需求。

其次,注意力机制被引入,用于生成包含目标实体的初始状态。注意力机制能够根据实体在文本中的位置和上下文重要性,为实体生成更准确的初始表示。这个初始状态将作为强化学习的起点。

再次,使用神经网络模型生成中间状态。这个中间状态综合了实体抽取阶段和注意力机制的信息,以更好地表示实体的上下文和语义信息。中间状态是强化学习决策的关键输入。

最后,强化学习算法被应用于整个抽取过程,以制订抽取策略。强化学习的目标是最大化累积奖励信号,这些奖励信号可以是抽取的准确性和完整性。通过不断试错,模型能够学习在不同上下文中选择正确的实体标签和关系标签,从而实现更精确的实体关系联合抽取[34]。

这种方法的优势在于能够将实体信息引入到关系抽取过程中,从而实现实体和关系信息的交互学习。这种交互学习可以减少噪声,并降低错误知识的传播。风险管理领域的文本数据包含大量领域特定的术语和复杂的语义结构,涉及风险事件、风控方案等复杂实体及其关系,因此,强化学习和深度学习相互结合的实体关系联合抽取方法在这个领域具有广阔的应用前景。

(3) 风险管理领域知识融合。风险管理的知识涵盖金融、法律和市场等多个方面,来源各有不同,存在知识分散、知识动态演化、多语言语义理解困难,以及不同数据源的知识质量不一致等问题。为了应对这些挑战,需要采用知识融合方法,以构建更加完备、准确的领域知识库,从而支持风险管理领域的各种应用需求[35]。在风险管理领域的知识融合(Risk Management Domain Knowledge Fusion, RMDKF)中,需要解决以下问题：

① 评价知识质量。针对多源异构的知识，如何判断其质量和可信度是一个关键问题。在知识融合过程中，需要建立评价标准，对不同来源的知识进行质量评估，以便筛选出高质量的知识。

② 降低知识理解的不确定性。不同数据源和语言表达可能导致知识的不一致和不确定性。知识融合需要解决不同表达方式之间的语义差异，以确保知识的一致性和准确性。

③ 挖掘知识真值。对于动态演化的知识，如何准确地捕捉其变化趋势并确定其真实价值是一个挑战。知识融合需要结合时间序列分析等方法，识别出知识的重要变化和发展趋势。

④ 将高质量知识更新到知识库。在知识库中保持最新的、高质量的知识是至关重要的。知识融合需要实现自动化的更新机制，以便及时地将新的高质量知识加入知识库中[36]。

风险管理领域知识融合采用了多种技术来解决这些问题，包括实体对齐、实体链接以及关系推演等方法。

① 实体对齐。实体对齐是一种消除实体之间的混淆和重复，以确保不同数据源中的实体能正确地关联到同一个实际对象的过程。在知识图谱构建和知识融合等领域中，实体对齐起着至关重要的作用。该过程旨在消除不同数据源中的异构性，将具有相同含义的实体进行匹配，从而实现跨数据源的知识整合和数据协同。实体对齐方法可以分为两大类：

● 基于实例及其属性相似度的成对实体对齐。这种方法是在两个数据源中的实体之间建立成对的对应关系。通常，这种方法会计算实体之间的属性相似度，包括属性值的相似性、语义相似性等。这些相似度指标可以通过比较实体的属性值、词汇、语义等信息来计算。一旦实体对的相似度超过一定的阈值，就认为这两个实体对应同一个现实世界的对象，从而实现实体对齐。

● 基于实例间相互关系的集体实体对齐。与成对实体对齐不同，集体实体对齐考虑实体之间的相互关系。在这种方法中，不仅会考虑实体的属性相似度，还会考虑实体之间的关联关系，如共同出现、共同属性等。通过分析实体之间的关系模式，可以更全面地判断实体之间是否对应于同一对象。集体实体对齐能够在一定程度上提高对齐的准确性，尤其是对于那些属性相似度较低但存在关联关系的实体。

实体对齐的挑战在于处理异构性和语义歧义。不同数据库中可能使用不同的术语、属性命名，甚至是多语言表达，这会导致实体匹配的困难。另外，同一概念在不同领域或上下文中可能具有不同的含义,导致语义歧义。因此,实体对齐方法需要考虑这些因素,采用多种特征和技术来捕捉实体之间的相似性和关联性。

②实体链接。实体链接是一项关键的自然语言处理任务,旨在从领域大数据文本中识别出与领域知识库中实体相对应的映射实体。这个过程涉及将文本中的命名实体链接到知识库中的特定实体,以便更好地理解文本中所提到的内容。实体链接方法的核心目标是将文本中的实体与知识库中的实体建立联系,从而丰富文本信息的语义表达,提高文本理解的准确性。这对于风险管理领域尤为重要,因为在风险管理领域的大数据文本中可能会涉及多个相似实体,需要准确判断文本中的每个实体应该链接到知识库中的哪个实体。根据使用信息和策略的不同,实体链接可分为以下四类:

● 基于实体属性的实体链接方法。这种方法使用实体在文本中的属性特征,如实体的名称、描述、上下文等,与知识库中实体的属性进行比较。如果实体在文本中的属性与知识库中某个实体的属性高度匹配,则进行链接。基于实体属性的方法利用实体属性的语义相似度来判断是否为同一实体。其核心逻辑在于,如果两个实体在其属性上的语义相似度较高,那么它们可能是同一个实体。具体来说,这种方法会计算实体之间属性值的相似性,可以包括词汇相似性、语义关联性等。这种方法在实体属性信息丰富的情况下,通常能够取得较高的准确率。然而,这种方法也存在一些问题,比如未考虑到实体属性的稀疏性,以及存在的噪声数据可能对准确判断产生影响。

● 基于实体流行度的实体链接方法。基于实体流行度的方法则利用互联网等外部数据来判断实体是否为同一实体。它通过统计实体在互联网上的流行程度,即被提及的频率来判断两个实体是否对应同一现实世界的对象。在链接实体时,会优先选择知识库中较为流行或重要的实体,以确保链接的准确性和语义一致性。这种方法的优势在于算法简单,计算难度较低。然而,它也存在一些限制,主要是未考虑实体的歧义性,导致鲁棒性相对较差,特别是涉及多义词时,容易产生误判。

● 基于上下文的实体链接方法。上下文信息在实体链接中非常重要,这种方法会考虑实体在文本中的上下文环境,以及与实体相关的其他实体。通过分析上下文,可以更好地判断实体在文本中的含义和引用对象,确定是否是同一实体。实体在文本中的语境可以揭示其真实含义,通过分析实体周围的上下文,可以减少实体的歧义性,提高方法的鲁棒性。然而,该方法在处理实体属性稀疏性和噪声数据方面可能存在一些困难,这可能会导致准确率下降。

● 基于外部证据的实体链接方法。外部证据可以是从其他数据源或领域获取的信息。这些证据可以用来验证实体链接的准确性，从而提高链接的可靠性。基于外部证据的方法结合了多种外部信息来判断实体是否为同一实体。它不仅挖掘实体相关的证据，还结合了实体的上下文信息。这种方法的灵活性和扩展性较高，可以根据需要整合多种来源的证据来支持判断。然而，它也存在一定的依赖性，因为其准确性和可靠性很大程度上取决于挖掘到的外部证据的质量和可信度。

综上所述，不同的实体链接方法在解决实体消歧问题时采用不同的策略。基于实体属性的方法通过属性语义相似度来判断，但可能受到稀疏性和噪声的影响。基于实体流行度的方法依赖外部流行度信息，但容易受到歧义性的影响。基于实体上下文的方法能减少歧义性，但可能受到属性稀疏性和噪声的限制。基于外部证据的方法整合多种来源的信息，但其依赖性较高。在实际应用中，根据具体情况选择适合的方法或结合多种方法，可以更有效地实现实体链接任务。

③ 关系推演。在构建风险管理领域知识图谱的过程中，实体对齐和实体链接是形成初步本体库的关键步骤。然而，由于风险管理领域的需求和设计理念的多样性，导致知识库中存在大量的异构数据，即来自不同来源、不同结构的知识。因此，为了构建高质量的风险管理领域知识库，还需要应用关系推演方法，以不断更新动态生成的实体关系[37]。在风险管理领域知识图谱中，实体关系的构建和更新可以分为两种情况：

● 已存在的等价实体关系。在知识库中，可能存在与目标实体关系等价的实体关系。这意味着某个实体关系已经在知识库中有对应的表示。在这种情况下，只须找到已有知识库中与目标实体关系等价的实体关系，并将其与目标实体关联起来。这可以通过对实体属性、语义等进行比较和匹配来实现，从而将目标实体与已有实体关系关联起来。

● 需要扩展合并的实体关系。可能在一些情况下，知识库中不存在与目标文本实体关系等价的实体关系。在这种情况下就需要将新的实体关系扩展并合并到知识库中，以逐步完善知识库的内容。这个过程涉及从多个来源获取实体关系进行关联和合并。例如，从文本中抽取出的实体关系可能需要与外部数据源中的实体关系进行对比，以确保数据的准确性和一致性。此外，这些扩展合并的实体关系还需要与已有知识库中的实体关系进行融合，以形成一个更加完整和一致的知识图谱。

在关系推演的过程中，需要借助于数据挖掘、知识表示和推理等技术来处理大量异构的实体关系数据。这可能涉及实体关系的匹配、消歧、合并等操作，以确保知识图谱中的实体关系能够反映真实世界中的关联情况。此外，随着领域知识的不断演化，关系推演方法也需要具备动态更新的能力，以保持知识图谱的时效性和准确性。

构建高质量的风险管理领域知识图谱需要从多个来源获取知识,并将这些知识通过实体对齐、实体链接和关系推演等方法融合进来。这个过程是一个动态的、持续更新的过程,旨在建立一个准确、全面的知识库,以支持风险管理领域的决策、分析和预测等任务。通过处理不同类型和不同来源的实体关系,可以构建出更具价值的知识图谱,为风险管理领域的应用提供强大的支持。

(4) 风险管理领域知识推理。风险管理领域知识推理(Risk Management Domain Knowledge Reasoning, RMDKR)是指在已经构建好的风险管理领域知识库的基础上,通过深入挖掘这个知识库中所蕴含的隐性知识,从而进一步扩充和丰富已有的领域知识。这个过程涉及对已有知识的分析、比较、合并和推导,以揭示知识之间的内在联系和隐藏的信息。在风险管理领域,知识推理具有一些特殊性。即使是相同类型的风险,在不同的行业或内外部环境中可能会产生不同的影响和判断。这意味着在进行知识推理时,需要根据特定的行业背景和环境来进行判断和分析,以得出准确的结论。例如,对于某种风险,其在金融行业和医疗行业的影响可能会有很大的差异,因此推理过程需要考虑这些差异性。

在风险管理领域知识推理的过程中,可能会面临大量的矛盾数据。这是因为不同的数据源、不同的知识来源、甚至不同的专业人员可能会提供各种各样的信息,这些信息可能会在某些情况下产生矛盾。处理这些矛盾数据对于准确的知识推理是一项挑战。需要借助于逻辑推理、模型融合、数据清洗等技术来确定哪些数据是准确可信的,以及如何解决不一致的情况。风险管理领域知识推理的目标是使知识库中的知识更具深度和广度,从而为风险管理决策和预测提供更准确的支持。通过挖掘隐性知识,可以发现知识之间的关联和潜在的规律,帮助决策者更好地理解风险情况,并制订更有效的应对策略。然而,由于行业特殊性和数据不确定性,风险管理领域知识推理是一个复杂的任务,需要综合运用领域知识、数据挖掘、机器学习等技术手段,以确保推理的准确性和实用性。

大量的文本、结构化数据和多样化的信息源使得传统的知识推理方法在处理大数据时面临计算资源不足、推理时间过长和难以捕捉复杂关系等难题。在这种情况下,基于神经网络和遗传算法等知识推理方法可以更高效地进行知识推理。神经网络可以从输入数据中学习到复杂的特征和模式,无需明确的规则及先验知识,并且能够将从训练数据中学到的模式应用于未见过的数据。这意味着神经网络能够推广到新的实体和关系,而不仅仅是在训练数据中出现过的实体和关系。例如,利用神经张量参数来表示实体之间的关系,并通过将实体向量精准关联,从已有的风险管理领域知识库中推测出其他实体关系事实[38]。然而,在风险管理领域的实际处理过程中,仅挖掘隐含的关系是不够的,还需要将外部实体与风险管理领域知识库进行链接。因此,需要通过现有的风险管理领域知识库来挖掘外部新的实体关系,然后将新关系更新到知识库中,其技术关键就是从知识库中挖掘出最相似的实体关系[39]。

另一种基于人工智能的知识推理方法涉及遗传算法。通过使用改进的遗传算法来优化风险管理知识库中的特征权重向量,以提高知识推理的性能。遗传算法是一种启发式搜索算法,通过模拟生物进化过程,寻找问题的最优解。在这种方法中,通过优化特征权重向量,可以更准确地挖掘和推理实体之间的关系[40]。

面向风险管理领域知识图谱的知识推理则是将知识图谱视为一个图结构,其中风险管理领域的实体被视为图的节点,实体之间的关系则被视为图的边。这种推理方法主要通过分析实体间关系路径所包含的信息来推断实体间的语义关系。面向风险管理领域知识图谱的知识推理方法主要包括以下两种:

① 路径约束随机游走算法。路径约束随机游走算法是一种基于图的推理方法,其思想是从指定的起始节点开始,通过在图上进行随机游走,逐步探索实体之间的关系路径。在这个过程中,每次移动的方向和路径都是基于一定的约束条件,例如,只能沿着特定类型的边移动或者只能在特定步数内到达目标节点。这些约束可以来自领域专家知识或者预定义的路径规则。通过多次随机游走,算法可以收集大量关于实体之间关系的信息,从而进行推理和预测。

② 路径分级算法。路径分级算法是一种将路径分成不同级别的推理方法,用于更精细地分析实体之间的关系。在这个方法中,将不同长度的关系路径分成不同级别,然后根据路径的级别和内容进行推理。较短的路径可能表示直接关联的实体关系,而较长的路径可能表示更复杂的语义关系。通过这种分级方式,可以更好地捕捉实体之间的复杂关系,同时降低计算复杂度。

知识图谱在风险管理领域的应用解决了大数据背景下的企业风险管理的痛点,在风险识别、风险预警和风险处理等方面展现出巨大的潜力。面向知识图谱的风险智能识别是将知识图谱技术与风险管理方法相结合,以实现企业对风险领域文本的分析识别。这一方法旨在充分利用知识图谱的结构化信息和关联关系,以及风险管理领域的专业知识,从而提高风险识别的准确性、效率和可靠性,有效地预防误判情况的发生。

风险管理涉及多领域、多维度的信息,知识图谱可以将这些分散的信息整合起来,形成一个结构化的、完整的知识网络。这使得风险因素和关联信息得以被全面捕捉和准确表示。通过知识图谱,可以对不同风险因素之间的关系进行分析,实现智能识别和理解,为风险管理决策提供更精准的支持。知识图谱能够将风险因素与实体之间的关系映射为图结构,使得风险管理领域的信息更加直观和易于理解。基于这样的图结构,可以建立预警模型,实时监测风险因素的变化和趋势,一旦发现异常,自动触发预警机制。这使得企业能够通过风险管理机制在变化多端的市场环境中能够更加敏锐地发现和应对风险。

3.3 小结

当今社会,人工智能技术在企业合规风险管理领域的应用正变得愈发重要。本书旨在探讨基于自然语言处理技术的合同管理和基于知识图谱技术的风险管理这两个关键领域,并深入剖析它们在提升企业合规风险管理效率和精确性方面的作用。首先,基于自然语言处理技术的合同管理在企业合规风险管理中发挥着关键作用。合同是企业活动的基石,企业也需要耗费大量的人力物力来审核复杂的合同文件,以降低合同的违法违规风险和企业利益的损失风险。借助自然语言处理技术,企业可以实现合同的智能化分析和管理。通过文本挖掘和信息提取,系统可以迅速而准确地识别合同中的关键条款和风险要素,从而帮助合规团队及时采取必要的措施。此外,自然语言处理技术使得合同审查自动化成为可能,大大节省了时间和人力成本。基于知识图谱技术的风险管理为企业合规提供了新的视角和策略。合规风险往往涉及多个部门和多个维度的信息,而知识图谱技术可以将这些信息关联起来,形成一幅全面而清晰的画面。知识图谱以图状结构展现实体间的关系,有助于揭示风险的源头、传播途径及潜在影响,从而使企业能够更加准确地评估和应对合规风险。

思考题

(1) 高效准确的合同管理有助于企业降低法律风险和成本,请总结自然语言处理(NLP)等一系列人工智能算法是如何实现自动化合同风险管理的。

(2) 在企业的风险管理中,除了知识图谱技术,你还能想到哪些人工智能算法可以帮助企业实现合规管理?

(3) 请结合你自己的管理工作经验,谈谈目前企业在风险管理方面还有哪些值得改进。

第4章
舆情管理

4.1 基于文本的舆情信息处理

企业的网络舆情管理是一种基于信息技术和社交媒体平台的战略性管理实践，通过对社会大众在网络空间中涉及企业的言论、意见、评价，以及情感等信息进行实时监测、深度分析和有效应对，以达到维护企业声誉、塑造积极形象、减少危机风险、提升市场竞争力的目标。这一管理活动的核心在于通过技术手段和信息挖掘技术，全面跟踪互联网上与企业相关的言论和讨论，从而获取公众对企业、品牌、产品、服务等方面的真实看法。通过情感分析、文本挖掘等方法，将海量的网络信息转化为可量化的数据，进而揭示出公众的情感倾向、关注焦点、热点议题等。在此基础上，企业可以制订有效的沟通和回应策略，根据舆情趋势调整宣传与营销策略，甚至在危机爆发前预测和避免可能的声誉危机。

网络舆情管理的重要性在于，互联网和社交媒体的普及使得公众交流与意见表达更加自由和广泛，这也让企业的声誉和形象更容易受到公众意见的影响。及时了解和回应公众关切，有效解决不良言论和负面事件的传播，能够维护企业的信誉和市场地位。此外，网络舆情管理也有助于发现市场机会、优化产品和服务，从而更好地满足客户需求，提升企业竞争优势。

在多媒体网络舆情信息中，文本信息作为一种规则性较强且相对容易进行语义识别的信息形式，在网络舆情研究中扮演着关键的角色。文本信息涵盖了广泛的形式，包括新闻文章、自媒体推文、评论等，这些通常具有较为短小的篇幅，同时呈现出明确的针对性和主题集中性。企业需要从这些文本信息中提取有价值的内容，如话题范畴、作者观点及情感倾向等方面的信息。此外，通过评论等也可以获取用户的情感态度等反馈信息。

因此,针对网络舆情文本信息的语义识别主要采用两种方法:一种是关键词的检索与识别。通过识别文本中的关键词,可以迅速确定推文所涉及的主题范畴。另一种是挖掘词语之间的联系。通过分析词语在文本中的关联关系,不仅可以准确定位推文的主题范畴,还能发现文本中更深层次的情感特征。这两种识别方式分别对应于两类常见的语言模型:一种是基于词语权重的语言模型,该模型重点关注单个词语的重要性;另一种是基于词向量的语言模型,它更加关注词语之间的关系和语义连接。这些模型在文本信息的语义识别中起到了重要作用,帮助企业从大量文本数据中获取有关情感、观点和话题的重要信息。

文本信息的特征识别技术在语义分析中具有关键作用,其中的一项关键技术就是分词。分词技术主要在中文文本识别中应用,通过将连续的文本流拆分成有意义的词汇单位。首先,需要构建一个包含各类中文词汇的词表,其中包括常见词汇、专业术语和特定领域词汇。这可以通过人工整理和自动抽取等方式获得。然后,在分词操作中,正向分词从文本的开头开始逐步匹配词表中的词语,将文本逐词分割。逆向分词则从文本的末尾开始逐步匹配,同样将文本分割。这两种分词方法能够捕捉不同分割顺序所带来的不同语义。此外,由于同一句话可以有多种合理的分词方式,可能导致歧义。通过同时进行正向和逆向分词,可以找到可能出现歧义的位置。一旦歧义位置被确定,算法会计算双字耦合度和 t 检验等方法,以判定最佳的分词组合。这些方法利用语言学知识和统计分析,降低歧义带来的影响,选择最合适的分词结果。如果遇到不在词表中的词汇,即未登录词,算法会通过启发式规则、上下文信息或词汇相似度等方法对其进行分割,尝试找到合适的词汇组合。

词向量模型是一种在分词基础上进一步将人类理解的文本信息转化为计算机可理解的表示的关键技术。典型的应用模型如 Word2vec 模型,这是一种能够快速高效地训练词向量的方法,用以体现词与词之间的关联关系。Word2vec 模型包含两种基于神经网络的训练方法,分别是 CBOW(Continuous Bag of Words)模型和 Skip-gram 模型。

CBOW(Continuous Bag of Words)模型:这种模型的训练目标是根据上下文词汇来预测当前中心词汇。它假设在给定的上下文窗口内,周围的词会共同影响中心词的出现。通过输入上下文词汇,CBOW 模型通过神经网络预测中心词汇,从而学习词汇之间的语义关系。

Skip-gram 模型:相较于 CBOW,Skip-gram 模型的训练目标是基于中心词汇来预测上下文词汇。它认为中心词汇可以用来推断上下文,即在给定中心词汇的情况下,预测上下文的词汇。Skip-gram 模型通过训练神经网络,将中心词汇与上下文词汇关联起来,从而学习到词汇之间的语义关系。

这两种模型的核心思想是通过神经网络学习词汇的分布式表示,即词向量。在这些词向量中,词与词之间的关联性被编码为向量之间的几何距离。通过将词汇嵌入到高维向量空间中,Word2vec 模型捕捉到了词汇的语义相似性和关系。这样的词向量可以用于各种自然语言处理任务,如情感分析、文本生成、语义搜索等。CBOW模型适用于小规模文本数据,因为它通过上下文预测中心词汇,能够更好地捕捉整体语义。而对于网络舆情研究中的较小规模文本,CBOW 模型可以有效地构建词向量,以表达词汇之间的语义关系。然而,网络舆情研究中有时也会涉及大型文本数据,这时 Skip-gram 模型可以作为 CBOW 的辅助方法。Skip-gram 模型通过中心词汇来预测上下文,更适合处理罕见词汇和复杂语境,因此在处理大型文本信息时具有优势。综合使用 CBOW 和 Skip-gram 模型,可以更全面地学习词汇之间的语义关系,适用于不同规模和类型的文本数据。词向量的构建加深了词与词之间的联系,从而在网络舆情研究中显著提高了文本信息的语义识别准确度。这些词向量可以用于分析情感、挖掘观点、主题识别等任务,从而为企业更好地理解网络舆情提供有力的支持。

4.2　基于声音的舆情信息处理

声音信息的语义识别特征涵盖了声音波形信号的分析。对声音信息进行识别需要联合时域和频域分析,从中挖掘出内在的语义含义。常见的分析方法包括傅里叶变换、拉普拉斯变换等,以实现时频域分析。在多媒体网络舆情研究中,声音信息主要以视频信息的附带内容存在,如新闻采访、事件短视频中的语音。这些声音信息与其他环境音相互交织在一起,与一般的语音信息相比,视频中的声音信息存在更多噪声,且承载丰富的人物情感。通常情况下,处理声音信息时会将其转化为文本信息以进行后续处理。然而,在网络舆情研究中,语音信息中发声者的情感并非必须通过文本转换来表达,而是可以通过分析语调、语速、音量等参数来判断。因此,在网络舆情研究中,语音信息的处理需要分为文字转化和情感识别两个部分。此外,环境音作为网络舆情声音识别的重要组成部分,也可作为判断舆情范畴的重要依据。

声音信息的特征识别技术主要包括声音预处理技术和声音特征提取技术,这些步骤对于实现准确的声音识别至关重要。

（1）声音预处理。原始声音信号的预处理是声音识别的前提。传统的声音预处理包括带通滤波、预加重和分段处理。带通滤波旨在滤除信号中不包含音频的频率部分，从而提高信号的信噪比。预加重通过加重数字滤波器提升高频部分，使声音信号更平坦，以提升高频信号的信噪比。分段处理将声音信号分割成帧，并加窗处理，分帧使信号整体趋于平稳，而加窗处理则用于消除分帧信号间的不连续性。

（2）声音特征提取。声音特征提取是将声音信号转化为可以用于分析和识别的特征。有两类常用的声音特征提取方法：基于语音信号的声音特征提取，典型的方法是梅尔频谱倒谱系数（Mel-Frequency Cepstral Coefficients，MFCC）。MFCC 基于人耳听觉特性，通过应用快速傅里叶变换、梅尔滤波器组等技术，将声音信号转换为特征向量。这些系数在声音信号中包含了声音的频谱信息，对于声音识别非常有效。基于非平稳信号的声音特征提取，可利用经验模态分解（Empirical Mode Decomposition，EMD）、局部均值分解（Local Mean Decomposition，LMD）等方法。这些方法将声音信号分解为不同的成分，从而提取出非平稳信号的特征，适用于声音信号的局部变化和动态特性。

网络舆情治理涉及声音信息方面，可将信息特征分为人类语音成分和周围环境音。通过运用梅尔频谱倒谱系数，可精准地从语音信号中提取特征；而在处理其他环境音时，则可以采用模态分解等方法。

4.3 基于图像的舆情信息处理

图像信息的语义识别特征源于其像素构成，通过对单个像素点甚至整个像素区域的分析，实现图像的识别。在网络舆情研究领域，图像信息呈现为多种形式，如新闻文章插图、自媒体推文插图、视频分帧图等。这些图像内容常包含人物、字幕、标志性背景物品等元素。因此，在图像识别过程中需要定位人脸并进行人脸识别与表情识别，以挖掘人物的身份和情感特征。同时，也需要定位图像中的文字，进行文字内容的识别。此外，还要定位图像背景中的关键物品并检测敏感信息。网络舆情研究不仅涵盖了对出现在图像中的人物和文本的研究，还需要关注图像的背景及特定图像所蕴含的情感元素。因此，可以借助特定算法提取图像中各个特征，为图像赋予类似文本性质的描述。这种方式将图像信息的语义识别问题转化为文本信息的低维度语义识别问题。这样的分析方法有助于深入了解图像所传递的信息，从而更准确地理解网络舆情中的语义含义。

图像信息的特征识别技术主要依赖图像分割技术,因为图像包含了色彩、人物、风景、线条、亮度等一系列复杂特征,图像分割能够将图像分成不同局部区域,从而提取局部特征。目前常用的图像分割技术包括以下六种:

(1) 基于阈值的图像分割技术。这种技术利用阈值来区分不同灰度值的像素点,将大于阈值和小于阈值的像素点分为不同类别,从而分割初始图像。选择适当的阈值对于图像分割十分重要,尤其在图像的主体与背景差异较大时,阈值法简单而有效。

(2) 基于区域的图像分割技术。主要有以下两种:① 区域生长法基于种子点,是指将相似像素逐步合并到种子点所在的区域中;② 分裂合并法则是将图像分裂为多个区域,然后合并相似的区域。

(3) 基于边缘的图像分割技术。在图像中,不同区域之间的像素具有不同的灰度值。这意味着边缘区域通常对应着不同区域之间灰度值的不连续性。基于这个特点,通过边缘检测可以找到这些不连续性来进行图像分割。

(4) 基于聚类的图像分割技术。这种技术将像素点看作是特征空间中的点,通过对特征空间中点的分布进行聚类,然后将聚类结果映射到图像上进行分割。常见的聚类方法包括 K-means 和模糊聚类。

(5) 基于小波变换的图像分割技术。这种技术通过二维小波变换将图像分解为不同层次的小波系数,实现对图像细节的提取。小波分解后的子图像可以更好地划分区域,从而实现从粗糙到细致的图像分割。

(6) 基于神经网络的图像分割技术。这种技术通过将不同区域的灰度值集合作为输入,利用神经网络的分类功能实现对区域的分类,从而实现图像分割。

在网络舆情研究中,使用卷积神经网络进行图像分割可以精确地将图像中的人物、文字和背景等关键信息分离出来。然而,神经网络的使用需要大量数据、算法较为复杂且效率较低。针对不同情况,不同的方法可以被应用,当图像中的人物轮廓清晰、容易分离时,可以考虑使用边缘检测方法。边缘检测可以通过检测图像中颜色、灰度等变化来识别人物的边界,尤其适用于人物轮廓较为明显的情况。对于图像中的文字,卷积神经网络具有双重优势:能够同时进行分割和识别。CNN 可以在分割图像的同时,识别图中的文字内容。这在舆情研究中非常有用,因为文字往往包含重要的信息。图像背景的信息通常复杂多变,使用卷积神经网络可以更准确地完成图像背景的分割。CNN 能够学习到图像中的不同特征和纹理,从而更好地分离出背景。

4.4 基于视频的舆情信息处理

视频信息的语义识别特征涉及视频的帧组成,其中每一帧都是一幅图像。处理视频信息需要将视频分解为单独的帧,然后进行图像级别的语义识别。在网络舆情研究中,视频信息常由新闻视频、街头采访视频、短时路人拍摄视频等组成,以人物为主要内容,其中大部分视频包含字幕。因此,需要执行视频内容识别、视频分类、视频检索等操作。在视频内容的研究中,需要运用镜头分割和分帧等技术,将视频剖析为一系列图像,进而进行深度的语义识别研究。然而,在网络舆情研究中,分帧过程可能会遗漏部分视频字幕信息。因此,在镜头分割时需要选择合适的方法,以确保视频中的文字信息得以完整呈现。当处理视频信息时,还可以通过文本对视频信息的关键特征进行描述,从而将高维度的视频信息转化为低维度的文本信息进行进一步处理。这样的转化有助于更好地理解和分析视频所包含的语义信息。

在视频信息的特征识别技术中,涉及视频镜头分割等关键操作,以及不同分割方法之间的比较分析。在视频处理过程中,为了降低不必要的分析工作,需要从整段视频中提取关键帧进行后续处理。这就涉及镜头分割和关键帧提取的操作。镜头是由摄像机在同一场景下连续拍摄所形成的一系列画面,也可以由多个场景的连续画面合并而成。基于这两种情况,镜头分割技术可分为渐变镜头分割技术和突变镜头分割技术。渐变镜头分割算法通常采用双阈值检测方法、光流检测方法及基于轮廓的检测方法。双阈值检测方法依据帧间差异来确定镜头边界,通过设定两个阈值,将帧间差异大于阈值的部分视为镜头分界点。光流检测方法则基于帧间像素的运动信息,可以通过计算像素在相邻帧之间的位移来识别镜头边界。基于轮廓的检测方法则通过分析帧内物体的轮廓信息来判断镜头边界。

网络舆情视频信息主要包括视频新闻、街头采访、路人拍摄等内容,通常以渐变镜头为主,而突变镜头较少。尽管如此,在网络舆情视频中仍可能出现突变镜头的情况。在处理这种情况时,有效的方法是首先运用像素点检测法,以便将突变镜头从视频中分割出来,然后采用双阈值检测法对渐变镜头进行分割。在进行镜头分割时,也需要充分考虑到视频中可能存在的字幕信息,以确保镜头分割不会影响字幕的完整性。这样的处理方式能够有效提取出视频中不同镜头的关键帧,为后续分析和处理提供更准确的数据基础。

关键帧提取技术在视频处理中具有重要作用,它是在完成镜头分割后,从每个镜头中选取出具有代表性的关键帧,以便对视频内容进行更有效的分析与理解。目前

有三种常用的关键帧提取方法:

(1) 基于位置的提取方法。这种方法主要依赖镜头的第一帧、最后一帧和中间帧。这些帧往往能够较好地表达出镜头中的内容,因此被认为是关键帧。这种方法简单且高效,特别适用于那些变化不大的场景。

(2) 基于频率的提取方法。这种方法通过分析镜头内帧之间的相似度,选取出在镜头中出现频率最高的帧作为关键帧。这样做的目的是保留对镜头内最常出现的情节和对象的代表性帧。然而,对于变化较大的镜头,这种方法可能无法准确捕捉到关键信息。

(3) 基于聚类的提取方法。这种方法采用聚类分析,将镜头内的所有帧聚成若干组,然后从每组中选择与聚类中心距离最近的帧为关键帧。虽然这种方法能够较好地保留关键信息,但由于聚类的计算难度较高,效率相对较低。

通常情况下,采用第(1)种或第(2)种方法已足够满足关键帧提取的需求。然而,具体选择方法应根据视频内容的特点和处理需求进行权衡,以达到最佳的效果[41]。

多媒体网络舆情的语义识别流程如图 4-1 所示。网络舆情信息特征识别可以提取多媒体网络舆情中的重要特征,要实现多媒体网络舆情的深度语义识别,还需要借助深度识别算法,以满足判断多网络舆情的真实性、情感、态度、话题分类、敏感信息等方面的要求。

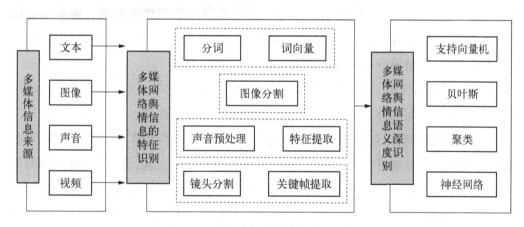

图 4-1 多媒体网络舆情的语义识别流程

目前常用的多媒体网络舆情语义的深度识别算法有:

(1) 支持向量机。支持向量机是一种监督学习算法,常用于分类和回归问题。在企业的网络舆情语义深度识别中,可以通过支持向量机来实现情感分析、态度判别、话题分类等任务。首先,需要收集和整理多媒体网络舆情数据,包括文本、声音、图像和视频等信息。然后,对数据进行预处理,包括去除噪声、标准化、分词、特征提取等,将多媒体信息转化为机器学习可用的特征向量。对于文本信息,可以利用词袋模型、TF-IDF权重、词嵌入(如Word2Vec、GloVe)等方法将文本转化为向量。对于声音、图像和视频信息,可以使用梅尔频率倒谱系数、图像分割技术、关键帧提取等方法提取特征。接着,需要根据具体的任务,为多媒体网络舆情数据标注相应的标签,如情感分类(积极、消极、中立)、态度判别(支持、反对、中立)、话题分类等。然后使用支持向量机算法进行模型训练。在文本数据上,可以采用线性支持向量机(Linear SVM)或核函数支持向量机(Kernel SVM)来进行分类。在声音、图像和视频数据上,可以使用支持向量机来进行二分类或多分类任务。在网络舆情管理中,将训练好的支持向量机模型应用于实际数据,进行多媒体网络舆情语义的深度识别。对于每条多媒体信息,模型可以预测其情感、态度、话题等标签。

(2)聚类算法。聚类算法是一种无监督学习技术,用于将数据样本分成具有相似性的群组,又称为簇。在企业的网络舆情语义深度识别中,聚类算法可以用于话题分类、情感类别识别、用户行为分析等任务。根据任务需求选择适合的聚类算法。常见的聚类算法包括K均值聚类、层次聚类、DBSCAN、谱聚类等。每种算法有不同的特点和适用场景。对提取的特征进行标准化或归一化处理,确保特征在相同尺度上。然后对于K均值等需要指定聚类数目的算法,可以使用肘部法则、轮廓系数、DB指数等方法来选择最合适的聚类数目。接着使用选择的聚类算法对特征向量进行聚类。算法会将数据样本分为不同的簇,每个簇代表具有相似性的数据。将训练好的聚类模型应用于实际的多媒体网络舆情数据中。对于每个簇,可以分析其特征,进一步进行话题分类、情感分析等深度识别任务。

(3)神经网络模型。神经网络模型由多个相互连接的节点组成,这些节点以层次结构排列,每一层的节点与下一层的节点之间通过权重连接。神经网络模型通过学习从输入数据到输出数据之间的映射关系,可以将多媒体数据,如文本、图像、声音和视频,转化为计算机可处理的信息,并从中提取出情感、主题、真实性、情感倾向等信息。首先,需要收集并整理多媒体网络舆情数据。这包括从新闻、社交媒体平台、视频网站等收集文本、图像、声音和视频。这些数据可能包含关于事件、产品、品牌等方面的信息。接下来需要对文本数据进行预处理。这包括分词、去除停用词、词干化等步骤,将文本转化为词汇的序列。然后,可以使用词嵌入技术(如Word2Vec、GloVe)将词汇映射为向量表示,以便神经网络可以处理。对于图像和声音数据需要进行特征提取。使用卷积神经网络(CNN)可以从图像中提取出视觉特征,使用声音处理技术可以从声音数据中提取出声音特征。这些特征将被用作神经网络的输入。根据任务需求,可以选择卷积神经网络(CNN)、循环神经网络(RNN)、长短时记忆网络(LSTM)、变换器(Transformer)等模型。例如,对于文本情感分析,可以使用RNN

或 Transformer 来处理文本序列数据。在构建模型阶段,根据选择的神经网络结构,需要搭建网络的层次和连接方式。这些网络层可以包括卷积层、循环层、全连接层等。模型的输入是经过特征提取的多媒体数据,输出可以是情感分类、话题分类等结果。在模型训练阶段,使用准备好的数据集,将其划分为训练集、验证集和测试集。在训练集上,通过反向传播算法对模型进行训练,更新模型的权重和参数。同时,使用验证集对模型进行调参和选择,以提高模型的性能。将训练好的神经网络模型应用于实际的多媒体网络舆情数据中。对于情感分析,模型可以预测文本的情感类别;对于话题分类,模型可以自动分类文本到不同的话题[42]。

4.5　小结

当今社会,舆情管理对于企业的声誉和发展至关重要。基于人工智能技术的应用为企业舆情管理带来了全新的可能性。这项技术主要分为基于文本、声音、图像和视频的舆论信息处理四个部分,为企业提供了更全面、准确的舆情分析和管理手段。

首先,基于文本的舆论信息处理利用自然语言处理技术,能够快速搜集、整理和分析大量的社交媒体、新闻文章等文本信息,从中挖掘出公众对企业的态度、情感倾向及关注焦点。这有助于企业及时发现并应对负面声音,调整战略,改进产品和服务,从而保护企业形象。其次,基于声音的舆论信息处理可以分析人们在社交媒体、在线论坛等平台上发布的音频内容,捕捉情感色彩、口音变化等信息,进一步了解公众对企业的情感态度。这种技术能够揭示出人们在语音交流中的真实情感,为企业提供更深入的洞察。再次,基于图像的舆论信息处理,通过分析图片和图表等视觉内容识别出其中蕴含的信息。这项技术可以监测品牌标识的传播、产品形象的塑造等,帮助企业更好地理解公众的感知。最后,基于视频的舆论信息处理在捕捉舆情时提供更为丰富的维度。它能够分析视频中人物的表情、动作,从而推测出情感状态。此外,视频内容的分析还有助于发现潜在的危机风险,提前采取措施。总的来说,基于人工智能技术的舆情管理应用为企业提供了更精准、全面的舆情分析手段,有助于企业更好地应对各种舆情挑战,维护良好的公众形象。

思考题

(1) 舆情管理可以帮助企业及时发现并识别与企业相关的风险因素,从而帮助企业及时维护自身声誉。在社交媒体平台十分发达的今天,信息的传播速度很快,请思考该如何利用自然语言处理(NLP)和情感分析等人工智能技术来监测网络上的舆情,帮助企业识别负面情绪和潜在危机。

（2）结合与企业舆论管理相关的一些热点事件,谈谈当前企业在舆论管理方面还存在着哪些普遍问题,有哪些值得改进的地方。例如,利用人工智能来优化企业的社交媒体策略,包括发布时间、发布内容和用户互动等,以提高品牌在社交媒体上的影响力。

第5章
智慧营销

5.1 基于推荐算法的个性营销

推荐算法是一种在数字化时代中广泛应用的技术,通过分析用户的历史行为、兴趣和偏好,为他们量身定制个性化的产品、内容或服务推荐。无论是电子商务、媒体、社交媒体、音乐流媒体,还是在线广告、教育、健康等领域,推荐算法都扮演着关键角色。它不仅能够提高用户满意度和参与度,还有助于增加销售额、提升广告转化率、改善用户体验,甚至在教育和医疗领域提供个性化的建议。推荐算法的重要性在于它为企业创造了更紧密的用户关系,优化了资源利用,同时也为用户带来了更符合其需求的体验,推动了数字化时代商业和社会的进一步发展。

推荐算法的应用领域十分广泛,在电子商务平台中,推荐算法通过分析用户的购买历史、浏览行为和偏好,为用户推荐可能感兴趣的产品。例如,在一个在线商城中,当用户浏览了几款手机后,基于他们的浏览行为和过去的购买记录,推荐算法可以预测出其他类似型号的手机,并对其进行推荐。这种个性化的推荐有助于提高潜在消费者的购买率,因为它能够更精准地满足用户的需求,从而增加了销售额。目前主流的各大电子商务平台都广泛应用了推荐算法,通过展示与用户兴趣相关的产品,从而提升用户的购物体验和满意度。

在社交媒体平台,推荐算法在新闻、音乐、视频等媒体中发挥着关键作用。这些算法会根据用户的社交圈子、兴趣和喜好,向他们推荐可能感兴趣的用户、帖子、社群等内容。这有助于用户发现与其兴趣相关的内容,促进平台上的社交互动。通过分析用户的浏览历史、点击行为和喜好,推荐算法可以向用户推荐相关的文章、歌曲、视频等内容,从而延长用户在平台上的停留时间。例如,音乐流媒体平台可以根据用户喜好,为他们推荐适合其音乐口味的歌曲和歌单,从而提升用户的音乐体验。

在广告领域,推荐算法对于优化广告投放具有重要意义。推荐算法会根据用户的兴趣和行为,将广告展示给最可能对广告感兴趣的受众。这可以提高广告的点击率和转化率,同时减少了广告浪费。通过精准的广告投放,推荐算法帮助广告主更有效地与潜在客户互动,从而增加广告的效益。

主流的推荐算法可以分为以下四类:基于内容的推荐算法、协同过滤推荐算法[43]、基于模型的推荐算法和基于规则的推荐算法。

1. 基于内容的推荐算法

基于内容的推荐算法是一种个性化推荐技术,它的核心思想是通过分析物品的特征及用户的历史行为,为用户推荐与他们过去的兴趣相关的内容。这种方法不仅能够提供个性化的推荐,还可避免协同过滤算法中存在的冷启动问题和数据稀疏性问题。基于内容的推荐算法一般包括以下三个关键步骤:

(1)内容表征。在这一步骤中,每个物品都会被描述为一组特征向量,这些特征向量捕捉了物品的不同方面。对于文章,这些特征可能包括词频、关键词、主题分布等;对于商品,特征可能涵盖品类、品牌、价格等。这些特征向量是用来描述物品的关键属性,使得系统能够理解和比较不同物品之间的相似性。

(2)特征学习。在这一阶段,算法会利用用户的历史行为数据,如点击、收藏、购买等来构建用户的兴趣模型。通过分析用户与不同物品的交互,算法可以揭示用户对特定特征的喜好程度。例如,如果用户频繁点击关于科技的文章,算法可能会认为用户对科技类内容有兴趣。

(3)生成推荐列表。在生成推荐列表阶段,系统会计算用户的兴趣特征与候选物品的特征之间的相似性。这通常涉及使用相似度度量,如余弦相似度来衡量两个向量之间的相似程度。然后,系统会为用户推荐与其兴趣最相似的物品,构建个性化的推荐列表。

2. 协同过滤推荐算法

协同过滤推荐算法的原理是基于用户之间的相似性或物品之间的相似性,为用户预测和推荐可能感兴趣的内容或商品。该算法通过挖掘用户历史行为数据,如点击、购买、评分等来揭示用户的偏好,进而进行用户群组划分并推荐相似品味的物品。协同过滤推荐算法主要分为两类:

(1)基于用户的协同过滤算法。通过找到与目标用户具有相似偏好的其他用户,将这些相似用户喜欢的物品推荐给目标用户。关键在于寻找具有相似行为模式的用户,从而将他们的喜好延伸到目标用户身上。这需要计算用户之间的相似性,并选择与目标用户最相似的几个用户进行推荐。

（2）基于物品的协同过滤算法。通过计算物品之间的相似性，将与用户过去喜欢的物品相似的其他物品推荐给用户。其中，物品之间的相似性是关键因素，主要通过计算不同物品在用户行为中的贡献度来确定。与基于用户的方法不同，基于物品的方法更侧重于物品之间的关系，而不是用户之间的关系。

协同过滤推荐算法的成功与否在很大程度上取决于相似度的计算。常用的相似度计算方法包括：余弦相似度，基于向量空间模型，衡量向量之间的夹角余弦值，越接近 1 表示越相似；欧氏距离，衡量向量之间的距离，越小表示越相似；杰卡德相似性，用于集合之间的相似度计算，衡量两个集合的交集与并集之间的比值。协同过滤推荐算法在评分矩阵信息比较稠密的情况下表现较好，因为这可以支持准确的相似度计算。同时，它还有能力捕捉一些复杂难以解释的用户偏好信息，为用户带来意外的推荐内容。

3. 基于模型的推荐算法

基于模型的推荐算法是指构建预测模型来预测用户对物品的评分或喜好，从而实现个性化推荐的方法。这类算法主要利用机器学习、数据挖掘等方法，对用户的历史行为数据进行建模，以提取用户的偏好特征和物品的特性，从而生成推荐结果。

矩阵分解是基于模型的推荐算法中的一个重要方法，常用于处理用户—物品评分矩阵。其基本思想是将评分矩阵分解为多个低维度的矩阵的乘积，其中一个矩阵表示用户和特征之间的关系；另一个矩阵表示物品和特征之间的关系。这样，通过矩阵相乘，可以得到用户—物品的预测评分矩阵，从而进行推荐。具体来说，矩阵分解的过程如下：

（1）数据表示。假设有一个用户—物品评分矩阵 R，其中行代表用户，列代表物品，矩阵元素是用户对物品的评分[44]。

（2）矩阵分解。将评分矩阵 R 分解为两个低维度矩阵 P 和 Q，其中 P 表示用户—特征矩阵，Q 表示特征—物品矩阵。例如，如果希望将评分矩阵分解为用户—主题和主题—物品矩阵，那么 P 表示用户对主题的偏好，Q 表示主题与物品的关联。

（3）模型训练。使用梯度下降等优化算法，最小化原始评分矩阵和分解后预测评分矩阵之间的误差，误差通常使用均方误差（MSE）进行计算。

（4）实现预测和推荐。训练完模型后，可以根据 P 和 Q 矩阵的乘积得到预测评分矩阵。这样，可以根据预测评分向用户推荐可能感兴趣且尚未与其互动过的物品。

矩阵分解的优势在于可以从用户—物品评分矩阵中推断出用户的隐含偏好和物品的隐含特征,从而实现对未知评分的预测和推荐,在处理大规模稀疏数据时具有较好的扩展性。

4. 基于规则的推荐算法

基于规则的推荐算法是一种利用数据挖掘技术从大量过去的交易数据中提取出关联规则或序列模型以实现推荐的方法。这类算法关注不同商品之间的关联性,通过挖掘购买行为的规律,帮助用户发现可能感兴趣的商品组合或顺序。在基于规则的推荐算法中,有两个主要的类型:

(1)关联规则推荐。这种方法主要关注同时被购买的商品之间的关联规则。它通过分析交易数据,发现哪些商品在购买时经常一起出现,从而构建关联规则。例如,如果经常有人购买咖啡和牛奶,系统可以推荐给购买咖啡的用户购买牛奶。

(2)序列模型推荐。这种方法关注的是按时间依次购买商品的序列模型。它考虑用户购买商品的顺序,从而揭示一系列商品之间的关联性。例如,如果用户通常在买了面包之后购买黄油,那么就可以给购买面包的用户推荐黄油。

基于规则的推荐算法的技术步骤可以总结如下:

(1)数据收集与预处理。首先收集大量的交易数据,这些数据包括用户购买的商品信息及交易时间等。然后对数据进行预处理,如去除重复数据、处理缺失值等。

(2)构建关联规则挖掘或序列模型。使用数据挖掘技术,如 Apriori 算法、FP - Growth 算法等,从交易数据中提取出关联规则或构建序列模型,这些规则或模型可以揭示出商品之间的关联性和顺序。Apriori 算法是一个常用于关联规则挖掘的方法,其基本思想是通过逐步增加商品项的组合来发现频繁项集(即在交易中经常一起出现的商品组合),然后从频繁项集中生成关联规则。FP-Growth 算法是一个用于序列模型构建的方法,它构建一个树结构来表示商品项之间的频繁项集关系,然后从该树中提取序列模式。首先需要进行频繁项集的查找,使用 Apriori 算法或 FP - Growth 算法,从交易数据中找到频繁项集,即在一组交易中经常出现的商品项组合。然后从频繁项集中生成关联规则,这些规则描述了商品项之间的关联性。关联规则通常具有形如"X→Y"的形式,其中 X 表示前项,Y 表示后项,意味着购买了 X 的用户可能会购买 Y。对于序列模型构建,使用 FP - Growth 算法构建一个 FP 树,然后从树中提取序列模式,这些模式代表了商品的时间顺序。

(3)推荐生成。对于特定用户,根据其历史购买数据,可以应用已提取的关联规则或序列模型,为其生成推荐的商品。如果用户已购买某些商品,系统可以根据规则或模型找到可能的关联商品或下一个购买的商品。

5.2　基于用户画像的精准营销

互联网技术的不断发展与社交媒体的兴起,彻底改变了人们的信息传播、沟通和交流方式,为社会带来了全新的渠道和方式。这些技术变革不仅改变了个人的日常生活,还对商业、营销等领域产生了深远的影响。社交媒体作为一个开放的公共平台,打破了传统时空限制,让用户能够自由地分享、交流和表达观点。这种自由的环境使得用户能够积极参与互动,分享自己的生活、兴趣和看法。在社交媒体上产生的海量社交数据,如用户发布的文本、图片、视频,以及与之相关的互动、评论等,构成了一个宝贵的信息资源,揭示了用户的行为、兴趣和心理状态。目前,利用用户画像模型来提取和分析用户在社交媒体上展现出的特征已经成为数据挖掘和应用领域中的一种常见方法。通过分析用户的行为习惯、基本属性等特征,可以构建包含多个维度信息的标签化用户画像模型,其中包括用户的兴趣爱好、年龄、性别、职业、消费行为等信息[45]。

用户画像是一种通过分析社交媒体上呈现出的用户行为习惯、基本属性、心理活动等内容,构建标签化的用户特征模型的方法。这种模型可以反映出用户的年龄、性别、职业等标签特征,从而帮助企业更好地理解用户需求,进行个性化营销和服务。如图 5-1 所示,构建用户画像的第一步是收集各种基础数据,包括用户在社交媒体上的基本属性信息(如姓名、性别、教育情况)、浏览行为与内容数据(如网购记录、浏览历史、发布的图文内容)、相关属性信息数据(如产品评价)及服务需求数据(如查询操作)。这些数据来源于用户在社交媒体上的各类活动和交互。收集到的数据需要经过预处理,以便后续分析和建模。对于文本数据,需要进行分词、去除停用词、统计词频等操作,以获取有意义的文本特征。对于图片数据,需要进行特征提取和表示,通常使用图像处理技术提取关键特征。这些操作有助于将原始数据转化为适用于算法处理的格式,并且可以提高数据的质量和一致性。用户画像的核心是建立用户的特征模型,使得用户的行为、属性和兴趣可以用数值特征来表示。在这一步中,采用多种人工智能算法来对用户属性进行抽象和提取,从而生成用户的标签化特征,常用的算法包括遗传算法、聚类算法、神经网络算法等[46]。

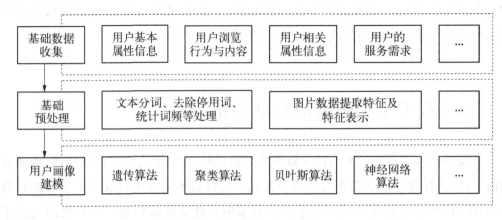

图 5-1 构建用户画像流程

预处理技术在人工智能领域中是一个关键步骤，它主要用于对原始数据进行清洗、转换和整理，以便后续的分析、挖掘和建模。在用户画像的构建过程中，预处理技术在文本和图片数据的处理中发挥着重要作用。

文本数据预处理是将原始文本数据转化为可以被计算机算法处理的格式，从中提取有用信息。在构建用户画像时，文本数据可能包括用户发布的帖子、评论、产品评价等。然后需要进行特殊用语去除，有些文本中包含特殊的用语、符号、表情等，这些内容对于文本分析可能没有实际意义，需要被去除。除此之外还有停用词去除，停用词是一些在文本中频繁出现但通常没有实际意义的词语，如"的""是""在"等，这些词语会干扰文本分析，因此需要被去除。文本分词是指将原始文本切分成词语的序列，以便后续的词频统计、主题提取等分析。分词是文本预处理的关键步骤，能够将文本转化为可以被算法处理的基本单位。词袋模型将文本表示为词语的集合，忽略了词语的顺序，只关注每个词在文本中的出现频率。这可以用于构建文本特征向量，用于各种分析任务。

分词存在多种方法，其中主要有三类：

（1）基于知识理解的分词。这种方法依赖对语言和文化的理解，通过语法规则和语言知识进行分词。这可能需要人工编写规则，适用于特定语种和领域。

（2）基于词库匹配的分词。使用预先构建的词典或词库，将文本与词库中的词语进行匹配。这种方法可以较好地处理一些常见的词语，但可能无法处理未在词库中的新词。

（3）基于词频统计的分词。统计文本中词语的频率分布，将出现频率较高的词语作为分词的依据。这种方法不需要依赖外部词库，适用于大规模文本数据。

图像数据的预处理步骤主要涉及特征提取和表示。图像特征提取是将原始图像转化为能够被算法处理的数值表示。这包括颜色、纹理、形状等特征的提取，以便后续的机器学习算法分析。提取到的图像特征可以表示为向量或矩阵的形式，以便进行计算和分析。常见的特征表示方法包括颜色直方图、灰度共生矩阵、卷积神经网络提取的特征等。这些图片特征提取方法有助于将图像中的复杂信息转化为数值特征，使得计算机可以更好地理解图像内容。在构建用户画像等任务中，图片特征提取可以用于将用户发布的图像数据转化为可用于分析和建模的数据。这些特征可以作为模型的输入，用于识别和分析不同的图像内容，从而更好地了解用户的兴趣和行为。不同的特征提取方法需要根据任务和数据类型进行选择，以获得最佳的分析结果。

用户画像模型的选择取决于任务和数据类型。基于内容的推荐算法、协同过滤算法、深度学习模型（如卷积神经网络或循环神经网络）都可以用于构建用户画像。不同的模型有各自对应的适用场景，例如，基于内容的推荐算法适合利用用户的行为和内容信息来建立用户画像。它关注于分析用户过去的行为、点击、浏览等，以及他们与内容（文本、图片等）的交互。该算法的思想是将用户和内容都表示为特征向量，然后通过计算向量之间的相似度来推荐。协同过滤算法适用于发现用户之间的关联，从而构建用户画像。基于用户的协同过滤算法找到相似用户，然后推荐相似用户喜欢的内容给目标用户。基于物品的协同过滤算法则寻找内容之间的关联，推荐与用户过去喜欢的内容相似的内容。深度学习模型适用于更复杂的用户画像建模，能够从大规模数据中捕捉更高级的特征和模式。卷积神经网络（CNN）适用于处理图像数据，可以从图片中提取特征。循环神经网络（RNN）和其变种（如长短时记忆网络 LSTM、门控循环单元 GRU 等）适用于处理序列数据（如文本数据），能够捕捉序列中的依赖关系。

特征工程是将原始数据转化为机器学习模型可以理解和使用的特征的过程。在构建用户画像模型中，对不同类型的数据进行合适的特征转化非常重要，以便模型能够更好地学习用户的行为和属性，如图 5-2 所示。在文本数据特征工程中，使用词向量模型（如 Word2Vec、GloVe、FastText）将文本中的单词转化为向量表示。这样可以捕捉单词之间的语义关系。同时还可以对文本进行 TF-IDF（词频-逆文档频率）表示，将每个单词转化为一个权重，用于表示文本的重要性。考虑多个连续单词的组合，生成 N-gram 特征，以捕捉更大范围的语义信息。在图片数据特征工程中，使用图像处理技术（如 HOG、SIFT、SURF）将图片转化为一组特征向量，以捕捉图片的边缘、纹理等特征。也可以使用预训练的深度学习模型（如卷积神经网络）进行迁移学习，提取图片的高级特征表示。对于用户属性特征，需要将用户的基本属性信息（如年龄、性别、职业)转化为数值特征,以便模型使用。对于具有离散取值的属性(如性别、职业),可以使用独热(One-Hot)编码将其转化为二进制向量,用于表示用户属性。用户的这些属性可以作为模型的附加特征,帮助更精准地了解用户的兴趣和需求,从而提供更具针对性的推荐和营销策略。

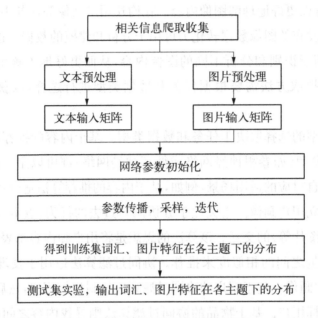

图 5-2 用户画像模型的框架处理流程

在特征工程完成后,将准备好的数据和特征输入所选择的算法模型中进行训练。模型训练的目标是通过大量的数据样本和特征,使模型能够捕捉用户行为和属性间的关联,进而建立起能够准确预测用户兴趣和行为的模型。在训练过程中,模型会根据训练数据中的输入特征和相应的输出标签,不断调整模型的参数,以使预测结果更加接近真实情况。这涉及优化算法,如梯度下降等,以最小化预测误差,同时训练过程需要多轮迭代,直到模型达到一定的性能水平。

主题建模是一种将用户兴趣分解为不同主题的方法,通过这种方式可以更好地了解用户在不同领域的偏好和兴趣。主题建模可以帮助挖掘数据中隐藏的主题结构,从而揭示出用户的兴趣分布。Latent Dirichlet Allocation(LDA)是一种常用的主题模型,用于从大量的文本数据中识别出隐藏在其中的主题。LDA 基于概率图模型,假设每个文档可以由一组主题生成,而每个主题又由一组单词生成。首先需要进行初始化操作,为每个主题随机分配一组单词,为每个文档随机分配一组主题。然后对于每个文档中的每个单词,根据当前的主题分布及单词分布,抽样出一个主题和一个单词。根据抽样结果,更新文档的主题分布和主题的单词分布。然后重复上述抽样和更新过程,直到模型收敛。通过不断迭代抽样和更新过程,LDA 模型可以得到每个文档的主题分布,以及每个主题的单词分布。这样,每个文档可以被表示为一组主题,每个主题又可以被表示为一组单词。在构建用户画像模型中,可以使用 LDA 模型来实现主题建模。假设我们有大量的用户发表的文本数据,这些数据可以包括社交媒体上的帖子、评论、文章等。通过应用 LDA 模型,可以从这些文本数据中发现隐藏的主题,然后为每个用户分配主题权重。通过这种方式,可以确定每个用户在不同领域的兴趣分布。例如,一个用户可能在体育主题上有较高的权重,同时也有一些权重分布在美食和旅游主题上。这样的用户画像可以更准确地了解用户的兴趣偏好,从而帮助实现精准的营销和推荐。

通过构建好的用户画像模型,可以根据用户的兴趣、偏好和属性制订个性化的营销推送策略。这意味着针对每个用户,根据模型的预测结果,选择最适合的内容、产品、广告或优惠券进行推送,以提高用户的参与度、购买意愿和满意度。例如,假设用户画像模型预测某用户对美食和旅游领域有较高的兴趣,那么可以向该用户推送关于烹饪教程、美食推荐、旅游景点介绍等相关内容。或者可以根据用户的属性,如年龄和性别,选择适合的产品进行推送,例如,将美妆产品推送给女性用户、数码产品推送给科技爱好者等。

在实施个性化营销推送后,还需要对推送效果进行评估,以确定策略是否取得了预期的效果。通过监测用户的互动情况,如是否点击了推送的内容、广告或链接,可以计算出互动率和点击率。较高的互动和点击率意味着用户对推送内容产生了兴趣。转化率则是指如果推送的目标是促使用户进行购买、注册等行为,可以计算转化率,即实际执行目标行为的用户比例。除此之外还可以收集用户的反馈和意见,了解他们对推送内容的满意度和建议,以便进行改进。或者是采用 A/B 测试的方法,将用户分为不同组,分别应用不同的推送策略,比较不同策略的效果,从而找到最优策略。根据评估结果,可以对用户画像模型和推送策略进行优化。例如,如果某个主题的推送效果较差,可以调整模型参数,优化特征工程,或者改变推送内容以提高效果。通过不断的迭代和优化,可以使个性化营销推送策略更加精准和有效。

5.3　AI 虚拟数字代言人营销

虚拟数字代言人是一种借助计算机生成图像(Computer Generated Imagery, CGI)技术和人工智能技术创造的虚拟人物,具有高度逼真性和拟人化的特点。相较于卡通等非人类形态代言人,虚拟数字代言人更加接近真实世界中的人类形象,具备高度真实且几乎完美的外貌和身体特征。其最显著的特点是能够在网络和虚拟环境中与人进行深度互动,拥有高度的真实感和亲近感。虚拟数字代言人的创作基于计算机图形学和人工智能技术,具有数字媒介产品的属性。

不同于卡通角色等虚拟代言人,虚拟数字代言人以"真实"和"完美"为角色定位,具有较高的可塑性,因此备受众多品牌方的青睐,具有显著的商业价值。这种代言人能够充分展现品牌形象,进行产品宣传和营销,与用户进行深入互动。虚拟数字代言人的兴起可以追溯到二次元虚拟代言人的发展。最初,虚拟代言人呈现出二次元的特点,随着计算机图像技术的不断进步,CGI技术的应用使得虚拟数字人物的创作变得更加真实和逼真。虚拟数字代言人的应用领域也不断扩展。除了商业广告营销,它们还可以在虚拟现实领域、娱乐产业、教育培训等多个领域发挥作用。虚拟数字代言人的商业化运用在一些领域已经取得了成功。虽然其创造需要依赖先进的技术手段,但其逼真的外观和与人交互的特性为品牌传播和用户互动提供了新的方式[47]。

虚拟数字代言人可以分为真人仿真型代言人和虚拟偶像代言人。真人仿真型代言人不是经过设计构建而来,而是通过完整人脸建模技术创建的一种分身。这一技术利用1∶1比例克隆某位营销人员的外貌、动作和声音等方面,使得虚拟代言人与真人几乎完全一致,在实现真人音色克隆的同时,还将语音中的情感表达、发音特点等信息转移至合成声音中,甚至能够模仿口音,以达到高度还原的音色效果。在技术方面,真人仿真型代言人采用了文本到语音合成(Text To Speech, TTS)技术和人工智能深度学习算法等。TTS技术能够实时解码语音并生成相应的发音口型,而深度学习算法则可以驱动数字财富顾问的面部动作和表情,实现音频和视频的同步。

真人仿真型虚拟数字人的语音表达、面部表情和具体动作主要依赖基于深度学习模型来进行驱动,并在渲染后实现其最终效果。语音合成(TTS)、自然语言处理(NLP)和语音识别(Automated Speech Recognition, ASR)等技术是对虚拟数字人效果产生共同影响的关键因素。其技术流程如下:

(1)设计形象和采集驱动数据,利用多方位摄像头对要进行克隆的真人财富顾问进行打点扫描,采集其说话时的唇动、表情、面部肌肉变化细节等数据。

(2)设计所需的模型,基于真人进行高还原度的建模。例如,眼睛、鼻子、嘴巴等位置的准确捕捉和绑定对于最终效果的真实性和逼真度有着重要的影响。接下来的步骤涉及训练驱动模型,这是决定最终效果的关键步骤。

(3)训练驱动模型,这是决定虚拟数字人最终呈现效果的关键。在这个过程中,采用深度学习技术,通过学习特定真人模特的语音、唇形和表情参数之间的潜在映射关系,形成相应的驱动模型和驱动方式。深度学习算法通过充分利用驱动关键点和准确的驱动模型,能够高度还原人脸骨骼和肌肉微小变化,从而生成逼真的表情驱动模型。

(4) 在声音方面,运用文本转语音技术将输入的文本转化为语音。在图像方面,驱动模型的输出与生成对抗网络(Generative Adversarial Nets,GAN)相结合,以提供对每帧数字人图像的推理生成。GAN 是一种基于博弈的深度学习模型,由生成器和判别器构成。生成器负责生成逼真的图像,而判别器则试图区分生成的图像与真实图像。通过对比选择最符合现实的图像,GAN 可以生成高质量的数字人图像。然后,通过时间戳的匹配,将语音与每帧数字人图像进行有效结合。这种方法能够实现语音和图像的同步生成,为数字人的多模态表达提供了一种有效的技术路径。

(5) 要生成最终的虚拟数字人还离不开建模渲染。渲染是将模型、场景或图像等输入数据转化为最终可视化结果的过程。在虚拟数字人的生成过程中,渲染指的是对数字人模型、环境场景和其他相关数据进行处理和计算,以生成逼真的图像或动画。这一过程涉及光照、材质、阴影、纹理映射等方面的计算和处理,以模拟光线在数字人表面的反射、折射和散射等物理效应,从而呈现出逼真的视觉效果。

虚拟偶像代言人是利用计算机生成图像技术和人工智能技术创造的虚拟形象,这些形象被设计成拥有独特的外貌、声音和个性。首先,需要确定虚拟偶像代言人的外貌、性格、声音等特征。这个阶段涉及美术设计师、声优等多个领域的合作。角色的设计要求创造出独特、吸引人的形象,以便在市场中脱颖而出。其次,利用计算机图形学技术,将角色的外貌特征转化为 3D 模型。这包括建模、纹理映射等过程,确保虚拟形象具有逼真的外观。最后,需要为虚拟偶像代言人赋予独特的声音和语调,声音合成技术可以根据提供的声音样本生成代言人的语音。这需要采集声音样本,可以是真实的声音录音,也可以是专门录制的声音素材。这些样本将用于训练声音合成模型。样本涵盖不同语调、音高、情感等方面的声音。在声音合成之前,需要从声音样本中提取声音的特征。这些特征可能包括音高、音调、音频频谱等信息。这些特征将用于训练模型和生成声音。然后根据任务的需求,选择适合的声音合成模型。目前常用的声音合成模型包括基于规则的方法、基于拼接的方法,以及基于深度学习的方法,如 WaveNet、Tacotron 等。基于深度学习的声音合成模型在训练过程中,模型会学习声音的特征和模式,从而能够在之后生成自然的语音。模型训练完成后,就可以使用输入的文本来生成声音。输入的文本可以是代言人需要表达的内容,模型会将文本转化为对应的声音输出。

除此之外,还需要利用自然语言处理技术,使虚拟偶像代言人能够理解并生成自然流畅的语言。这样代言人可以回应用户的问题、发表言论等。情感生成技术使代言人能够表达情感,如愉快、悲伤等。通过计算机图形学和人工智能技术,使虚拟代言人能够生成各种动作和表情。这涉及骨骼动画、情感驱动的动作生成等技术,以便代言人能够在不同情境下表现出适当的动作和表情。利用机器学习算法,虚拟代言人能够根据用户的互动和反馈来逐渐了解其喜好和特点,从而提供更个性化的互动和内容。更重要的是,虚拟偶像代言人可以生成不同类型的内容,如音乐、短视频、图文等。利用生成式模型和图像生成技术,代言人可以创作出新的内容以保持用户的兴趣。

虚拟数字人可以通过分析用户与其之间的语言交互,包括用户提出的问题、发表的评论、对话中的关键词等,了解用户的意图和关注点。通过自然语言处理技术,虚拟数字人可以识别并提取出对话中的重要信息,从而推断用户可能感兴趣的话题和内容。基于用户的语言交互,虚拟数字人可以建立用户的偏好模型。通过分析用户对不同话题的表达方式和频率,虚拟数字人可以推测用户可能的兴趣领域。虚拟数字人还可以分析用户的行为数据,如浏览历史、点击记录、购买记录等。这些数据能够揭示用户的消费偏好和使用习惯。通过分析这些行为数据,虚拟数字人可以推断用户对不同类型的内容或产品的兴趣,从而为用户提供相关的推荐。虚拟数字人通过与用户的持续互动,不断积累关于用户的信息和反馈。这使得虚拟数字人能够不断优化个性化推荐策略,更好地理解用户的喜好和需求,从而提供更好的服务。

5.4 小结

当今的商业环境竞争激烈,智慧营销已成为保持竞争优势和增强品牌影响力的关键策略之一。在这一背景下,人工智能技术正日益融入企业营销实践,为企业带来了新的机遇和挑战。本书基于推荐算法的个性营销、基于用户画像的精准营销,以及AI虚拟数字代言人营销等三个方面探讨了人工智能技术在企业智慧营销中的应用。

首先,基于推荐算法的个性营销利用了人工智能技术的强大计算能力和数据处理能力,实现了向客户提供个性化的产品或服务推荐。通过分析客户的历史购买记录、浏览行为、兴趣偏好等数据,推荐算法能够准确预测客户的需求,为其量身定制营销内容,提高购买转化率和客户满意度。其次,基于用户画像的精准营销充分发挥了人工智能技术在大数据处理方面的优势。通过整合多渠道获取的客户数据,人工智能可以构建客户的详细画像,包括年龄、性别、地理位置、消费习惯等信息。基于这些画像,企业可以更精准地进行定向广告投放、内容推送等营销活动,提高广告投资回报率,降低营销成本。最后,AI 虚拟数字代言人营销则将人工智能技术与情感计算相结合,创造了全新的客户互动方式。通过开发具有逼真情感表达能力的 AI 虚拟代言人,企业可以在任何时间、地点与客户互动,传递品牌信息,解答疑问,甚至进行销售。这种形式的营销不仅提高了客户参与度,还增强了品牌形象的亲和力和个性化。总的来说,人工智能技术在企业智慧营销方面的应用已经展现出巨大的潜力。通过个性化推荐、精准定向和虚拟代言人等方式,企业能够更好地满足客户需求,提升品牌价值。

思考题

(1) 总结在企业营销中人工智能算法如何帮助企业实现个性化的市场营销和产品推荐,以提高客户满意度和忠诚度。

(2) 思考如何利用机器学习和数据分析等技术来深入分析客户的购买行为、浏览历史和互动模式,以更好地满足其需求,帮助企业实现精准营销。

(3) 近几年来,AI 虚拟数字代言人为企业提供了许多新的方式来改进营销策略,增强了品牌影响力,它给我们带来什么启发?

第 *6* 章
广告创作

6.1　文字广告智能创作

人工智能（AI）在广告创作领域发挥着越来越重要的作用，它对传统广告运作模式产生了深远的影响，并为广告创作带来了新的意义和机遇。人工智能为广告行业带来了革命性的改变，从传统的广告创作方式过渡到更智能、个性化和高效的创作方式。内容生成和创意助力是人工智能在广告领域的一项重要功能，它通过自动化和智能化的方式帮助广告创作者生成各种形式的内容，从文本到图像再到音频，从而提供创意灵感和加速广告创作的过程。例如，人工智能可以基于用户给定的信息和其想要传达的意思，自动生成吸引人的广告文案。它可以根据特定的品牌声音、受众特点和广告目标，创造出多种不同风格的文案，从幽默到严肃，从情感化到理性化，满足不同广告主的需求。

文字广告智能创作的本质在于利用机器学习和自然语言处理技术，基于海量的消费者数据和商品数据，实时生成个性化的广告文案。这种创作方法能够更好地满足不同消费者的需求和兴趣，提升广告的针对性和效果。自然语言处理是文字广告智能创作的核心技术。它涉及自然语言理解和自然语言生成两个主要方向。自然语言理解致力于让机器能够理解人类的语言，包括文本的语义、情感和含义。自然语言生成则旨在让机器能够根据给定的数据、文本和其他信息，生成自然语言形式的文本，例如广告文案[48]。

1. 广告文案智能生成

要进行文字广告的智能创作，首先需要对已有的广告文案进行分析，让机器能够理解广告文案的组成、结构及撰写规律。这个过程的核心在于准备大量相关的广告文案数据，并对其进行筛选和转换，以便让机器能够从中学习。同时，数据挖掘在为机器提供文案撰写的内容素材方面起着重要作用,通过提取关键特征和消费者偏好,为生成个性化、引人入胜的广告文案提供支持。

如图 6-1 所示,文案学习首先需要搜集大量的广告文案数据,这些数据可以来自各种广告媒体和渠道,包括文字、图像、视频等形式的广告。然后,这些文案数据需要经过人工和机器的清洗和筛选,保留质量较高的文案样本。接下来将这些优质文案转换成机器能够理解的数字形式,如向量化表示。通过对这些数字化的文案进行分析和学习,机器可以逐渐掌握不同类型广告文案的组成要素、结构和写作规律。

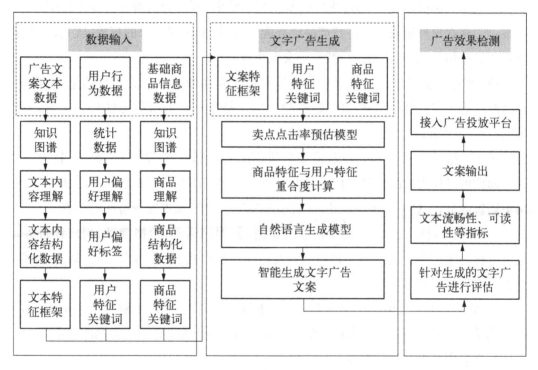

图 6-1 广告文案智能生成系统

然后采用数据挖掘技术。数据挖掘在广告文案生成中起到了至关重要的作用,它通过分析海量数据,从中提取关键特征和信息,为机器生成个性化、有吸引力的广告文案提供了内容素材。在数据挖掘过程中,主要涵盖了消费者偏好挖掘和产品卖点挖掘两个方向[49]。

(1) 消费者偏好挖掘。消费者偏好挖掘旨在通过消费者的行为数据,整合和提取个人偏好标签,以更好地理解消费者的兴趣、偏好和需求,这为生成针对性广告文案提供了基础。具体的技术步骤如下:

① 数据收集和整合。首先需要收集来自多个渠道的消费者行为数据,如搜索记录、点击行为、购买历史等。这些数据可能分散在不同的数据库和系统中。使用数据

整合技术将这些数据汇总,并进行预处理,以便后续分析。

② 特征提取和转换。从原始数据中提取关键特征,如购买频率、浏览内容、购买类别等。这些特征可以用于构建消费者的个人偏好标签集合。将这些特征进行转换,使其能够被机器学习模型理解,如将类别信息进行编码。

③ 构建排序模型。使用机器学习技术构建排序模型,如推荐系统。这些模型可以根据消费者的行为数据和特征,预测不同商品或内容对于消费者的吸引程度,这些预测结果可以被视为消费者偏好的权重。

④ 生成相应的标签。通过排序模型预测的结果,可以为消费者分配不同的偏好标签,如"喜欢户外运动""对科技产品感兴趣"等。根据预测结果的权重,优选出与消费者兴趣最相关的标签,用于后续广告文案生成。

(2) 产品卖点挖掘。产品卖点挖掘旨在通过商品数据和相关素材信息,分析出商品的核心卖点和吸引消费者的关键特征,以支持生成具有吸引力的广告文案。具体的技术步骤如下:

① 进行商品数据分析。通常需要分析商品的静态属性,如品类、型号、特性等。这些属性可以作为商品的基本信息,用于构建商品标签库。此外,还可以分析商品的历史销售数据,了解不同商品在不同时间段的销售趋势,从中发现潜在的卖点。

② 整合素材信息。一些动态的素材信息,如促销活动、价格变动、用户评价等,也可以作为确定卖点的依据。如果一款商品正在进行折扣促销,那么可以将促销信息作为广告文案的一部分。

③ 情感分析。对用户评价等文本信息进行情感分析,可以了解用户在购买后的真实感受和反馈。通过分析积极和消极情感,可以捕捉到商品的优势和改进点,从而在广告文案中突出产品的卖点。

数据挖掘在广告文案生成中的作用是不可忽视的。通过消费者偏好挖掘和产品卖点挖掘,可以从海量数据中提取关键信息,为机器生成个性化、有吸引力的广告文案提供内容素材。这涉及数据收集、特征提取、排序模型构建、情感分析等多个技术环节,为广告文案生成的智能化提供了坚实基础。通过数据挖掘,可以使生成的广告文案更符合消费者需求,更具影响力,从而提升广告效果和用户体验。

在进行已有广告文案的学习和数据挖掘以后,就需要利用人工智能技术进行文字广告的智能生成。在当今数字化时代,通过人工智能技术实现个性化广告文案的智能生成已成为数字营销领域的热门研究方向。通过结合自然语言生成技术、消费者行为数据及商品特征数据,可以实现更加精准、吸引人的广告文案,从而提升广告的效果和用户体验。

在实现文字广告的智能生成过程中,自然语言生成技术扮演了关键角色。这一技术的核心是语言模型,它是一个经过训练的系统,具备理解自然语言的结构、语法和语义,并能够生成具有流畅性和可理解性的文本。语言模型的目标是预测给定一系列词语或字符的下一个词语或字符。它通过学习大量文本数据中的模式和规律,能够推断出在给定上下文下最可能出现的下一个词语。这种推断是基于概率分布的,即模型会计算出每个词语作为下一个词语的可能性,然后选择概率最高的词语作为生成结果。

近年来,基于深度学习的预训练语言模型,如 GPT(Generative Pretrained Transformer)系列模型,已经在自然语言生成领域取得了显著的成果,成了文字生成任务的重要工具。GPT 系列模型采用了 Transformer 架构,具备较强的语言理解和生成能力。在文字广告生成中,GPT 系列模型可以将消费者特征和商品特征编码为初始上下文,然后通过迭代生成的方式,逐步生成符合特定需求的广告文案。模型能够考虑语法、语义和逻辑,生成自然流畅的文本,从而实现个性化广告的智能生成。

GPT 系列模型基于 Transformer 架构,这是一种由"Attention"机制构成的深度神经网络结构。Transformer 架构在处理序列数据时具有出色的效果,因其能够充分捕捉长距离的依赖关系,避免了传统的递归和卷积结构中存在的瓶颈。使得模型能够更好地处理自然语言中的语法、语义和上下文关系。

Transformer 架构由编码器(encoder)和解码器(decoder)两部分组成,常用于序列到序列(sequence-to-sequence)任务。编码器负责将输入序列的信息进行编码,生成一个上下文表示,该表示保留了输入序列中每个位置的信息,并考虑了不同位置之间的关联。解码器根据编码器生成的上下文表示,逐步生成输出序列。在此过程中,解码器可以通过注意力机制,根据已生成的部分输出和编码器的信息,更加准确地预测下一个词语。

Transformer 的核心在于其独特的"注意力机制(attention mechanism)"。注意力机制能够让模型在处理序列数据时聚焦于不同位置的输入信息,从而更好地捕捉到远距离的依赖关系。在自然语言处理中,注意力机制可以让模型关注上下文中不同位置的单词,有助于建立词与词之间的关联。Transformer 模型中的注意力机制主要分为自注意力(self-attention)和多头注意力(multi-head attention)两种类型:

自注意力机制用于处理序列中的每个元素,它通过计算元素与其他所有元素之间的相关性来分配注意力权重。在处理输入序列时,每个元素都可以与序列中的所有其他元素产生关联。这种注意力机制有助于模型捕捉序列内部的依赖关系。自注意力的计算过程可以分为四个步骤:① 计算查询(Q)、键(K)和值(V)的表示。这可以通过对输入序列进行线性变换得到。② 计算注意力分数,衡量查询与每个键之间的相关性。③ 对注意力分数进行归一化,得到注意力权重。④ 使用注意力权重对值进行加权平均,得到最终的表示。

多头注意力机制通过并行地计算多组注意力来增强模型的表达能力。每个注意力头都可以学习不同的相关性模式,从而更好地捕捉序列中的信息。在多头注意力中,每个头都有自己的查询、键和值的线性变换,然后进行独立的注意力计算。最后,多个头的输出通过连接和线性变换来生成最终的多头注意力表示。

由于 Transformer 不包含循环或卷积结构,无法像循环神经网络或卷积神经网络那样自动处理序列中的顺序信息。为了引入顺序信息,Transformer 引入了位置编码(positional encoding)。位置编码是一组向量,用于表示输入序列中不同位置的信息。这些向量会与输入的词向量相加,从而在词向量中添加位置信息。

GPT 系列模型的核心思想是"预训练—微调"策略。在预训练阶段,模型使用大规模的无监督数据(如维基百科、书籍等)进行训练,以学习丰富的语言知识和结构。在这个阶段,模型被训练成一个"语言模型",即根据上下文预测下一个词语。

在预训练完成后,模型进入微调阶段。在这个阶段,模型会使用少量领域特定的监督数据进行有监督微调,以适应特定任务,如文本分类、文本生成等。这样,模型能够将其预训练的语言知识应用到具体任务中。

GPT 系列模型采用了自回归的生成方式。在生成文本时,模型会接收一个初始输入,然后逐步预测出下一个词语,再将预测出的词语作为输入,继续预测下一个词语,以此类推。这样的逐步生成方式使得模型能够逐渐展开生成具有上下文连贯性的文本。GPT 系列模型通过无监督学习从大规模的文本数据中学习语言知识,而无需人工标注的标签。这使得模型可以从数据中自动捕捉语言规律和特征,适用于多种自然语言处理任务。在生成任务中,模型可以根据初始输入开始生成文本,而无需人工提供详细的指导。它根据自己学习到的语言知识和上下文,自主生成流畅、可理解的文本。

传统的语言模型需要大量的人工特征工程和数据标注,才能在特定任务上表现良好。然而,预训练语言模型通过大规模的无监督学习,可以自动学习丰富的语言知识,避免了烦琐的特征工程。在预训练阶段,语言模型通过大规模的文本数据(如维基百科、新闻等)进行训练,学习了单词之间的关系、上下文的语义,以及句法结构等。这使得模型在理解文本和生成文本时具备了丰富的语言知识。在生成广告文案的任务中,预训练语言模型需要进行微调,以适应特定的广告领域和任务。这个过程通常使用少量的领域特定数据进行监督学习,使模型能够生成符合广告场景和要求的文本。

　　智能生成个性化广告文案的过程是一个复杂的系统工程,涉及数据处理、特征选择、模型预测、文案生成等多个步骤。通过整合文案特征、消费者特征和商品特征,以及运用各种先进的技术手段,系统能够生成与广告场景和目标受众相匹配的广告文案,从而提升广告的效果和用户的参与度。文字广告生成系统以所学的文案特征为指导,以通过数据挖掘获取的消费者特征和商品特征为基础,将文案撰写规律与关键词相结合,实现智能生成个性化广告文案的过程如下所述。一旦机器完成对数据的训练,智能创作系统能够建立起基本的文案生成框架。在这一框架的基础上,系统需要结合广告场景和消费者特征,从而选定合适的核心利益点,即所谓的"关键词"来填充文案生成框架的内容。在此过程中,系统会借助商品卖点点击率的预测模型,完成对核心利益点的选择。这个模型能够计算消费者偏好标签与商品卖点特征之间的相似度与重合度,重合度越高,选择某一特定卖点的可能性就越大。这样,系统可以更加智能地确定广告中应该突出的特点,以更好地吸引目标受众。完成关键词的选择后,系统便会依照文案撰写规律进行文字的排列组合,从而生成全新的广告文案。这个生成过程需要应用知识图谱、自然语言处理等技术,以确保广告文案的多个方面的质量。这包括控制文案的长度,避免文字的重复,同时确保生成的文本在语义上是正确的,并且所呈现的商品品类是准确的[50]。

　　在生成广告文本之后,还需要对广告文案的效果进行评估。因为广告的效果直接影响了它是否能够吸引目标受众,传达有效信息,以及实现营销目标。首先需要采用评估指标,在生成广告文案后,对生成文案的可读性、流畅性、内容正确性等方面进行质量评估,如可读性评估,可以计算文本的 flesch-kincaid 可读性分数或采用人工评估的方式来衡量文案的可读性水平;针对文本的流畅性评估,可以采用 perplexity(困惑度)指标或 n-gram 模型。困惑度是一种常见的流畅性评估指标。它衡量了语言模型在预测给定文本时的困难程度,即对于给定的文本序列,模型能够预测下一个词的能力。困惑度越低,说明模型在给定上下文中预测下一个词的能力越强,文本流畅性越高。使用 n-gram 模型也可以评估文本的流畅性。n-gram 模型估计了文本中每个 n 个连续词的概率,如果一个句子的词序列在语料库中的概率较高,那么它被认为是流畅的。

　　除此之外,还需要将生成的广告文案投放到外部广告平台,对广告的实际营销效果进行检测。在广告投放平台上,可以实时监测广告的点击率和转化率等数据。点击率是广告被点击的次数与广告展示次数的比率,用来衡量广告吸引受众点击的能力。转化率是点击广告后实际完成目标行为(如购买、注册等)的比率,用来评估广告的效果。较高的点击率和转化率通常意味着广告吸引了潜在消费者并促使他们进行购买。此外,还可以结合广告投放平台提供的受众特征数据,分析点击广告的受众属性。例如,一项广告的目标是面向特定年龄群体,可以分析点击广告的人群年龄分布,通过了解广告吸引的受众特点,可以判断广告文案是否成功地吸引了目标受众。同时,还可以使用社交媒体监测工具和舆情分析,观察广告投放后广告对品牌声誉的影响。了解公众对广告的积极或消极反应,以及广告是否引起了讨论,可以帮助企业判断广告是否与品牌形象一致,并在出现负面反应时采取应对措施。

2. 广告语智能生成

前面提到的广告文案的长文本生成是指生成更为详细、完整的广告文本,通常用于产品介绍、品牌推广、广告剧本等,长度可以从短段落到多段落。与广告语生成相比,广告文案长文本生成需要更多的商品信息呈现、情感表达和逻辑连贯。这种任务涉及更多的细节、情感色彩和商品信息传递,要求更好的文本连贯性和说服力。而广告语生成是一种短文本生成任务,旨在创造出简洁、有吸引力且易于记忆的文本,用以传达特定的广告信息。这些文本通常是宣传口号、标语、广告标题等,长度通常在几个字到几句话之间。广告语生成的关键是在极短的文本中捕捉关键信息,创造出引人注目的文本,以吸引受众的注意。即使是在图片型广告和视频型广告中,也少不了表达营销主旨的广告语的存在。

能够生成广告语的语言模型应用有很多,这里举例介绍一种具有中文特色的广告语智能生成模型(见图 6-2)。该模型利用多特征融合的方式,将古代诗词的韵律、意境与谐音的趣味相结合,创造出既有文化内涵又引人入胜的广告语。广告语通常要在有限的文字空间内传达信息,因此要求表达简洁明了,朗朗上口,易于理解和记忆。同时,成功的广告语需要在语言表达上具备美感,这可以通过词语的选择、句子的构造等方式来实现。古诗词作为传统文化的一部分,具有朗朗上口、对仗工整的特点,适合用于广告语的创作。将古诗词巧妙地融入广告语中,可以增强广告的文化品位和感染力。古诗词的文字精练和深远的意境,与广告语简短而丰富的特点相契合。借助古诗词的广告语能够更容易获得受众的认知和关注。计算机自动生成古诗词型广告语的方式有两种:一种方式是由计算机创作新的诗词广告语,为商品生成新的符合韵律的诗词广告语,这种方式可以更贴近商品特点;另一种方式是在原有古诗词的基础上,通过嵌入和替换的方式生成广告语。这种方式相比于第一种方法的优势在于利用大家耳熟能详的古诗词,能够迅速引起人们兴趣,便于记忆和传播。因此,该模型采用的是后一种嵌入式诗词广告语生成方式,充分利用古诗词的传播优势,为广告语的创作带来一种独特的文化元素和魅力。

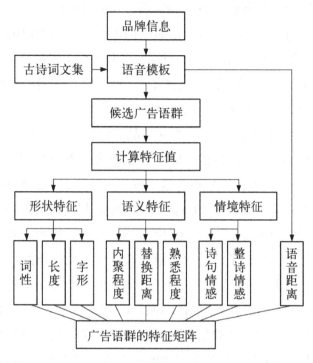

图 6-2　广告语智能生成模型

（1）需要从人们熟知的古诗词文集中挑选诗句作为生成广告语的素材。古诗词具有朗朗上口、对仗工整等特点，适合用于创造富有韵律和美感的广告语。

（2）使用挑选的古诗词诗句作为语音模板，利用这些模板生成候选的广告语群。这里的语音模板是指特定的文本结构，它以古诗词文集中的诗句为基础，对于每条检索到的诗句，模型会查找其中与品牌信息相同或相似发音的词汇，通过替换其中的词汇，将古诗词中的内容与品牌信息联系起来。这是为了将古诗词中的内容与品牌信息建立联系，通过谐音或类似的发音，使生成的广告语更具内涵和趣味。

（3）对于生成的候选广告语群，从形状、语义和情境等三个方面计算广告语的特征向量。

广告语生成模型中的形状特征，主要包括词性、长度和字形三个部分。词性特征是指在生成广告语过程中，考虑品牌词汇和古诗词中被替换的原词汇的词性是否相同。该特征的计算方式是比较这两个词的词性是否相同，如果相同则得分为1，否则得分为0。这个特征的目的是在一定程度上体现生成广告语的语法正确性。相同的词性可以保证广告语在语法结构上更为合理和流畅。长度特征考虑广告语的字数，这主要是因为过短的广告语可能信息不完整，过长的广告语可能使人失去阅读兴趣。为了更好地体现广告语的长度特点，该模型采用了高斯变换，对长度进行平滑处理，使得中间长度的广告语得到较高的特征值,而过长或过短的广告语得到较低的特征值。字形特征是指在广告语生成中,考虑品牌词汇与古诗词中原词汇的字形是否相同。特征的计算方式是统计品牌词汇和原词汇中有多少个字是完全相同的。初始特征值为 0,如果发现有字形相同的字,则累加 1。这个特征的目的是捕捉在词汇字形上的相似性,以确保广告语的字形在视觉上更为一致。

广告语生成模型中的语义特征,旨在体现品牌信息在古诗词中的嵌入是否合理、通畅,该模型中主要的语义特征包括内聚程度、替换距离和熟悉程度。内聚程度指的是广告语中品牌词汇与其他词汇的组合紧密程度。为了计算内聚程度,首先计算品牌词汇 T_i 与广告语中其他词汇 V_j 的 bigram 值,然后将这些 bigram 值相加,最后除以广告语的词汇总数,得到 $Coh(A_i)$。$Coh(A_i)$ 的值越大,说明广告语中品牌信息与其他词汇的组合越紧密,反映了广告语的语义合理性。该特征的计算使用了语言模型工具包来分析品牌词汇与其他词汇的组合。替换距离计算了品牌词汇 B_i 与古诗词中被替换掉的词汇 P_i 之间的 bigram 值。$Dis(A_i)$ 的值越大,说明广告信息嵌入古诗词中的合理性越高,这意味着品牌信息与原诗句的语义相近。值太小则表示品牌信息与原诗句的语义差别较大。熟悉程度指的是古诗词被人们熟知的程度,这对广告语的传播效果影响重大,因为被更多人熟知的诗句更容易被广泛记忆和传播。该模型选择了人们耳熟能详的唐诗宋词,按照其在不同教育阶段教材中的出现时间,将古诗的熟悉程度分为多个等级,例如,小学语文教材中出现的诗为 5,中学教材中的值为 4,高中教材中的值为 3,不在语文教材中的诗为 1。这个特征通过设定不同的值,反映了古诗词在社会中的熟悉程度。

广告语生成模型中的情境特征,主要取值于诗句情感和整诗情感两部分。因为广告语的目标是通过积极的情感表达商品的优点,所以文本指出古诗中包含正向情感的诗句更适合用于广告语,而负向情感如哀怨、批评等的古诗不太适合。在诗句情感特征中,该特征描述生成广告语的诗句的情感倾向性分为三个等级:贬义、中性和褒义。这种划分能够将诗句的情感属性与广告语的目标情感对应起来,确保生成的广告语传达出正向情感。同时,由于一首诗中可能有转折和递进,每个分句的情感不一定与整首诗的情感一致。为了描述整诗的情感,该模型利用现代文解说作为参考,爬取与古诗对应的解说信息。这些解说被看作是小的语篇,通过深度学习方法,如卷积神经网络来计算语篇的情感倾向性[51]。

然后将从不同方面计算得到的广告语特征向量组合成一个特征矩阵,这个特征矩阵可以代表某品牌的广告语群在多个维度上的特点和优势。输入一个品牌的商品,模型会生成候选的广告语群,也就是包含多条广告语的特征矩阵。每条广告语都会转化为特征向量,从而构成了特征矩阵。生成的广告语可能达到几十个甚至几百个。为了从中挑选最优的广告语,需要一个合理的评估算法。由于这些广告语没有质量评价标签,所以需要采用无监督的方法来对广告语进行排序,以找出质量较高的广告语。

评估算法采用无监督的方法,将多个特征融合,得到广告语的排序。在该模型中,广告语群的特征矩阵通过主成分分析(Principal Component Analysis, PCA)和自定义权重(Custom Weight, CW)这两种评估算法分别进行计算得分和排序。PCA是一种降维技术,它可以从原始特征中提取出最重要的成分。在广告语生成中,PCA可以将多维的特征向量映射到较少的维度上,保留最重要的信息。然后,对于每个广告语可以计算 PCA 后的得分,反映其在主成分上的表现。CW 是指为不同的特征分配不同的权重,以反映其在广告语质量中的重要程度。通过定义合适的权重,可以将广告语的特征向量映射到单一的得分,这个得分可以代表广告语的整体质量。

多级融合涉及两个级别的融合过程,在第一级融合中,各个评估算法分别融合特征矩阵的多个特征。对于 PCA 和 CW,它们会对特征矩阵中的各个特征进行计算,得出各个特征的得分。在第二级融合中,将两种评估算法得出的得分组合在一起,以确定最终的广告语分值。经过多级融合,广告语群中每条广告语都得到了最终的分值,这个分值可以被用来对广告语进行排名,从而选择出在综合考虑不同评估算法和特征的情况下相对质量较高的广告语[52]。

6.2　图像广告智能创作

图像广告智能创作主要依靠人工智能技术下的计算机视觉算法,计算机视觉技术主要研究计算机如何模仿人类视觉系统,对图像和视频进行分析、处理、理解和识别的领域。通过模仿人类视觉处理过程,计算机视觉技术使计算机能够"看"并理解图像和视频内容[53]。在图像广告的智能生成过程中离不开计算机视觉技术,主要包括图像分类、目标检测、目标分割和图像生成等四大任务应用。在图片广告智能生成模型中,输入信息主要包括消费者需求信息和广告图像信息。这些信息经过处理和转化,如利用特征提取、需求标签生成、序列模型排序等技术步骤处理需求信息,通过设计框架学习、产出与优化等步骤处理图像信息,最终形成系统的基础,实现智能地生成广告图像创意[54](见图 6-3)。

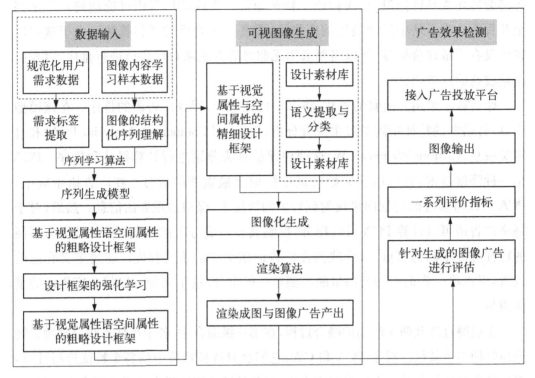

图 6-3 图像广告智能生成系统

在图像广告智能创作系统中,实现学习和产出设计框架的过程涉及多个步骤,包括数据处理、深度学习模型训练、量化图生成及强化学习优化等步骤。

(1) 收集海量的广告图像数据作为学习资料。这些数据可以包括不同风格、主题和元素组合的广告图像。每个图像都需要被标记和分类,以便机器能够理解图像中的不同元素和设计特点。

(2) 在数据处理后,机器会使用机器学习和深度学习技术,如卷积神经网络(CNN)或生成对抗网络(GAN)来学习广告图像的设计规律。这个过程分为三个阶段:① 使用卷积神经网络等模型来提取图像中的元素,如文字、图像、颜色等,帮助机器理解图像中的不同组成部分;② 利用机器学习模型分析广告图像中的元素组合方式,并学习不同的设计手法和原则,如对比度、布局、色彩搭配等;③ 通过学习大量广告图像,模型能够理解不同的设计风格和整体效果。这使得机器能够根据消费者需求产出符合美学标准的设计框架。

(3) 产出设计框架涉及深度学习和强化学习技术的应用。通过深度学习模型,系统模拟广告图像设计中素材图层逐层叠加。这个叠加过程产生了一系列量化图,这些图反映了素材特征的排序。需要注意的是,量化图并不是实际图像,而是用数据表示的图像信息。它们包含了不同元素的组合方式,但仍然相对粗略。

(4) 为了优化产出的设计框架,需要引入强化学习。强化学习算法可以帮助系统从众多量化图中选择较优的组合方式。通过奖励和惩罚机制,系统可以根据设计规则和美学角度进一步优化设计框架,使其更符合消费者需求。

在广告图像智能创作的过程中,可视化图像生成模型会根据提取出的消费者需求与学习到的设计框架,从素材库中选取对应的素材,使用视觉化生成技术将素材填充进设计框架,最终生成广告图像。在前面的步骤中,机器已经学习了广告图像的设计规律和元素组合方式,同时也理解了消费者的需求。这个阶段的输出是一个优化过的设计框架,其中包含了素材的位置、排列方式、风格等信息。素材库是存储了各种视觉元素的数据库,这些元素可以包括文字、图像、图标、背景等。素材库为图像生成提供了基本素材和参考,它是视觉设计与创作的基础。在图像的生成阶段,素材库主要供视觉化生成模块进行选取和使用。视觉化生成模型负责将优化后的设计框架和选取的素材结合起来,生成实际的广告图像。首先需要根据设计框架中的位置和要求,从素材库中选择适合的素材。素材的选取会基于设计规律、元素组合方式及美学标准。接着将选取的素材填充进设计框架中,使用渲染算法将素材转化为像素化的图像,并且需要考虑素材的大小、透明度、颜色等因素。在图像生成中需要遵循"有无"逻辑:当素材库中有符合需求的素材时,视觉化生成模块会直接使用这些素材;如果没有直接符合条件的素材,但素材库中有类似参考素材,可以使用风格迁移技术将参考素材的特征应用到图像上,从而生成适合的素材;当素材库中既没有符合条件的素材,也没有参考素材时,生成器会尝试凭空创造新的素材,目前该技术仍在发展过程中[55]。

与文字广告智能创作类似,在图像广告智能创作系统中,也包括两个方面的评估:内部评估和外部广告效果评估。内部评估主要对生成图像的色彩、排版、主题,以及是否符合企业的广告需求等方面进行人工打分和机器评估。首先,系统可以利用预先设定的评估标准,通过机器学习技术来自动评价生成的广告图像。其次,邀请人工评审员对广告图像进行审查和评分,以获取更加全面和准确的评价。最后,外部的广告效果则需要根据广告投放后的实际情况,如点击率、转化率等指标进行评估。这一过程通常在广告投放和监测平台中进行,与文字广告效果的外部评估方法相同。

6.3　视频广告智能创作

视频广告的智能生成离不开计算机视觉、自然语言处理和语音识别等多项人工智能技术的综合运用[56]。在这个过程中,语音识别是其中的一个关键技术,它可以分为特征提取、模式匹配和参考模式库三大步骤,主要用于将语音信号转化为文字信息,从而实现语音内容的分析、理解和处理。① 需要从语音信号中提取关键特征。这些特征通常包括声音频率、声音强度、音调等信息。这一步骤旨在将连续的语音信号转化为数值型的特征向量,便于后续的处理和分析。② 模式匹配是语音识别中的核心步骤之一。在这个阶段,提取的语音特征向量将与预先建立的语音模型进行比对。语音模型通常基于机器学习算法,它能够代表不同的语音单元,如音素、音节等。系统会根据输入的特征向量与这些语音模型进行匹配,以确定最有可能的语音单元序列。③ 系统需要参考预先建立的语言数据库或模式库。这些模式库中包含了各种语音单元的声音特征,以及它们所代表的文字信息。当系统识别到某个语音单元时,它会根据参考模式库找到与之匹配的文字信息。这使得系统能够将语音信号转化为文字内容。

通过将语音识别与其他人工智能技术,如计算机视觉、自然语言处理等相结合,视频广告智能创作系统能够实现更加丰富和多样化的内容创作,为广告创作提供了更多可能性。虽然视频广告智能生成技术仍处于探索阶段,但这些智能技术的融合为广告创作领域提供了潜力和机会。

在视频广告智能创作系统(见图6-4)中,首先需要接受和处理多种类型的数据信息,包括产品图像、广告文案、消费评论及相关音频等四类数据。这些数据信息将用于生成多样化、个性化的视频广告内容。通过应用计算机视觉技术,如主体识别、人体识别和图像分割等,对产品图像进行分析和处理。这些技术使机器能够识别图像中的主体、人物,对图像进行裁剪、分割,从而生成多种类型的图片,用于视频广告内容的展示。

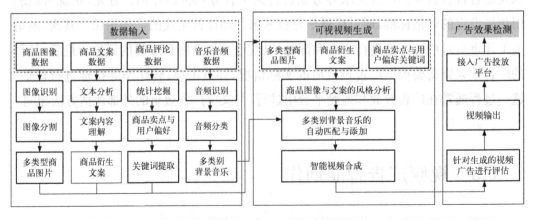

图6-4 视频广告智能生成系统

此外,还涉及对广告文案的处理。广告文案可能来自直接的文本信息,也可能源自商品图片中的文字。这就可以通过光学字符识别(OCR)技术从图像中识别和提取文字信息。然后利用相应的 NLP 算法对识别出的文本进行分析,提取关键词,生成相关的文案内容。在此基础上,还需要通过数据挖掘技术,对消费者的评论进行分析,提取有关商品卖点和消费者偏好的关键词。这些关键词可以用于进一步优化广告文案,使其更贴近受众的兴趣和需求。

在视频广告智能创作系统中,音频处理主要涉及背景音乐的识别和分类。首先需要收集大量的音频数据,包括不同风格、情感和节奏的音乐片段,这些音频可以来源于各种音乐库、专辑或自行录制的音频文件。这些音频数据将成为训练模型的基础。系统使用音频识别技术对收集到的音频数据进行分析。这种技术可以将音频数据转化为数值表示,也被称为音频特征提取。常用的特征包括声谱图、梅尔频率倒谱系数(Mel-Frequency Cepstral Coefficients,MFCC)等。这些数值表示能够捕捉音频的频率、振幅和时域信息。通过训练机器学习模型,系统可以对音频数据中的不同音乐片段进行识别和分割。这可以通过聚类算法、时域分析或频域分析等技术来实现。系统会识别哪些部分是音乐片段,从而将音频分割成不同的片段。一旦音乐片段被识别和分割,系统会应用情感分析技术对这些片段进行分类。情感分析可以基于音频的风格、节奏、情感等维度来判断其表达的情感和氛围。这可以通过深度学习模型、情感词汇库或其他情感分析技术来实现。根据情感分析的结果,系统将音乐片段分为不同的类别,如欢快、悲伤、激昂等。然后,系统可以根据广告的主题、目标受众及需要传达的情感,选择合适的音乐类别。这样,系统可以为广告选择具有匹配情感和氛围的背景音乐,以增强广告的吸引力和情感效果。

在视频广告的智能生成过程中,需要完成两个主要的生成任务:一是视觉化生成;二是将视频内容素材与背景音乐素材进行拼合生成视频。在完成对商品图像、广告文案和消费评论等基础视觉元素的处理后,生成系统需要整合这些元素以进行可视化生成。这个过程将数据转化为图像,让它们以视觉的形式呈现出来。机器会将经过处理的产品图像、广告文案、关键卖点等因素整合在一起,以创建一个完整的广告场景。静态的图片可通过语义分析和图像联想等技术转化为动态的图像。这涉及从静态图像中提取关键特征,然后在视频中以动态形式呈现出来,从而增加广告的吸引力和视觉效果。智能视频合成是将视频内容素材与背景音乐素材进行拼合的过程,以创造出最终的广告视频。系统基于对商品图像等数据信息的风格分析,在素材库中选择出与其风格情感匹配的音乐。这有助于创造出更具统一感和情感共鸣的广告视频。在将图像、文案和音乐等元素整合时,系统会进行图文匹配计算和影像节奏匹配计算。这意味着系统会根据文案的内容、音乐的节奏等因素，选择合适的图像进行展示，并在视频中应用适当的过渡效果。通过以上步骤，系统会生成初始的广告视频，其中包含了图像、文案和音乐的综合表现。初始的广告视频还需要进一步的编辑和调整，以确保各个元素之间的协调和连贯。

对于视频广告的评估与前面提到的文字广告和图像广告评估类似，也是通过内部评估与外部广告实际投放效果监测相结合，这里不再赘述。

6.4 小结

当今，人工智能技术正迅猛发展，广泛应用于各个领域，其中之一便是广告创作。在广告领域，人工智能技术已经展现出巨大的潜力和创新能力，为广告创作注入了新的活力。本文针对文字广告智能创作、图像广告智能创作和视频广告智能创作三个方面，总结了人工智能技术在广告创作中的应用。

首先，人工智能技术通过深度学习和自然语言处理等技术，能够分析大量的市场数据、用户行为及产品特点，快速生成富有创意和吸引力的广告文案。不仅可以节省创作时间，还可以提高广告的个性化程度，更好地满足不同用户群体的需求。此外，人工智能还能够优化文字表达，确保广告信息的准确传达，从而增强广告的传播效果和市场影响力。其次，人工智能技术在图像识别、生成和编辑方面的突破，使得自动生成视觉内容成为可能。人工智能可以根据产品特性和目标受众，自动生成精美的广告图像，从而提升广告的吸引力和视觉冲击力。此外，人工智能还可以进行图像优化和编辑，确保广告图像在色彩、构图和风格上的协调，进一步提升广告的艺术水平和品牌价值。最后，人工智能技术的进步使得视频内容的创作变得更加智能化和高效率。人工智能可以根据剧本、音效、画面等要素，自动生成视频广告。通过深度学习和图像处理技术，人工智能能够实现画面的编辑、特效的添加及音频的融合，使得创作过程更加灵活多样。这不仅降低了制作成本，还能够在更短的时间内生成更具创意的广告作品。

总的来说，人工智能技术在广告创作方面的应用正日益深化和拓展。通过智能化的生成模型，广告创作变得更加高效、个性化，并且能够在更大程度上满足不同广告需求。然而，也需注意，在人工智能生成的广告中，人类创意和情感的融入依然十分重要，这是人工智能难以完全取代的部分。同时，相关的生成技术的研究目前仍不成熟，仍处于继续发展阶段，还有很大的发展空间。因此，在未来的发展中，人工智能与人类创作者的合作将成为广告创作领域的一大新的亮点,以期创造出更具创意和感染力的广告作品。

思考题

(1) 广告是企业提高品牌曝光和知名度的有效工具,有效的广告内容可以帮助企业增加市场份额和销售额。在自然语言生成模型,如 ChatGPT、文心一言火爆的今天,传统的广告行业可以利用它们实现哪些方面的降本增效?

(2) 在未来,人工智能生成内容(AI-Generated Content,AIGC)技术还可以帮助企业在广告制作方面实现哪些创新?

(3) 除了广告制作,目前广告领域还有哪些地方值得改进?

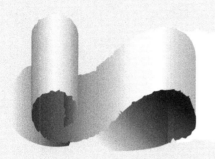

下 篇

人工智能在
各行业的应用

第7章
乳品行业

7.1 高效生产：自动化奶牛养殖系统

随着人们生活水平的上升，奶制品市场的需求量也变得很大，奶牛养殖产业也随之不断发展。规模化、标准化的养殖已经成为奶牛养殖业的主要发展趋势，智能化的奶牛养殖模式也应运而生。传统的人工奶牛养殖过程主要依赖人工管理，这种方式的实际效率不高，并且需要耗费大量的人力物力，难以实现规模化的奶牛养殖。要实现大规模养殖和整个产业的持续发展，就必须借助一系列新兴技术来提升奶牛的科学化养殖管理水平，在确保养殖效率的同时，提高养殖企业的经济效益，帮助整个行业由传统粗放式的人工养殖转向新型精准化的智能养殖[57]。在这个新趋势下，利用先进的技术手段，如物联网、人工智能和大数据等，有助于实现奶牛养殖过程的自动化和智能化，成为提高生产效率、改善管理水平、优化养殖环境的重要途径。

1. RFID 智能耳标技术

在实现奶牛现代化养殖的过程中，需要对每头奶牛的身份信息进行准确识别，这不仅是追踪奶牛的健康状况和奶源追溯的基础，也是实现精准化饲喂的前提条件。在传统的奶牛饲养中，奶牛的健康管理主要依靠人工，通过逐头检查来发现问题。但随着养殖规模的扩大，依靠人工对大量奶牛进行健康检查的方法不仅成本高昂，而且效率低下。同时，由于奶牛数量过多，统计一桶牛奶当中的奶是来自哪些奶牛相对困难，很难实现牛奶的全程追溯。

智能耳标技术可以很好地解决上述问题。它采用射频识别（Radio Frequency Identification，RFID）技术，并与无线电收发解读器配对使用，能够在运动中准确识别物体。耳标采用标准的 PVC（Polyvinyl Chloride）卡片或小管封装智能电子芯片和感应天线，体积较小，可植入奶牛皮下。耳标具备非接触式识别的特点，在恶劣环境中也能快速读取数据。通过智能耳标,奶牛获得了类似电子身份证的功能,系统能够及时记录奶牛的健康状况、成长情况、运动活动、产奶情况及其产犊等信息,从而为每头奶牛建立电子健康档案,便于日后的溯源需求。例如,在自动挤奶过程中,RFID 读写器能够自动读取奶牛的编号并进行记录。随后,工作人员将奶牛编号、生产批次及牛奶搜集罐编号一并录入系统。若需要进行溯源,只需输入日期即可查找到牛奶的详细信息。此外,智能耳标的使用也促进了精准化饲喂的实现。饲喂机器通过读取智能耳标中奶牛的个体信息,可以精确识别每头奶牛,并根据其特定的饲养需求进行个性化的饲喂。

2. 精准化智能饲喂技术

随着规模化奶牛养殖的迅速发展,对于奶牛饲喂的要求也越来越高,饲喂技术逐渐朝着精细化与智能化的方向发展。在这种背景下,"全混合日粮"(Total Mixed Rations,TMR)饲喂技术应运而生,它是指基于奶牛在不同类群或泌乳阶段的营养需求,按照设定的比例将青贮、干草、精饲料,以及各种矿物质、维生素等添加剂充分搅拌、混合,形成一种营养相对平衡的日粮。

TMR 饲喂技术的应用能够有效解决传统奶牛规模化养殖中存在的一些问题:① 解决传统奶牛饲喂中工人劳动强度大的问题。TMR 饲喂技术将饲喂过程进行了机械化和自动化,减轻了饲喂人员的劳动负担。② TMR 饲喂技术可以更好地控制日粮中微量元素和维生素的含量。不同阶段的奶牛对营养水平有不同的需求,但在传统饲喂方式中,人工添加精饲料的喂法使得营养配比的误差增加。③ 采用 TMR 技术可以更好地控制饲喂量,减少奶牛疾病的发生。传统的精料集中饲喂容易导致个别奶牛采食过量精料,进而引发瘤胃酸中毒、真胃移位等消化道或代谢疾病,而饲料采食不足的奶牛则会降低其牛奶产量。

要实现 TMR 饲喂技术的应用,首先要引入精饲料精确饲喂装备,该设备需要能够根据奶牛个体的生理和生产信息进行快速准确的识别,并实现精确高效的精饲料投喂。这项技术的实现离不开 TMR 机器,如传统的自走式精饲料精确饲喂装备。该装备主要由机械装置、识别系统和牛场管理系统等组成。

给料系统采用三段螺旋变螺距的设计,能够提高给料系统的工作效率和投料精度。识别系统由无线射频识别技术 RFID 和红外牛位对中检测技术构成。红外牛位对中检测可以提高奶牛的识别准确率并避免牛只漏饲,该技术通过感知牛颈枷上方的标识物并进行位置对中,提高了对牛只身份的准确识别,机器通过及时停车来降低奶牛采食过程中的抢食现象。当红外检测系统检测到标识物时,如果在设定的时间内无法识别牛耳标,系统将投喂一定量的精饲料,避免了因为耳标脱落等问题导致的牛只漏饲现象的发生。

在小牛犊的饲养方面,犊牛自动吸吮饲喂技术能够根据每只犊牛的生长周期和个体特征进行精确的饲喂管理。该技术通过模拟自然哺乳过程,使犊牛能够自主获取牛奶,并通过 RFID 识别器和奶头阀门控制功能,实现了饲喂的精确控制。为保证牛奶的恒温和无污染,系统中的牛奶会在封闭的管道环路中循环。当某只犊牛将要过量食用牛奶时,RFID 识别器会通过智能耳标识别出该犊牛,并自动关闭奶头阀门,以避免过量饲喂。饲喂机器的自动清洗功能,在降低了牧场的人工成本的同时也减少了犊牛腹泻的发病率。通过自动犊牛饲喂系统可以记录每头犊牛在整个哺乳过程中消耗的牛奶量和吸吮速度等指标,为后续的犊牛饲喂追溯提供有力保证。

此外,TMR 的后台管理系统可以实现对牛场信息的存储和管理,主要包括奶牛的泌乳周期、胎次、日产奶量、最大产奶量和体质量等。通过信息管理系统可以全面了解奶牛的身体健康状况,并进行相应的管理和决策。通过数据终端系统、装料车数据终端系统和数据管理系统的有机结合,可以实现对饲喂过程的全面监管和分析,还可以实时获取饲喂车的数据并生成投料曲线,从而进行饲喂过程的分析和优化。系统还能够对投喂误差进行评估和调整,确保饲料的准确投放。同时,通过采食分析,可以了解奶牛的采食行为和饲料消耗情况,为饲养管理提供数据支持。

3. 基于人工智能的奶牛身份识别技术

前面提到了可以利用基于 RFID 技术的智能耳标来实现奶牛的身份识别,这种方法的优点是技术要求相对简单,对识别设备的要求不高。不过,智能耳标这种接触式的识别技术,在植入时还是会对牛体造成一定程度的损伤,降低动物福利。此外,识别设备需要在一定距离内才能读取智能耳标的信号,对奶牛的检测距离受到限制,同时佩戴的耳标设备也有可能发生故障损坏或者丢失。

随着计算机视觉与深度学习技术的发展,非接触式的奶牛身份识别成为可能。通过收集奶牛的图像或视频数据,并应用深度学习算法进行训练和识别,可以实现准确高效的奶牛身份识别。相比于接触式的奶牛身份识别,非接触式的奶牛识别方法降低了对奶牛身体的刺激性和物理伤害,提高了识别的准确度。可以被用来进行奶牛非接触识别的特征有很多,如视网膜识别、虹膜识别、鼻纹印识别和奶牛面部识别等。其中奶牛面部识别的应用最为广泛,这主要是因为针对牛的视网膜和虹膜识别在数据收集和图像分析方面存在较高的要求和挑战,容易受到睫毛遮挡或奶牛眼部疾病等因素的影响。而奶牛鼻子很容易粘上脏污,从而影响牛鼻印的识别效率。相比之下,牛脸识别的抗干扰性更强,识别效率也更高。

从技术角度来看,奶牛的面部识别过程可以概括为以下三个步骤:

（1）对于待识别奶牛的图像，需要进行脸部检测。这一步骤旨在通过计算机视觉算法自动定位奶牛的面部区域，并排除背景干扰。在深度卷积神经网络（CNN）模型的训练过程中输入带有奶牛面部位置标签的大规模图像样本，模型对输入图像进行多层卷积和池化操作，以提取出具有鲁棒性和表征性的奶牛面部特征。通过学习这些特征，模型能够辨别出奶牛面部的位置和边界，从而实现面部检测的目标。

（2）进行奶牛面部特征提取和识别分类，以区分不同身份的奶牛。利用卷积神经网络可以提取奶牛面部的深层特征，这些特征包含了区分不同奶牛面部的关键信息。在模型训练阶段，使用带有身份标签的大规模奶牛面部图像作为训练数据，通过训练生成具备面部特征区分能力的奶牛面部识别模型[58]。该模型通过多层卷积和池化操作，对奶牛面部图像进行特征提取，从而捕捉到面部的局部结构和纹理信息。这些深层特征具有更高级别的语义表达能力，能够区分奶牛面部之间的微小差异。

（3）将提取得到的奶牛面部特征与预先构建的奶牛面部特征数据库进行相似度计算，得出待识别奶牛的身份[59]。相似度计算的目标是寻找数据库中与待识别奶牛面部特征最为接近的特征向量，以实现身份的准确匹配。在具体的计算过程中，可以采用多种距离度量方法，如欧氏距离、余弦相似度等来衡量待识别奶牛面部特征与数据库中已知身份的相似程度。欧氏距离是一种常用的距离度量方法，用于衡量两个特征向量之间的距离。余弦相似度则通过计算两个特征向量的夹角余弦值来评估它们之间的相似程度。这些距离度量方法都能够提供关于奶牛面部特征相似性的定量度量值。通过相似度计算，可以确定最匹配的身份，即与待识别奶牛面部特征最相似的已知身份。这样的身份识别过程，可以快速、准确地将奶牛与其对应的身份关联起来，实现高效的奶牛个体记录和管理。

4. 基于人工智能的奶牛测量与疾病检测

利用计算机视觉和深度学习算法进行奶牛的生理参数监测与疾病诊断具有自动化、高效性、非侵入性和实时监测的优势。通过自动化的数据收集和分析，可以准确监测奶牛的生理参数和行为特征，及时发现异常情况，并提供预警和决策支持。利用从图像或视频数据中提取有价值的信息，可以帮助监测奶牛的健康状况与疾病风险。通过这种方法，养殖人员可以在不干扰奶牛正常活动的情况下，实时获得奶牛的重要生理数据，并及时诊断疾病。这种人工智能技术的应用，可以提高奶牛养殖的效率和健康管理水平，推动畜牧业的可持续发展。

（1）奶牛体尺测量。利用计算机视觉和深度学习实现奶牛的体尺测量具有许多优势。首先，这种方法是非接触式的，避免了人员与奶牛直接接触的安全风险和奶牛的应激反应。其次,自动化的测量方式节省了时间和人力,提高了测量的效率。最后,基于图像的奶牛体尺测量方法准确度高,可以获得准确的参数数据,为调整奶牛的饲料供给和日粮配比提供依据。

从技术角度来看,针对奶牛的体尺测量过程可以概括为以下几个步骤(见图7-1):

① 需要对采集到的奶牛图像进行预处理。通过算法和模型,可以去除图像中的背景信息和噪声,以增强奶牛的视觉特征。具体而言,深度学习模型可以应用于奶牛图像预处理中,通过学习大量图像数据的特征,模型可以自动识别和去除图像中的背景信息。卷积神经网络(CNN)可以用于图像滤波,利用其卷

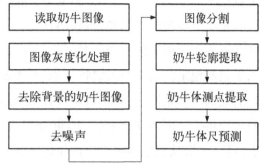

图7-1　基于计算机视觉的奶牛体尺测量流程

积层和池化层对图像进行滤波操作,从而消除因奶牛图像获取过程中引入的异常噪声,提高奶牛轮廓提取的准确性。

② 进行图像分割和奶牛的轮廓提取。为了将奶牛与背景有效地分离,通常采用基于图论的分割方法,将图像分割问题转化为图的划分问题。该方法通过构造目标函数,并对其进行最优化求解,实现奶牛图像的分割过程。通过构建图模型,用图的节点代表图像中的像素或像素组,图的边代表像素之间的相似性或连接关系。根据一定的准则和约束条件,定义目标函数,旨在使分割结果具有一致性、连续性和最优性。最后,通过最优化算法对目标函数进行求解,从而得到奶牛与背景的分割结果。除了图像分割,轮廓提取也是奶牛图像处理中的重要步骤。通过应用边缘检测算法,如 canny 边缘检测,可以从分割结果中提取出奶牛的边界轮廓。这些边界轮廓可以提供奶牛形状的准确描述,为后续的特征提取和参数计算提供基础。

③ 需要进行特征点定位和体尺计算。基于提取的奶牛边界轮廓,确定奶牛的特定体测点的位置,如奶牛的肩膀、臀部、胸部等。通过分析轮廓形状和拓扑关系,可以计算并定位这些体测点。利用提取的体测点的位置信息,计算奶牛的体尺参数。根据奶牛的体长、体宽、体高等测量点之间的距离关系,可以计算出相应的体尺参数。这些参数可以提供关于奶牛体型和生长发育的重要信息[60]。

(2) 奶牛体重测量。在奶牛的养殖过程中,奶牛的体重测量非常重要。通过定期测量奶牛的体重,可以评估其健康状况、营养状态和生长情况,为饲养管理提供指导。此外,奶牛体重也影响饲料供给、繁殖管理和疾病诊断。准确的体重数据有助于

确定饲料供给量、调整繁殖策略,并发现奶牛的早期疾病迹象。不过,人工进行奶牛体重的测量需要投入大量的人力和时间。对于大规模的奶牛养殖场,人工测量变得非常耗时耗力,增加了养殖者的工作负担和成本。其次,人工测量奶牛体重时,需要将奶牛牵引到特定的称上,这可能会给奶牛造成应激,奶牛在秤上的活动也会使得测量数据不够准确,持续的体重测量会引起奶牛的不适和抵触。

相比于传统的人工测量,利用计算机视觉与深度学习算法进行奶牛体重测量的方法表现出了极大的优势。通过使用深度学习算法对奶牛图像进行分析和识别,可以更精准地定位奶牛的关键特征点,并推断出其体重信息。这种方法不仅提高了测量的准确性和精度,还具备适应性强、非接触式测量、扩展性高等优点。它可以为养殖者提供更全面、实时的奶牛体重数据,并为饲养管理和健康监测提供更科学的依据,进一步推动奶牛养殖业的智能化发展。

在基于计算机视觉的奶牛体重测量研究中,根据所采用的模型参数的差异,可以将其主要分为三类[61]:

第一类是基于体尺的测量方法,通过测量奶牛身体的长度、高度、胸围等尺寸参数,并结合相应的算法进行体重估测。首先需要收集大量奶牛的体重和相关的体尺数据,包括长度、高度、胸围等尺寸参数。这些数据需要进行准确的标注,确保每个样本都有正确的体重和对应的体尺参数。然后根据采集到的奶牛体尺数据提取关键特征,将这些特征作为输入数据用于模型训练。接着选择合适的机器学习算法,如支持向量机(SVM)或神经网络等。将标注好的数据集划分为训练集和测试集,利用训练集对模型进行训练,并通过迭代优化模型参数,使模型能够准确地预测奶牛的体重。最后再使用测试集对训练好的模型进行评估,计算预测结果与实际体重之间的误差。根据评估结果对模型进行优化和调整,提高体重估测的准确性。

第二类是基于面积的奶牛体重测量方法。这类方法又可被进一步划分为基于投影面积和基于表面积这两种模型。基于投影面积的模型通常利用可见光相机或深度相机来获取奶牛的俯视或侧视图像数据。这些图像数据经过预处理和奶牛目标分割等处理,通过计算奶牛身体区域的像素数量来估计奶牛在图像中的投影面积。接着,结合奶牛的体尺数据等信息,建立相应的体重估测模型。基于奶牛表面积的体重测量方法采用深度相机从多个角度(如俯视和侧视等)获取奶牛的深度数据,并将其转换成三维模型。通过计算奶牛三维模型的表面积来估算奶牛的体重。基于投影面积的奶牛体重估测模型主要依赖奶牛在图像中的二维投影面积来推断体重,相比之下,基于奶牛表面积的体重估测模型通过获取奶牛的深度数据并构建三维模型,考虑了奶牛的体型和身体形态,通过计算三维模型的表面积,可以更准确地估算奶牛的体重。这种方法虽然在图像处理和计算上可能更为复杂和耗时,但由于综合考虑了更多的信息,通常能够提供更精确的体重估测结果。

第三类是基于体积的测量模型,通过计算奶牛身体的体积参数进行体重估测。这种方法与基于表面积的测量方法相似,都是采用深度相机构建奶牛的三维模型。在这种方法中,首先利用深度相机采集到奶牛的俯视和侧视图像,重建奶牛的三维模型。然后,基于这些模型,计算奶牛的体积参数,再利用这些体积参数作为特征,建立回归模型,通过训练和优化,将体积参数与实际测得的奶牛体重建立关联。

(3)奶牛跛行疾病的识别。随着奶牛养殖规模化程度的提升,养殖场内奶牛的数量进一步增加,这导致了每头奶牛可用的活动空间减少,奶牛长时间处于相对静止的状态,限制了它们的正常活动和运动能力。同时为了方便清洁和管理,养殖场常使用混凝土等作为硬化地面材料,但这样的地面对奶牛的蹄部健康不利,过硬的地面无法吸收冲击力,使奶牛的蹄部长期承受压力和摩擦。这两种因素容易引发奶牛的蹄病。当奶牛的蹄部因感染或损伤等原因产生病痛后,奶牛会出现跛行现象。跛行会影响奶牛的正常活动和行走能力,导致奶牛在进食、饮水和休息时受限,并进一步造成奶牛摄食量减少,从而影响产奶量和乳质的稳定性。在奶牛跛行的早期阶段,其症状往往只是轻微的步态异常,不容易被及时发现。一旦奶牛的疾病发展到一定程度,跛行症状才会变得明显,此时进行治疗,不仅会增加养殖户的治疗费用支出,也会降低奶牛的治愈率。因此,为了最大限度地降低奶牛跛行问题所带来的负面影响,必须进行及时的早期识别。

利用人工来进行奶牛跛行识别的方法,主要是通过观察奶牛行走时的弓背、点头和步态等异常来评估奶牛的运动能力,进而判断是否存在跛行问题。然而,这种由人工进行识别的方法存在着一定的限制。首先,人工进行跛行识别时,可能导致奶牛出现应激,影响识别结果的准确性。其次,这种方法严重依赖识别人员的自身经验与专业知识,不同工作人员之间的评估结果可能存在较大差异。最后,在规模化养殖的大型奶牛养殖场中,人工进行识别的方法需要耗费大量的人力和时间,奶牛轻微的跛行症状也不易被观察到。

除了利用人工进行识别的方法以外,接触式传感器这一技术也被引入到奶牛跛行问题的识别中来。通过传感器直接接触奶牛身体,可以测量奶牛在行走过程中的运动参数,然后利用数据分析技术推断奶牛是否跛行。运用这种方法进行奶牛的跛行识别相对简单,但接触式传感器的使用同样可能会导致奶牛的应激反应,影响奶牛运动参数的测量,从而降低跛行识别的准确率。

相比之下,机器学习和计算机视觉等人工智能算法,可以显著提高奶牛跛行识别的精度和自动化水平,为养殖户提供更高效准确的奶牛健康监测手段。通过收集大量的奶牛运动数据和跛行样本,利用数据分析和机器学习算法进行模式识别和分类,可以建立高度准确的跛行识别模型。这些模型可以自动分析奶牛的运动参数,并根据预先训练的模式进行判断和诊断。与传统的人工识别或传感器的方法相比,这种人工智能的方法具有更高的准确性和及时性,能够识别出奶牛细微的步态异常,并且非接触式的识别方法也可以显著降低奶牛的应激风险。

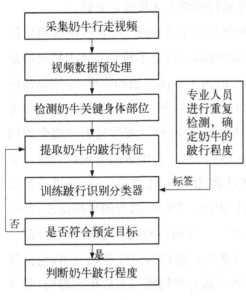

图 7-2 基于计算机视觉的
奶牛跛行识别流程

从技术角度来看,基于计算机视觉和深度学习的奶牛跛行识别可以概括为以下几个步骤(见图 7-2):

① 需要对采集到的奶牛在行走过程中的视频数据进行预处理,包括视频去噪、帧率调整和图像增强等操作,以提高后续分析的准确性。然后需要利用深度学习和计算机视觉算法,从视频中准确地定位奶牛的蹄部、背部等关键身体部位。基于深度学习的目标检测算法和图像分割算法,能够从复杂的背景环境中精确地分离出奶牛的前景和背景,为奶牛关键身体部位检测提供了解决方案。目标检测算法利用深度学习中的卷积神经网络(CNN)架构,通过对图像进行多层次的特征提取和处理,能够在图像中准确地定位奶牛的关键身体部位。尽管目标检测算法在定位奶牛关键身体部位方面有良好的性能,然而其使用矩形包围盒的方法无法提供精确的目标边界轮廓信息。为了解决这个问题,可以用图像分割算法来获取奶牛的边界轮廓信息,提高奶牛关键身体部位检测的精确度。图像分割算法通过将图像中的像素进行分类或分组,使得同一区域内的像素具有相似的属性或特征,而不同区域之间的像素具有明显的差异。基于深度学习的分割利用深度卷积神经网络(CNN)等模型,通过学习图像的语义信息,实现像素级别的图像分割。图像分割算法相较于目标检测算法,能够精确地对奶牛的身体轮廓进行分割,提取出奶牛背部轮廓和腿部倾斜角度等关键特征。

② 需要根据奶牛的关键身体部位信息,提取与跛行相关的特征。在奶牛跛行识别研究中,奶牛的弓背特征和步态特征被广泛应用。奶牛跛行时,常常会出现背部弓起或下陷的现象,这种弓背特征可以作为判断奶牛是否存在跛行问题的重要依据。

通过结合图像处理方法和目标检测算法,可以获取奶牛身体的轮廓信息。首先利用图像处理方法对奶牛图像进行预处理,去除噪声和干扰,并提取出奶牛的身体轮廓。然后通过目标检测算法,确定奶牛背部区域,进一步提取视频序列中奶牛背部轮廓的特征。此外,奶牛在行走时的步态也会受到跛行的影响,如步伐不稳、腿部姿态异常等。通过分析奶牛的步态特征,可以进一步判定奶牛是否存在跛行及跛行的严重程度。通过应用目标检测算法,可以准确地定位视频帧中奶牛蹄部的位置。利用视频序列的时间信息,将每个视频帧中的牛蹄位置与相应的时间戳进行关联,形成时空步态图来作为奶牛的步态特征。

③ 跛行特征提取完成后,需要对这些特征进行汇总和分类。目前,奶牛跛行分类方法主要包括了基于阈值的分类方法、基于传统机器学习的分类方法及基于深度学习的分类方法。基于阈值的奶牛跛行分类方法使用预定义的阈值来判断奶牛是否跛行。通常需要根据奶牛的步态特征或其他相关指标设置一个阈值,当奶牛的特征值超过或低于该阈值时,被分类为跛行或非跛行状态。这种方法简单直观,但对于复杂的跛行情况可能不够准确。基于传统机器学习的奶牛跛行分类方法使用已标注的训练数据,通过提取特征并训练分类器来实现跛行识别。常用的机器学习算法如支持向量机(SVM)、随机森林(random forest)等,可以根据特征与跛行状态之间的关系建立分类模型。这种方法在一定程度上可以考虑到特征之间的复杂关系,但对于高维复杂特征的处理可能存在一定限制。基于深度学习的奶牛跛行特征分类方法利用深度神经网络模型,如卷积神经网络(CNN)、循环神经网络(RNN)等,自动学习特征表达,并具有较强的非线性拟合能力,能够处理复杂的跛行特征情况,并在一定程度上提高分类的准确性。

④ 需要结合提取出的跛行特征与人工标签来训练跛行识别分类器,由专业人员对视频数据进行人工检测,确定奶牛的跛行程度,并对数据进行标签化。然后使用这些标签化的数据集来训练跛行识别分类器,如深度学习模型,包括卷积神经网络(CNN)或循环神经网络(RNN)等。使用训练好的跛行识别分类器,对新的奶牛行走视频进行分析和预测,判断奶牛的跛行程度,实现奶牛跛行问题的自动识别。根据分类结果可以将奶牛的跛行程度分为不同的级别,如轻度、中度和重度等[62]。

7.2　食品安全: 数字化乳品溯源系统

随着生活水平的不断提高,食品安全问题已经普遍成为消费者关注的焦点。

乳制品作为人们日常生活中不可或缺的营养食品,其食品安全问题更是重中之重。2008年发生的三聚氰胺毒奶粉事件,在严重损害人们健康的同时,也引发了消费者对于乳制品的信任危机。频繁发生的乳制品安全事件重挫了消费者对整个乳制品行业的信心,严重影响了乳制品企业的销售量,乳制品行业的发展面临严峻挑战。为了应对这一情况,恢复公众信心并提升乳制品生产全过程的安全性成为当务之急。

建立乳制品溯源系统成为解决这一问题的有效措施。乳制品企业通过建立从奶源管理、鲜奶运输到原辅料管理、生产加工的产品追溯体系,实现对乳制品在各个环节的准确溯源。其本质就是需要能够准确记录、识别和传递乳制品信息。

建立乳制品溯源系统需要满足以下基本要求:首先,系统需要在各个阶段记录和储存乳制品的生产销售信息,包括确定原材料供应商、消费者及其关系,并进行记录。其次,需要确定乳制品的原材料来源,对不同来源的原材料进行分隔管理,并记录原材料与供应商、生产者、消费者之间的关系,以及原材料与成品、半成品之间的关系。此外,记录原材料被混合或分割后与产品之间的关系也是必要的。最后,为了保障系统溯源的可靠性,需要应用一系列技术手段。这些技术手段包括高精度的数据记录和传输技术、数据库管理系统、智能传感器和标签技术,以及先进的数据分析和算法等。这些技术手段能够确保在乳品追溯系统中的信息收集、存储和传递过程中不出现数据丢失、篡改或错误。同时,通过利用区块链等分布式账本技术,可以实现对数据的去中心化存储和不可篡改性,进一步提高了系统溯源的可靠性。通过综合运用这些技术手段,乳品追溯系统可以更好地保障产品溯源的准确性和可信度,为消费者提供更安全、可靠的乳制品。

1. 无线射频识别技术

无线射频识别(RFID)技术是一种利用无线射频方式识别和追踪物体的自动识别技术。它基于射频信号和电子标签之间非接触的双向交互作用,通过无线通信来实现对目标的识别和数据传输。RFID系统由三个主要组成部分组成:RFID标签、解读器、数据传输和处理系统。RFID标签内部嵌有能够存储和识别目标信息的芯片,能够与解读器进行无线通信,并且一部分RFID标签还具有读写功能,其内部存储的目标信息可以通过设备随时进行更新。当解读器靠近RFID标签时,会通过电磁波形成电磁场,激活附近的RFID标签。标签利用从电磁场中获取的能量激活自身,并通过调制标签芯片的天线电流产生特定的信号模式,这些信号包含了标签的识别信息或其他相关数据。解读器内的天线在接收到标签发送的信号后,将其转换为数字信号并进行解码和处理。这一部分数据会被传输到计算机系统与数据库中进行进一步处理和存储。通过这种方式,RFID 技术实现了对目标的自动识别与追踪,为乳品溯源提供了便捷高效的解决方案。

在整个乳品溯源流程中,RFID 技术可以对乳制品生产、运输和销售过程中的各个环节进行实时监控和管理:

(1) 牛奶生产。在饲养过程中,奶牛的乳房发炎、病毒感染等问题会直接影响最终牛奶的品质。以往,奶牛的健康管理主要依靠人工,通过逐头检查来发现问题。然而,随着企业规模的扩大和奶牛数量的增加,及时准确地了解每一头奶牛的健康状况变得异常困难,仅依靠人工对大量奶牛进行健康检查的方法不仅成本高昂,而且效率低下。由于奶牛数量过多,统计一桶牛奶当中的奶来自哪些奶牛相对困难,很难实现牛奶的全程追溯。

为解决上述问题,乳制品企业为牧场中的每一头奶牛配备了基于 RFID 技术的智能耳标。这些耳标采用射频识别(RFID)技术,并与解读器(无线电收发器)配对使用,其操作简便、使用便捷,能够在运动中准确识别物体。耳标采用标准的 PVC 卡片或小管封装智能电子芯片和感应天线,体积较小,便于植入奶牛皮下。更重要的是,RFID 技术非接触式识别的特点,即使在恶劣环境中也能快速读取数据。通过智能耳标,系统能够及时记录奶牛的健康状况、成长情况、运动活动、产奶情况及产犊等信息,从而为每头奶牛建立起电子健康档案,便于日后的溯源需求。在自动挤奶过程中,RFID 读写器能够自动读取奶牛的编号并进行记录,工作人员将奶牛编号、生产批次及牛奶搜集罐编号一并录入系统。在需要进行溯源时,只需输入日期即可查找到牛奶的详细信息。

(2) 原料管理。在乳制品的原料管理环节,RFID 技术能够帮助实现原辅料及添加剂供应商的溯源。首先,乳制品企业在采购原辅料及添加剂时,在其包装或储运车上粘贴 RFID 标签,并将相关检测信息(如物料品种、数量、来源等)写入标签内,当物料通过仓库大门设置的固定式读写器时,能够自动读取 RFID 标签中的信息;其次,入库后,仓储管理系统将分配原料的货架位置,并将物料信息、入库时间等写入货架上的 RFID 标签;最后,叉车读写器将所载物料信息与读取到的货架 RFID 标签信息进行比对,验证一致后将原料放置在相应的货架上[63]。

(3) 人员与设备管理。在乳制品企业的生产车间,操作人员需要配备非接触式的可读写射频卡。车间的消毒设施上固定有 RFID 读写器,操作人员进入消毒区域时,读写器会自动识别射频卡,并记录下操作人员的身份信息和消毒时间,从而每个操作人员都遵守消毒规定,减少交叉污染的风险。当操作人员在进入生产现场时,需要将射频卡放置在读写器上,以便进行身份验证和消毒记录。通过 RFID 技术,系统能自动记录操作人员的消毒活动情况，有效防止交叉污染，确保乳制品生产环境的卫生安全，同时也给质量问题的追溯和统计分析提供了有力的数据支持。

在对乳制品的生产设备进行维护和清洗时，工作人员通过使用 RFID 便携式读写器来写入维护保养记录等相关信息。通过 RFID 技术，这些信息被直接写入设备上固定的 RFID 标签中，与设备的信息进行关联。管理人员可以通过读取 RFID 标签上的信息，了解设备的维护历史和清洗状况，及时调整维护计划，降低潜在风险。

（4）生产过程管理。通过 RFID 技术，乳制品企业可以实现生产线的自动化管理和数据追溯，提高生产效率与产品质量。同时，实时监测能够降低人为操作失误的风险，确保生产环境的安全与稳定。乳制品企业需要在车间、生产线、工作台等相关区域安装 RFID 标签。对于有温度、湿度等要求的环境，可采用集成传感器的 RFID 标签，以记录生产环境的参数。这些标签通过与设备、工作台等相互关联，可以实现对生产环境的实时监测。同理，企业还需要在生产线和实验室的检验设备及样品上粘贴 RFID 标签，以便实现标识和追溯[64]。

在乳制品生产的投料环节，可以采用 RFID 技术实现自动化的配方管理。首先，系统将自动生成产品配方，投料人员通过便携式读写器读取领料标签上的原辅料信息。系统会与配方进行比对，只有当投料品种、数量和顺序与配方匹配时，才允许进行投料。RFID 技术提高了投料的准确性和操作的便捷性。其次，在生产线上的物料流转节点安装 RFID 读写器，通过读取物料包装或容器上的标签信息，实现物流的有序混合和转换。最后，在关键工序和关键控制点的生产线或设备内，可应用集成传感器的有源 RFID 标签。这些标签具备传感器功能，能够在线检测温度、湿度、压力等关键控制参数。通过网络化的 RFID 中间件控制器，驱动控制系统的执行单元，按照要求对生产过程进行控制[65]。这种实时的参数监测和控制有助于保障生产过程的稳定性，同时也保障了溯源信息的可靠性。

2. 区块链技术

区块链是一种基于数字加密货币的分布式数据库技术，它采用按时序生成的数据区块链表进行存储。区块链以链式数据结构的形式将数据和信息按时间顺序组合，并通过加密方式记录，形成了不可篡改和不可伪造的分布式账本。区块链具有分散性、透明性、可追溯性和可信任性等特点。

在食品领域，区块链技术已被应用于各类食品的可追溯性。其主要作用在于实现商品的溯源、防伪和防篡改，增强消费者对食品的信任。这对于食品供应链中的零售商、销售商、消费者和监管部门都非常重要。通过在区块链中存储数据并实现快速跟踪,食品行业在各个层面都能够实现更高的透明度。

乳制品供应是一个涵盖奶牛养殖、原奶生产、乳制品加工、包装、运输、储存、配送和销售等全过程的复杂流程。目前,乳制品溯源码的伪造和生产标志的滥用不仅威胁到了消费者的切身利益,还重创了消费者对于国内整个乳制品行业的信心。为了解决这个问题,就需要构建基于区块链的乳制品溯源系统。区块链作为去中心化的分布式账本,具有不可篡改性,通过记录乳制品各节点的事件信息,形成不可修改的数据链,确保供应链上每个节点的信息都可以被共享和实时追踪[66]。

区块链技术从养殖环节开始,可以帮助乳制品企业实现全程溯源和信息存档。利用溯源码和电子标签等技术,可以实现对奶牛养殖过程中的温度、湿度、饲料等相关参数信息的电子存档,以确保数据的完整性和不可篡改性。随着乳制品的产奶、加工、包装、运输、储存、配送和销售等节点的进行,相关的信息会被打包存储,并作为溯源凭证储存在云数据库中。关键的追溯信息将被提取,并以时间戳的方式排列,形成数据区块存储在区块链中,防止数据被篡改。除此之外,乳制品供应链的各个节点利用全球定位系统(Global Positioning System,GPS)、物联网(Internet of Things,IoT)和智能传感技术等技术手段,将养殖、运输、储存、配送等环节的状态信息以图像的形式上链。这些信息与溯源码、电子标签、耳标等身份标识相对应,当发生乳品质量问题时,关联信息可以帮助实现精准召回,减少大规模召回产生的损失。

乳制品供应链中的参与主体可以实时访问区块链中的数据信息,借助数字签名技术提供机密性服务,确保敏感信息的保密性,保护各参与主体的权益。消费者在购买乳制品后,无论是通过零售商还是网络购物平台,都可以利用手机应用程序或个人计算机终端,凭借溯源码或电子标签进行查询,获取乳制品的养殖环境、质检信息、包装材料、添加剂成分、运输过程等详细信息,从而做出理性的消费决策。食品安全监管部门拥有最高的访问权限,在乳制品溯源联盟链中使用私钥进行接入,通过快速抽检体系自动或主动监控各节点的关键可追溯信息。一旦发生乳制品质量安全事件,相关部门能够迅速追溯并处理涉事企业。

通过区块链技术的应用,乳制品实现了生产与供应信息的共享、透明和可追溯。乳制品企业能够保护自身敏感信息的安全性,消费者能够获得更多的产品信息,监管部门则能够加强对乳制品质量和安全的监管。基于区块链技术的乳制品溯源体系为全链条的透明性和可信度提供了有效的解决方案,促进了乳制品行业的发展和消费者信任的建立。

7.3 产品创新：智能化酸奶研发系统

酸奶的生产过程可以视为一种由量变到质变的转化过程。乳酸菌在鲜乳中通过繁殖和发酵，逐渐将原始的乳品转化为具有独特质地和风味的酸奶产品。在酸奶发酵的过程中，不同种类的乳酸菌起着不同的作用，分别对酸奶的稠度、风味等起到一定的作用。因此，不同菌株之间的共生和拮抗关系十分重要。在共生关系中，不同种类的菌株产生协同效应，从而增强发酵过程的效率和产物的质量。而在拮抗关系中，不同菌株之间存在竞争和抑制作用。这种拮抗关系可能是由于菌株之间竞争有限的资源或抑制性代谢物等原因导致的。在酸奶制作中，某些菌株可能会抑制其他菌株的生长，从而影响酸奶的发酵效果和产品质量。因此，对于酸奶发酵过程中的共生和拮抗关系，需要仔细选择和配比菌株，以确保菌株之间的相互作用不会产生不利影响。

利用人工智能技术进行酸奶菌种的研发是 AI 在乳制品领域的一个新的应用方向。首先，AI 能够加速菌种筛选过程。传统的菌种筛选需要大量实验和时间，而利用 AI 可以快速分析和评估大量菌株数据，通过机器学习和数据分析，AI 能够预测不同菌株的特性和功能，帮助研发人员更快地筛选出具有理想特性的菌种。其次，AI 提高了菌种优化的效率。通过深度学习和优化算法，AI 辅助菌种的优化过程，通过分析大量菌种数据和相关参数，AI 可以推测最佳的菌种组合，为乳制品企业进行酸奶产品的研发过程降本增效。

从技术角度来看，人工智能与机器学习辅助实现酸奶菌种研发的流程可以概括为以下几个步骤（见图 7 - 3）：

图 7 - 3　基于机器学习的酸奶研发流程

（1）量化酸奶的各项关键指标。根据所要生产的目标酸奶的特性，量化对酸奶质量和特性影响较大的关键指标，包括酸奶的黏度、酸度、发酵速度，以及所产生的特征风味物质的浓度等。

（2）由机器学习算法进行菌株的初筛。首先需要对收集到的相关菌株数据进行数据清洗和标准化等预处理，确保数据的准确性和一致性。接着需要进行特征提取和选择，从菌株数据中提取关键特征，包括菌株的生长速度、代谢产物的产量、酸度调节能力等。再将第一步中确定的要生产的酸奶的指标输入 AI 模型，利用机器学习算法输入的条件进行分析和比对。系统会通过比对已知的菌株数据和与之相关的发酵乳目标，判断哪些菌株不具备达成这些目标的潜力，并将其筛除，符合要求的菌株则可以进入下一步的迭代优化过程中。

（3）由 AI 算法进行菌株配方的迭代与优化。在传统的酸奶发酵菌株配方的研发中，研发人员通常会选择一些已知的菌株进行组合，并进行发酵试验。然而，由于菌株之间的相互作用具有一定的不确定性，无法确保所选的菌株组合能够达到预期的效果。因此在实践中，研发人员需要通过不断地试验，逐步找到合适的菌株组合。而通过机器学习的方法，研发人员可以通过不断迭代的方式逼近目标值，无需详细确定菌种间具体的相互作用。

这里以设计一款黏度大于 m 个单位的酸奶为例，AI 模型在不考虑菌种相互作用的情况下提供设计配方的黏度预测值，并给出预测值误差的分布区间。将黏度大于 m 个单位的限定条件转化为配方成功的概率值，这个概率值反映了在满足黏度要求的条件下该配方研发成功的可能性。接着从系统给出的一系列配方中，选择具有最高成功概率的配方进行发酵测试。虽然实际酸奶的黏度值可能与预测值或目标值有一定的差异，但实际结果对系统的反馈非常重要，可以帮助程序修正算法。随后根据上述原则，可以重复进行配方验证和筛选，不断循环迭代。随着循环次数的增加，预测的精度会不断提高。同时预测值会逐渐逼近目标值，配方的成功概率也随之增加。这种多次循环的过程有助于优化菌株配方，提高预测的准确性和配方的成功概率。

7.4　小结

本章介绍了人工智能技术在乳品行业的三个方面的应用，分别是自动化奶牛养殖系统、数字化乳品溯源系统和智能化酸奶研发系统。在奶牛养殖方面，RFID 智能耳标技术和自动控制饲喂技术的应用提高了奶牛场的养殖效率，利用人工智能下的计算机视觉技术和深度学习等算法，通过实时识别奶牛身份，有效提高了奶牛养殖的效率。同时,智能化的奶牛身体指标测量与疾病监测方法,也帮助奶牛养殖企业降低了奶牛的疾病风险和管理成本。

不仅如此,利用 RFID 技术和区块链技术进行乳制品溯源也为企业带来了许多好处。首先,通过实时监测乳制品关键的生产和流通信息,有效提高了乳制品的安全性。其次,通过全程追踪和准确记录乳制品的生命周期,增强了乳制品的可追溯性,一旦发生乳制品质量问题,区块链的可追溯性将快速定位受影响的产品批次和相关供应商,帮助进行准确的召回和处理,降低损失。最后,通过利用 RFID 技术和区块链技术进行乳制品溯源,企业能够展示产品的质量控制和供应链管理的透明度,树立良好的品牌形象和信誉度。这将有助于提升企业的市场竞争力,吸引更多消费者选择自己的产品。

除了养殖、生产环节的改进,人工智能技术在产品研发方面也为乳制品企业提供了新的发展方向。在传统的酸奶菌株组合研发过程中,需要通过试错的方式不断尝试不同的菌种组合和配方,以寻找最佳的产品特征。这种试错过程耗费了大量的时间和资源,不仅延长了产品开发周期,还提高了研发成本。相比之下,利用人工智能模型进行以产品特征参数为导向的开发过程则更加高效。利用人工智能算法建立起来的模型,将产品的特征参数与菌种和配方关联起来,无须进行大量的试错实验。其次,利用 AI 进行酸奶研发的可拓展性很强,除了可以实现的风味和质地控制以外,未来包括酸奶营养、保质期等一系列因素也将随着人工智能算法的优化实现控制,使模型给出的菌种组合将能适应更加多元的乳企生产需求。更重要的是,AI 算法能够处理和分析大量的数据,可以发现人工难以察觉的菌种组合。菌种间的相互作用可能是复杂和非线性的,很难被人工的试错方法所捕捉。通过 AI 算法的帮助,乳制品企业可以获得独特且难以复制的菌种配方,实现产品的差异化,从而进一步帮助企业在竞争激烈的乳制品市场中脱颖而出,增强新研发产品的市场竞争力。

思考题

(1) 在乳制品行业的供应端、生产端和消费端中,分别有哪些亟待解决的痛点?可以用哪些技术进行解决?

(2) 请你总结人工智能算法是如何帮助乳制品企业实现新产品的研发的。

(3) 假如你是一家乳制品企业的负责人,你认为在整个乳制品行业,为了提高企业自身竞争力,还有哪些地方可以应用人工智能技术实现改进?

第 8 章
金融行业

8.1 风险防控：信贷业务欺诈检测

风险防控是金融机构面临的核心问题。传统风险防控在贷前申请、贷中审批和贷后管理这三个方面采取了一系列的措施和流程,但在信息判断的准确性和处理效率等方面存在着一定的局限性。智能风险防控通过大数据整合风险防控信息,并通过机器学习对风险进行自主学习,同时设置相应的风险管理防火墙和警戒线。在商业银行的贷款问题上,智能风险防控通过运用人工智能的多项技术,对贷款审批这一流程进行规范化处理,进一步加强了对信贷业务中欺诈风险的控制。通过人工智能技术的运用,商业银行可以建立起智能风险防控体系来提高风险防控流程的处理效率和信贷审核的准确性。

1. 人脸识别技术

在贷前调查阶段,银行风险防控的主要目标是监测欺诈风险。欺诈风险主要是指借款人通过故意提供虚假信息或采取其他欺诈手段来进行贷款操作。贷款诈骗分子通过非法渠道购买他人的手机号、身份证及银行卡信息,利用伪造的证件信息进行银行贷款或信用卡的申请。此时就需要利用人脸识别技术来确定借款人的真实身份。

人脸识别技术利用计算机视觉和人工智能算法,通过分析和比对人脸图像中的特征点和模式来确定个体的身份。在进行客户身份确认的过程中,首先需要使用读卡器来读取客户提交的身份证件,通过联网核查来确保证件的真实性。通过与联网核查到的客户信息进行比对,系统可以快速检测出借款人是否使用虚假身份信息申请贷款。在线上申请渠道中,人脸识别技术还能检测借款人是否使用伪造的面部照片来欺骗系统。

从技术角度来看,利用人脸识别算法确认贷款申请人身份可以概括为以下五个步骤(见图8-1):

图8-1　人脸识别流程

(1) 需要采集贷款申请人的人脸图像。在借款申请过程中,借款人需要提供面部照片,摄像头会捕捉借款人的面部特征,并将其转化为数字图像数据。为了应对可能存在的欺诈行为,一些银行会要求借款人在特定的环境下进行人脸图像采集,如必须通过银行网点进行采集,以确保照片的真实性。

(2) 人脸图像检测。人脸图像检测通常基于机器学习算法,如卷积神经网络(CNN)。算法通过训练大量的标记人脸的图像数据集,学习到人脸的特征模式和结构,从而能够准确地检测和识别人脸。特征方法通过扫描图像中的不同区域,使用滑动窗口的方式来寻找可能的人脸区域。对于每个窗口,算法会应用特定的特征提取器来判断该窗口是否包含人脸。一旦人脸被检测到,算法会精确标示出人脸的方位和尺寸,利用绘制边界框或关键点标记来表示。这些关键点可以表示出人脸的眼睛、鼻子、嘴巴等重要部位,以便进行后续的人脸识别任务。

(3) 人脸图像预处理。在人脸检测结果的基础上,利用人工智能控制算法对采集的图像进行一系列处理,以获得高质量的图像用于后续的特征提取。预处理的目标是消除图像中的噪声、光照变化和其他干扰因素,使得人脸图像更加清晰、一致和易于处理。这样,后续的特征提取算法可以更好地识别和提取人脸的相关特征,从而实现更加准确的身份验证。常用的人脸图像预处理技术包括灰度处理、归一化处理、滤波调整及噪声滤除等。灰度处理是指将彩色图像转换为灰度图像,处理后的灰度图像只包含亮度信息,去除了颜色信息,简化了后续处理步骤,并减少了计算量。归一化是指对图像进行大小和比例的归一化处理,使得不同尺寸的人脸图像在后续的处理中具有一致的大小和比例,以便更好地进行特征提取。滤波调整是指利用滤波器来去除图像中的噪声和不必要的细节,平滑图像并提高图像质量,常用的滤波方法包括均值滤波、高斯滤波等。噪声滤除是利用去噪算法,如中值滤波、小波变换等方法,去除图像中的噪声干扰,提高图像的清晰度和质量。

(4) 人脸图像特征提取。通过深度学习模型,如CNN模型可以进行人脸图像的特征提取。在模型的训练过程中,利用大量标注好的人脸图像数据作为训练集,模型通过前向传播和反向传播的方式,自动更新一系列卷积核和权重参数,这些参数能够提取出图像中的关键人脸特征。在应用阶段,当银行采集到贷款申请人的人脸图像后,系统将该图像与联网核查到的身份证人脸图像输入到训练好的 CNN 模型中。模型会对图像进行一系列卷积和池化操作,从而提取出多个特征图,特征图中包含了特定的人脸特征,如轮廓、肤色、眼睛、鼻子和嘴巴等。

（5）人脸图像匹配识别。对于贷款申请人的人脸特征向量和身份证人脸特征向量,模型通过计算它们之间的相似度,可以进行特征比对。常用的相似度度量方法包括欧氏距离、余弦相似度等。根据匹配结果,银行可以输出验证结果,确认客户身份是否与身份证上的人脸相符。如果匹配成功,银行可以继续进行后续的贷款审批流程;如果匹配失败,银行可能需要采取进一步的验证措施或拒绝贷款申请[67]。

2. 微表情识别技术

在防控欺诈风险时,除了利用人脸识别技术核实贷款申请人的身份信息外,银行还需要对贷款人的贷款动机和意图进行判断,如贷款人是否有真实的融资需求、其贷款动机是否合理等。而微表情就是判断一个人真实心理状态的重要线索。由于自我保护机制的存在,人们会试图掩饰自己的真实情感,但在这种强烈情绪的过程中,人类面部会产生不受自我意识控制的面部肌肉的细微运动,也就是微表情[68]。

微表情具有三个主要特点：① 微表情是人类普遍存在的现象,不受文化和背景的限制;② 微表情的持续时间很短,通常只有 40～200 ms;更为重要的是,人类在掩饰真实情感时,即使表情持续时间很短暂,仍然会在面部肌肉中留下微小的痕迹,这些微小的表情变化可以提供有关人的真实情感和内心体验的线索,具有较高的可靠性和准确性[69]。

通过分析客户办理贷款过程中微小的面部表情变化,银行可以识别出客户的微表情。这些微表情往往能够反映贷款申请人真实的情感和态度,对微表情进行分析和解读能够用于评估客户贷款申请的真实性。然而,由于微表情的动作幅度小、持续时间短,对微表情进行人工识别需要专业的培训,并且识别的准确率较低。在这种情况下,利用人工智能技术来自动识别微表情能够有效提升欺诈风险的初筛效果,缩短贷款风控的审核时间。

微表情识别技术在分析贷款人的意图和心理状态方面发挥着重要作用。针对微表情的识别方法可以分为传统微表情识别和基于深度学习的两种方式。传统微表情识别方法通常采用聚类或分类方法,依赖对时空局部纹理进行描述以对微表情进行分类。然而,这些方法在计算表情特征的可解释性方面存在一定的限制。它们通常需要手工选择和设计特征提取算法,而且对于复杂的微表情模式难以进行准确的建模。相比之下,基于深度学习的微表情识别技术通过构建复杂的结构和多层非线性变换处理,能够对数据进行高层次的抽象。深度学习模型通过学习大规模数据集,能够获得更强大的特征表示能力,并通过模型优化来实现对未标记大规模数据中微表情特征的学习。深度学习模型如卷积神经网络(CNN)、循环神经网络(RNN)和自编码器等,可以自动从原始图像或视频数据中提取表情特征,无需手工设计特征提取器。

微表情识别本质上是一种情感分类问题,在计算机视觉领域,微表情识别的研究主要集中在检测和识别两个方面。首先,检测阶段的任务是确定给定视频序列中微表情的发生和结束位置,即标注视频中存在微表情的时间段。这一步骤的目的是为后续的分类任务提供可靠的信息。检测算法通常需要从视频中提取面部特征,如面部关键点、面部运动轨迹或面部纹理等,并通过分析这些特征的变化来定位微表情的发生时刻和持续时间。其次,识别阶段的任务是对检测到的微表情进行情感分类,将标注得到的微表情结果分为不同的情感类别。识别阶段通常涉及机器学习或深度学习方法,其使用的模型可以基于特征提取和分类算法。通过训练模型,系统可以学习到微表情与情感之间的关联,并在未知微表情上进行准确的情感分类。

3. 知识图谱技术

在传统的信贷欺诈风险管理中,银行会对借款人个体的财务状况进行评估,以决定是否授予贷款。然而,这种方法没有考虑到不同借款人之间的关联关系,这些关联关系可能涉及家庭成员、合作伙伴、共同投资者等。当借款人之间存在关联关系时,他们的金融行为和财务状况可能会相互影响,从而增加了集体违约或共同进行欺诈活动的可能性。在大数据时代,由人工进行分析很难有效地处理大规模数据并准确捕捉数据中的关联关系。借款人之间的关联关系是多层次的、多维度的,并且会随着时间的推移发生变化。人工判断在处理大量关联信息和复杂性时容易出现疏漏和错误。在实时和高效的风险管理需求下,人工判断无法满足及时性和高效率的要求。

在这种情况下,引入人工智能下的知识图谱技术可以帮助银行更好地管理信贷欺诈风险。通过知识图谱技术,银行可以整合来自多个数据源的信息,包括个人信息、财务信息、社交关系等,将这些信息与拟授信主体相对应的节点连接起来。借助图谱银行可以直观地了解拟授信主体之间的关联和连接情况。例如,图谱可以显示家庭成员、业务伙伴或共同投资者之间的关系,以及它们之间的联系强度。这种可视化呈现使银行能够更好地分析拟授信主体之间的关联网络,从而更全面地评估贷款风险,帮助做出贷款审批决策。

知识图谱反欺诈技术通过将来自多个不同数据源的大规模异构数据整合起来,构建机器可理解的知识图谱,以实现对欺诈行为的识别和防御。这种技术将传统的单点身份和资料核查转变为从全面角度进行欺诈风险检测的方式。在知识图谱中，借款人扮演着核心角色。首先，需要将与借款人相关的所有数据源进行整合和连接，通过清理和提取数据，如提取用于构建知识图谱的节点（如工作地址、姓名、身份证、单位、IP 地址、联系人手机号等），构建包含多个数据源的知识图谱，从而将数据整合成机器可以理解的结构化知识。同时，知识图谱还可以实现可视化用户画像的功能。通过展示子图和关键路径提示，系统能够以直观的方式呈现用户的关系网络，并展示用户的特征和画像信息，帮助银行更好地了解用户的行为和需求。此外，基于图计算的方法，可以生成各种聚类特征，更好地支持业务决策和风险管理。在反欺诈方面，多维度关联聚类算法实现了针对欺诈团伙的挖掘。基于已有的黑名单欺诈人员，知识图谱技术能够通过分析他们之间的多个关联维度，发现并揭示出隐藏的欺诈团伙，为贷款反欺诈工作提供重要的线索和支持[70]。

从技术角度来看，利用知识图谱技术进行贷款反欺诈识别可以概括为以下三个部分：

（1）需要进行数据的准备与整合。在这一步骤中，银行需要收集来自不同数据源的相关数据，如借款人的个人信息、财务数据、信用记录等。在将数据转化为知识图谱时，某些数据项可能没有直接的边缘连接或关联信息可用。这是因为数据来源的不完整性、数据之间的隐式关系等原因导致的。这时就需要通过知识抽取和知识推理，通过已有数据来提取和推断缺失的关联信息。

知识抽取（knowledge extraction）是指把蕴含于信息源中的知识经过实体抽取、关系抽取、事件抽取和属性抽取等任务，将文本数据转化为结构化的形式。在知识抽取过程中，自然语言处理算法（NLP）起到了关键的作用，可以帮助处理和理解文本数据，从中提取出有用的信息。在进行知识抽取之前，首先需要对文本数据进行预处理，包括文本清洗、分词、去除停用词等，以便将文本转化为机器可以处理的形式。接着进行实体识别。实体识别是知识抽取的关键步骤之一，旨在从文本中识别和提取出具有特定意义的实体，通过命名实体识别（Named Entity Recognition，NER）算法可以识别出人名、地名、机构名、日期、货币等实体，并将其标注或提取出来。关系抽取是指从文本中识别和提取出实体之间的关系，如贷款申请人的"工作单位""所在地址"等，关系抽取可以帮助构建知识图谱中的边。属性抽取是指从文本中提取出与实体或事件相关的属性，包括识别和提取出特定的属性、特征或描述词汇。在知识抽取过程的最后一步，抽取出的实体、关系和属性需要进行适当的知识表示，以三元组等形式将抽取出的知识嵌入到知识图谱中。

面向知识图谱的推理主要在于关系的推断。通过分析知识图谱中已有的事实或关系,推理过程可以推导出未知的事实或关系。在这个过程中,着重考虑实体、关系和图谱结构这三个方面的特征信息,主要的方法包含基于逻辑规则的推理、基于图结构的推理、基于分布式表示学习的推理和基于神经网络的推理等。基于逻辑规则的推理基于形式化的逻辑规则来描述已知的推理规则和关联关系,并通过逻辑推理从已有的事实和规则中推导出新的知识和关系。基于图结构的推理利用图结构的特性,如节点和边的连接关系、图遍历和图算法等来进行推理。通过分析图中的节点和边之间的关系,可以发现实体之间的潜在关联和相似性,并进行推断和推理。基于分布式表示学习的推理通过将实体和关系映射到连续的向量空间中,使用向量计算和比较的方式进行推理。分布式表示学习利用词嵌入、实体嵌入和图嵌入等方法,训练模型来学习实体和关系的向量表示,使得相似的实体在向量空间中具有相似的表示。基于神经网络的推理是指通过训练深度学习模型,学习实体和关系之间的语义表示来进行推理。通过多层神经网络的组合和非线性变换,模型能够从输入数据中提取高级的语义特征和表征,然后将待推理的数据输入到已经训练好的神经网络模型中,通过前向传播获得输出结果。在前向传播过程中,输入数据在神经网络中传递,经过一系列的神经网络层和激活函数的作用,最终产生推理结果。

(2) 银行需要将整合好的数据应用于知识图谱的构建。首先需要确定知识图谱的目标和范围。银行需要明确构建知识图谱的目的是为了贷款反欺诈,以及需要覆盖的实体和关系类型。例如,实体可以包括借款人、贷款申请、财务信息等,而关系可以包括家庭关系、合作关系等。这一步骤对于后续的数据映射和图谱构建非常重要。然后,将数据映射到相应的实体节点和关系边。银行需要根据确定的实体和关系类型,将数据中的实体和关系映射到知识图谱中的节点和边。例如,借款人的个人信息可以映射为一个实体节点,而借款人与家庭成员之间的关系可以映射为关系边。这一步骤需要根据数据的结构和语义信息进行映射和匹配。同时,建立起知识图谱的结构。银行需要定义实体的属性和关系的权重等信息,以建立起知识图谱的结构。实体的属性可以包括姓名、年龄、收入等,而关系的权重可以表示关系的强度或重要性。

(3) 在知识图谱构建完成后,银行可以利用图数据库和相关分析工具对知识图谱进行数据分析和关联挖掘。通过查询和分析节点之间的关系,银行可以识别出潜在的欺诈模式和异常行为。例如,识别出具有关联关系的借款人群体、发现虚假信息或重复申请等。银行利用知识图谱的分析结果对贷款申请进行风险评估和决策支持。基于关联挖掘和数据分析的结果,银行可以判断借款人是否存在欺诈风险,从而决定是否批准贷款申请,或采取其他风险控制措施。

8.2　资产配置：投资业务智能投顾

智能投顾是指利用算法模型来优化投资组合的人工智能技术。传统投顾通常是由人类顾问提供的面对面咨询和建议服务，其依赖人工的经验和专业知识。而智能投顾则利用人工智能技术，将投资决策和建议的过程自动化和智能化。根据 2017 年美国证券交易委员会（SEC）《智能投顾监管指南》的定义，智能投顾借助大数据分析和算法模型，能够根据投资者的个人情况和投资目标，提供个性化的投资建议和组合管理。通过电子化的方式，投资者可以方便地进行投资和资产管理，实现更加智能化和高效的金融财富管理。智能投顾综合考虑用户的资产状况、风险承受能力、期望收益和风险偏好等个人信息，提供多元化的投资组合方案，结合主动和被动投资策略。同时，智能投顾还能实时跟踪市场变化，24 h 不间断地监控投资组合，并在需要时进行再平衡操作，以提高投顾的效率。

1. 投资者画像

个人投资者自身的财务状况、风险偏好和投资目标等各不相同，要想进行智能投顾，首先要进行投资者画像。通过收集和分析投资者的个人信息，如年龄、收入、家庭状况等，来了解投资者的个人投资需求和投资目标。这使得智能投顾能够生成针对每个投资者的个性化投资策略，以满足其特定的需求和目标。通过投资者画像，智能投顾还可以评估投资者对风险的接受程度，相应地调整投资组合的风险水平。这有助于确保投资者的投资组合与其个人情况和目标相匹配，从而更好地管理风险和实现投资目标。

投资者画像的构建流程可以概括为以下四个步骤[71]：

（1）采集投资者信息。为了提供个性化的投资服务，需要全面了解投资者的客观信息和主观风险偏好。通过多样的数据来源和技术手段，可以获取投资者的基本信息、行为信息和偏好信息，为后续的智能投顾服务打下数据基础。在客观信息方面，需要收集如投资者的性别、年龄、教育程度、地域等，以及他们的资产状况、信息获取方式、投资行为（包括投资策略、投资风格、交易习惯等）和消费行为等。这些信息提供了投资者背景的客观描述，可以作为理解其财务状况和投资决策的依据。而在主观风险偏好方面，需要考察投资者的投资规划、投资经验、风险认知水平和风险敏感度等因素。这些信息揭示了投资者对风险的态度和接受程度，有助于量化其风险偏好和投资目标。

从技术角度来看，这些信息可以划分为基本信息、行为信息和偏好信息三个主要类别。基本信息的采集可以通过投资者的注册信息、上传包含个人信息的文件、在线填写问卷等方式获取。行为信息可以通过模拟投资比赛、实盘操作记录，以及在其他平台的网上行为等途径进行收集。偏好信息则可以通过分析投资者的浏览记录、交易记录、订阅记录和定制标签等方式来获取。

（2）投资者信息处理。在第一阶段中，通过多种途径直接采集到的投资者信息被称为原始数据。然而，这些原始数据往往存在着不规范、缺失值、异常值和格式不一致等问题。因此，在使用这些数据进行后续建模之前，需要对原始数据进行分析与处理。

处理原始数据的过程包括四个方面：① 缺失值处理。原始数据中可能存在缺失值，即某些数据项没有被完整地记录。在处理过程中，需要采取适当的方法来填充或删除缺失值，以保证数据的完整性和准确性。② 异常值检测和处理。收集到的投资者原始数据中可能存在与其他数据明显不符的极端数值。在处理过程中，需要使用统计方法或规则检测异常值，并进行修正或删除处理。③ 数据标准化处理。原始数据中的格式不一致会妨碍后续的数据分析和建模。因此，需要对数据进行标准化，确保其统一的格式和单位，以便进行有效的比较和分析。④ 相关性分析。在分析处理过程中，还需要进行相关性分析，以了解数据中各个变量之间的关系和相互影响。这有助于确定建模时需要考虑的变量，并在后续的模型构建中提供指导。通过对原始数据进行分析和处理，可以消除数据中的问题和不一致性，为后续的智能投顾服务提供可靠的数据基础。

（3）投资者标签建模。投资者标签建模的目的是将数据转化为有意义的标签，以便理解投资者的行为和偏好，并为后续的智能投顾服务提供指导。通过建立合适的模型和使用相关算法，可以预测投资者的行为和偏好，从而为投资决策和个性化服务提供支持。常用的算法模型有决策树算法和深度学习算法等。

决策树算法是一种基于树形结构的典型分类方法。在投资者标签建模中，决策树算法通过一系列特征和规则来进行决策，将投资者数据分成不同的类别并预测其潜在行为和偏好标签。决策树算法的可解释性强并且易于理解。决策树算法的建模过程涉及五个步骤：① 特征选择。根据投资者数据的特征，选择对预测目标有较大影响的特征作为决策树的分支节点。② 决策节点构建。根据选定的特征，构建决策节点，并将数据集划分为不同的分支，使得每个分支上的数据具有相似的特征。③ 递归建立子树。对每个分支节点，重复进行特征选择和决策节点构建的过程，递归建立子树，直到满足停止条件（如达到最大深度、节点样本数量不足等）。④ 决策树修剪。为了避免过拟合，可以对生成的决策树进行修剪，去除冗余的分支和节点。

⑤ 预测和评估。使用训练好的决策树模型进行预测，对新的投资者数据进行分类或预测潜在行为和偏好标签。同时，可以使用评估指标（如准确率、召回率等）对模型进行评估。

深度学习是一种基于多层神经网络的机器学习方法。它通过多个隐层的神经网络来进行复杂的特征学习和表示。深度学习可以在有标签数据的情况下进行监督学习，也可以在无标签数据的情况下进行无监督学习，或者结合有标签数据和无标签数据进行半监督学习，进而预测投资者标签。深度学习算法在处理大规模数据和复杂关系时具有很强的表达能力。深度学习的建模过程涉及五个步骤：① 网络结构设计。设计深度神经网络的结构，包括输入层、多个隐藏层和输出层的神经元数量和连接方式。常见的深度学习模型包括 CNN 和 RNN 等。② 初始化权重和偏置。为深度神经网络的连接权重和偏置赋予初始值，通常使用随机初始化的方法。③ 前向传播。通过输入数据，通过深度神经网络进行前向传播，计算每个神经元的输出。④ 反向传播和权重更新。通过比较模型输出和真实标签的差异，使用反向传播算法计算误差，并根据误差调整连接权重和偏置值，以减小误差。⑤ 重复训练。迭代执行前向传播和反向传播的过程，重复训练深度神经网络，直至达到停止条件（如达到最大迭代次数或误差收敛）。⑥ 预测和评估。使用测试集评估经过训练和验证的模型的性能，计算模型在测试集上的准确率、精确率、召回率等指标，以评估模型的表现，并且将新的投资者数据输入模型，获取预测的标签或行为，如预测投资者对某项投资的风险偏好等。

（4）完善投资者画像。根据投顾业务需求，可以对投资者标签进行分层。如可以将投资者标签分为风险偏好高、中、低三个层级。根据标签化和分层后的投资者数据，构建基本的投资者画像，并通过统计分析或可视化工具来描述不同标签的投资者特征。

2. 算法交易：深度强化学习

投资并不是一次性的决策，而是一个长期的过程。在投资过程中投资者可能会面临投资失败的状况，但可以通过不断尝试和学习来改善投资决策。与投资中的不断试错和学习过程类似，强化学习也强调了通过与环境的交互和反馈来改进决策的重要性。通过将投资决策建模为一个强化学习问题，使用强化学习算法来优化投资策略，改进交易决策并最大化投资回报。

强化学习是一种机器学习方法，其中智能体（agent）通过试错的方式进行学习，并通过与环境进行交互来获取奖惩值（reward）来指导其行为。其目标是使智能体获得最大的奖惩值。在强化学习中，学习被视为一个行动和评价的过程。智能体基于当前的策略选择一个动作,然后将其应用于环境中以影响环境。环境接受该动作后,状态会发生变化,并同时向智能体提供一个奖惩值信号。智能体采取最大化积累奖励的策略,根据奖惩值和给定状态再次选择下一个动作,并且该动作会进一步影响环境。在强化学习的每个时间步中,奖惩值信号可正可负,主要负责指导智能体的学习过程。智能体的目标是通过不断试错和学习,找到使得长期累积奖惩值最大化的最优策略。利用强化学习进行智能投资的目标是通过与市场环境的交互和奖惩信号的引导,使智能体逐渐学习到适应不同市场条件的优化投资策略。在智能投资中,智能体充当投资决策的代理人,通过与市场环境进行交互来学习最佳的投资策略。智能体基于当前市场状态选择投资行动,并观察市场反馈如投资回报率等,以获得奖惩信号。根据这些奖惩信号,智能体调整投资策略,以实现长期累积奖励的最大化。

在应用强化学习进行算法交易时,智能体代表算法交易策略,通过连续决策来获得更好的成交均价。根据当前的市场状态,如价格、交易量等变量,再结合上一个时间步的奖惩值,算法的奖励函数可以基于交易策略的收益和波动性等因素,智能体能够调整交易策略,学习在不同的市场条件下如何实现最佳决策。正的奖惩值可以使得智能体强化下单决策,而负的奖惩值会使智能体避免再次进行类似的交易决策。通过反复的迭代和训练,智能体逐步改进自身的交易策略,对强化学习模型进行一系列的超参数调优,帮助模型以更大概率跑赢市场均价,实现更好的投资绩效。

深度强化学习是一种融合深度学习和强化学习的技术,用于解决复杂的感知决策问题。在深度强化学习中,深度学习模型(如深度神经网络)用于处理感知任务,如图像或语音识别,以提取输入数据的高层次特征表示。而强化学习则用于决策任务,通过与环境的交互学习最佳行动策略。深度强化学习的核心思想是利用深度学习模型作为函数近似器,从大规模数据中学习表示,并通过强化学习算法进行策略优化。深度神经网络可以通过多层非线性变换和逐层学习,实现对复杂数据的高级表示和抽象。这种表示能力使得深度学习在感知任务上具有卓越的性能。在强化学习方面,深度强化学习通过将深度学习模型与强化学习算法相结合,能够处理大规模状态和动作空间的问题。强化学习算法通过智能体与环境的交互,根据奖励信号来引导学习过程,以最大化累积奖励。深度强化学习中的深度学习模型充当智能体的决策网络,负责输出最优的动作策略。通过与环境的交互和反馈,深度强化学习不断优化决策网络的参数,从而实现更好的决策性能[72]。

利用深度强化学习的方法进行算法交易的步骤可以概括如下:

(1)状态表示。在算法交易中,状态表示是描述市场情况和特征的关键。它可以包括市场数据(如价格、成交量、波动率等)、技术指标(如移动平均线、相对强弱指数等)及其他相关信息。状态表示的选择应该充分考虑交易策略所需的信息和市场特性。

(2) 动作空间。定义交易策略可以采取的动作空间,即可执行的交易操作。它可以包括买入、卖出、持有等动作选项,以及交易数量和价格的选择。动作空间的设计应该与交易策略的目标和约束相一致。

(3) 奖励设计。确定奖励信号,用于评估每个交易决策的好坏。奖励可以基于不同的绩效指标进行定义,如累计收益、夏普比率、最大回撤等。奖励设计需要考虑交易策略的目标,并鼓励利润最大化或降低风险。

(4) 构建深度强化学习模型。深度强化学习模型通常使用深度神经网络作为函数近似器。根据状态输入,深度学习模型能够学习到状态和动作之间的映射关系。模型的架构可以根据具体问题的需求进行设计,如卷积神经网络(CNN)用于处理图像数据,循环神经网络(RNN)用于处理时间序列数据。

(5) 强化学习算法。选择适当的强化学习算法来训练深度强化学习模型。常用的算法包括 Q-Learning、Policy Gradient、Actor-Critic 等。这些算法通过与环境的交互和奖励信号的反馈,优化深度学习模型的参数。训练过程中,可以使用技术如经验回放(experience replay)和目标网络(target network)来提高稳定性和效率。

(6) 模型训练和优化。使用历史交易数据和模拟交易环境进行模型训练。在训练过程中,通过与交易环境的交互,智能体观察当前状态,根据策略选择动作,并接收到相应的奖励信号。通过反向传播和优化算法,更新深度强化学习模型的参数,以逐步优化交易策略。

(7) 模型评估和回测。对训练好的模型进行评估和回测。回测是将模型应用于历史市场数据,并模拟实际交易环境,以评估模型的性能和可靠性。通过回测,可以分析交易绩效、风险管理等关键指标,以了解模型的表现和潜在风险。

(8) 实时交易应用。将训练好的模型应用于实际交易环境。在实时交易中,模型根据当前的市场状态生成最优的交易指令。这通常涉及实时获取市场数据、将其输入到深度强化学习模型中,并根据模型的输出进行交易决策。

8.3　出险理赔:车险业务智能定损

车险作为财产险中与消费者关系密切的主要业务,其关键环节是依靠现场情况和车辆损坏照片来确定车辆损失,并以此为依据进行理赔。然而,在传统的理赔流程中,需要人工核赔和核价,通常至少需要半小时才能确定最终的理赔金额,这给车主和保险公司都增加了时间和人力成本。同时,定损员的经验和主观判断也会对理赔结果产生影响,不同的定损员可能会有不同的判断标准,导致同一事故的定损结果存在差异。为了解决传统车险理赔中存在的定损问题,人工智能技术被引入,帮助保险公司有效提高了定损效率和定损结果的准确性。

车险事故定损的核心在于准确认定损伤情况。在事故现场,查勘员根据实际情况进行初步的损伤原因判断,并对受损车辆的部件和损伤程度进行确认。为了准确记录和依据定损过程,查勘员通常会拍摄一系列照片。然而,这些照片数量众多,其中只有少数能够有效地支持定损判断,并且这些照片之间的关系也十分复杂,给快速定损带来了巨大的挑战。作为深度学习在视觉领域的应用之一,计算机视觉技术在车辆定损方面发挥了重要作用。它的主要任务是从大量照片中筛选出那些具有实际定损价值的照片,并准确提取事故定损所需的信息,以提供与专业查勘员一致的定损结论。这项技术利用深度学习算法,通过对整个案件中的照片进行分析,能够识别出那些具有定损价值的照片。通过精确的图像处理和信息提取,这项技术能够高效、准确地支持定损过程,从而使得定损结果与专业查勘员的结论保持一致[73]。

智能定损涵盖了计算机视觉领域的多项技术,从数字图像处理、物体监测和识别,再到场景理解和智能决策,涉及目标识别、车辆损伤程度的判定,以及多模态数据与其他信息的融合等方面。在实际的应用中,深度学习算法需要满足的要求较为复杂。首先,算法需要准确地找到碰撞位置,进行定位。然后,系统需要将发现的所有异常情况综合考虑,给出全面的定损结果,并且能提出修复轻微擦伤或更换零部件等大碰撞的建议。因此,该算法必须具备强大且高弹性的模式识别能力。同时在实际的车辆拍摄场景中,并不是每张用户上传的照片都是标准和清晰的,并且由于光线问题的存在,有些照片的亮度可能过暗,有些可能由于光线反射而产生反光。因此,在智能定损过程中,底层的深度神经网络需要设计消除噪声的功能,如基于图像的定损过程涉及照片的自动分流、部件的识别,反光的去除,以及图像角度的矫正等核心技术[74]。

深度学习下的图像识别算法是实现智能定损的关键技术。图像识别技术是一种利用人工智能算法和模型来处理和理解输入图像信息的先进技术。它的目标是通过建立图像识别模型,对图像进行全面分析,并从中提取出关键的视觉特征,然后利用这些特征来建立分类器,以实现图像的准确分类和识别。图像识别的基本步骤包括图像预处理、特征提取、特征表示和编码、模型训练和学习等。首先,图像识别技术需要对输入的图像进行预处理,包括去除噪声、增强图像质量、标准化图像尺寸等操作,以提高后续处理的准确性。然后通过特征提取从图像中提取出有用的信息。提取到的特征经过向量表示和编码,以方便特征的后续处理、比较和计算。在模型训练阶段,使用训练数据集来训练分类模型,这些数据集中包含已标记的图像和相应的类别信息。通过优化模型参数,模型能够准确地分类和识别新的图像。

利用人工智能算法进行智能定损的步骤可以概括如下:

(1) 事故车型与受损部位的识别定位。用户按照系统要求上传事故车辆的全景照片和受损部位照片后,系统利用图像识别技术对这些图像进行分析,自动确定出险车辆的具体车型和受损部位。实现这一技术的关键在于解决车辆的不同拍摄角度、图像清晰程度、光照等方面的问题。除了准确识别事故车的车型外,还需要精确定位车辆的受损部件。部件识别属于目标检测问题,目的是从车辆图像中检测出各个部件的类别和位置,如前机盖、左前大灯、保险杠、格栅等。

深度学习下的 Faster R-CNN 和 SSD 模型常被用来解决此类问题。这些网络模型基于深度学习架构,通过训练大量车辆图像数据集,学习到车辆部件的视觉特征和空间关系,使得模型能够有效地在图像中定位和识别各个部件。Faster RCNN 采用两阶段目标检测框架,它结合了区域候选网络(Region Proposal Network,RPN)和分类网络,可以在图像中定位和分类多个目标对象。与传统的滑动窗口方法相比,Faster R-CNN 引入了区域候选网络(RPN),用于生成候选目标区域,然后再对这些候选区域进行分类和边界框回归。SSD(Single Shot MultiBox Detector)是另一种流行的目标检测算法,它在准确性和速度之间取得了平衡。SSD 利用深度卷积神经网络(CNN)提取图像特征,并在不同层次的特征图上进行目标检测。通过在网络中引入多个尺度的特征图,SSD 能够检测不同大小的目标,从小尺度的细节到大尺度的整体。将多个尺度的特征图与不同尺度的锚框(anchor boxes)结合,通过卷积操作同时进行分类和边界框回归,从而实现目标的检测和定位。深度学习模型需要准备大规模的车辆图像数据集,其中包括不同角度和光照条件下的车辆图像,并且为每个图像提供相应的车型和部件标注信息。通过在这些数据集上进行反向传播的训练,深度学习模型能够逐步学习到车辆和部件的特征表示。训练好的模型可以针对用户上传的车辆图像,自动识别和定位车型以及受损部位。

(2) 智能车辆定损。在进行车型和受损部位识别定位以后,系统需要进行车辆受损情况的判定。系统对获取到的图像首先进行去噪、复原和归一化等处理。去噪处理的目标是在保留图像细节的同时,尽可能减少噪声的影响。图像去噪方法包括均值滤波、中值滤波、高斯滤波、小波去噪等基于统计或频域分析的方法,通过平滑图像的像素值或减小噪声的功率谱来实现去噪效果。图像复原通过恢复缺失的图像细节,使图像更接近原始图像的真实内容。图像复原通过统计特性或先验信息来还原图像的损坏部分,主要方法包括逆滤波、维纳滤波、约束最小二乘滤波等。归一化处理是指将图像的像素值缩放到特定范围内的过程。在图像处理中,常见的归一化方法是将像素值缩放到 0 至 1 或 −1 至 1 之间。归一化处理使得图像数据具有统一的分布和范围,消除了图像之间的亮度差异,有效提高了深度学习算法的性能和收敛速度。

深度学习模型通过层层堆叠的神经网络结构进行特征学习。神经网络模型包含输入层、隐藏层和输出层。在训练过程中,模型通过大量的训练数据进行反向传播算法来调整网络参数,从而逐步学习到数据中的特征表示。深度学习模型通过多层非线性变换,逐渐构建复杂的特征表示。在较低的层级,模型主要学习到一些简单的特征,如边缘或纹理等。这些特征可以通过在图像中检测亮度和颜色的变化来捕捉。低级特征对于基本的图像处理任务是有用的,但在复杂的视觉任务中可能不足以提供准确的判断。而随着模型内网络层级的深入,模型从前一层的输出中学习到更抽象和高级的特征。这些特征可以表示更复杂的形状、轮廓和物体部分。模型可通过组合低级特征如边缘和纹理来学习到更高级的特征,如目标的形状和轮廓。这些抽象的特征能够提供更多的语义信息,使得模型在图像分类、目标检测等任务中能够更准确地进行判断和推断。除了网络结构,激活函数、权重参数和损失函数也进一步帮助深度学习模型优化参数。激活函数引入非线性变换,使模型能够学习到非线性关系,权重参数则通过反向传播算法进行优化,使得模型能够适应数据的特点并提取有用的特征。损失函数用于衡量模型输出与真实标签之间的差异,优化模型的学习参数。

车辆受损程度的判定可以看作是一个图片分类问题,其损伤可以分为四个大类别:刮擦、变形、部件开裂和脱落。每个大类别还需要进一步细分成小类别,以根据不同的程度进行分类。在完成分类后,需要为每个类别准备大量标注好的图片作为训练数据。目前,有很多深度神经网络可以用于解决图片分类问题,如 ResNet、Inception-V3/V4 等。这些深度学习模型可以通过学习大量数据并进行参数优化,从而实现高精度的图片分类任务,判定车辆的损伤程度和类别。通过深度神经网络模型,智能定损为车险公司有力地实现了降本增效,缩短核赔时间的同时降低了人力成本。

8.4 小结

金融行业充分利用人工智能技术,实现了在风险防控、智能投顾和保险理赔等方面的广泛应用。基于计算机视觉、知识图谱和深度学习技术的智能风控系统使得银行能够及时监测和预测贷款风险,及时采取相应措施,有效防范欺诈和违规行为。证券行业的智能投顾服务,利用机器学习算法,通过刻画用户画像的方式,根据客户的风险承受能力和投资偏好,为金融客户提供个性化的投资建议和资产配置。深度强化学习算法结合了强化学习和深度学习技术,旨在根据收益不断改进投资行为,帮助投资者获得最大化的投资收益。在保险理赔方面,车险业务智能定损技术的引入对保险公司来说具有重要意义。基于计算机视觉技术的自动化定损系统为车险公司显著降低人工成本并提升了定损效率,减少了理赔渗漏的比例。这一创新技术的推出将推动整个车险行业向智能化和高效化的方向迈进,为行业带来更加智能、便捷的服务体验。人工智能在车险理赔环节的应用大大加快了车险理赔速度、节省了保险公司的理赔成本,同时杜绝了保险理赔环节中渗漏问题的出现。人工智能技术在金融行业的成功应用为计算机视觉、知识图谱、深度学习和机器学习等技术领域提供了广阔的应用场景。这些应用不仅提升了金融企业的运营效率和服务质量,也推动了金融科技领域的发展和创新。

思考题

(1) 结合你自身的管理工作经验,与同伴相互交流,谈谈在整个金融行业,有哪些与行业特点相关的痛点。

(2) 案例中的金融行业具体运用了哪些人工智能技术,分别从哪些方面实现了改进?

(3) 假如你是一名金融行业的从业者,除了案例中提到的欺诈检测、智能投顾和保险定损,你认为人工智能技术在未来的金融科技中还能发挥哪些作用?

第 9 章
物流行业

9.1 自动仓储新方案：无人仓

当前的物流行业，无论是从作业成本、人力耗费还是时效的角度来看，物流仓储作业一直都是引人关注的竞争焦点。近年来，随着消费习惯和消费模式的变化，线上购物订单量不断攀升，电商业务和拣选作业规模不断扩大，对时效性的要求也日益提高。然而，随着管理费用和人力成本的上升，仓储方向的成本控制面临着巨大的压力。同时，传统的物流仓储作业本身属于劳动密集型领域，从业人员普遍文化水平相对较低，流动性也高，劳动密集型的特点使得人力资源的管理和稳定性成为一项重大挑战。招聘、培训和保留合格的物流工作人员变得愈发困难，从而进一步加大了物流企业在仓储作业方面的经营压力。

随着技术的不断进步和创新，一些新兴技术正在被引入和应用于物流流程中，以提高效率和降低成本。物流行业正在经历从劳动密集型向技术密集型的转变，无人仓成为解决传统仓储作业问题的重要应用方向。无人仓通过引入自动化系统和机器人设备，实现高度自动化和智能化。这些设备和系统能够根据预设的指令和规则进行作业，减少了人工操作的需求。机器人可以准确地执行搬运、分拣和装卸等任务，提高作业效率和准确性。同时，它们可以通过自主导航技术避开障碍物，优化作业路径，进一步提高仓储作业的效率。

1. 无人存储区

穿梭车式密集仓储[75]的基本原理是，通过升降机和穿梭车的结合作业，配合仓库管理系统实现货物的高效出入库。相较于传统的存储仓库，密集存储仓库无须设置专用的叉车通道，因此具有占地面积小、造价低、空间利用率高等优势，是一种广泛应用的新型物流仓储系统[76]。

在穿梭车式系统中穿梭小车是关键组件,用于实现货物的存取操作。通过使用这些穿梭小车可以替代堆垛机的载货台,保证穿梭小车的独立运行,从而实现快速的同层平面物品存取。在货架系统的端部装备有提升机,用于解决小车在垂直方向上的移动障碍,优化和分解堆垛机的运行流程。

作为一种智能搬运设备,子母穿梭车具有很多优点,如高速运行、轻便、高精度定位等。子母穿梭车通过与立体仓库内的各种设备(如缓冲站、穿梭车提升机等)配合,在水平层面上可以实现高密度仓储货物的运输。其具体工作过程是:在主轨道上,穿梭车子车由母车承载并移动;在货物存储通道上,穿梭车子车可以运行并存取货物;在两个通道或轨道的交叉口上,母车和子车进行连接和接驳[77]。

子母穿梭车式密集仓储系统具有多种作业模式,包括单一出库或入库作业、跨层作业和出入库复合作业等。

在单一作业模式下,根据出入库指令和订单信息,系统确认货物的出入库货位,并向设备发布操作指令。升降机将母车提升到相应的层级的 I/O 点,子车在母车的搭载下将货物运送或存取到指定位置。

在出入库复合作业模式下,系统优化匹配出入库任务,并向设备发布操作指令,实现一个出库任务和一个入库任务的双倍命令周期(DCC)作业。传统的作业周期包含一个出库任务或一个入库任务。而在 DCC 模式下,系统通过优化匹配出入库任务,使得在一个作业周期内同时执行一个出库任务和一个入库任务。

跨层作业模式是在 DCC 模式下,考虑穿梭车的存在与否,以及货物的存取操作是否在同一层,判断是否需要进行换层作业。根据待入库和出库货物是否位于同一层,以及该层是否有穿梭车,可以将跨层作业模式划分为不同的子模式。其具体的操作流程如图 9-1 所示。

2. 无人包装区

在无人包装区采用了多种设备,其中包括六轴机器人、自动供包机器人和视觉检测仪器等。当商品从存储区输送至无人包装区时,六轴机器人的机械手臂智能地抓取商品,并通过视觉检测仪器进行特征、缺陷、品规和条码等方面的检测与识别。这些设备基于商品本身的条码和订单信息的条码,确定了商品的排列组合和输送方式。经过分类的商品随后通过传送带自动输送至自动供包机器人处进行包装。所有商品的包装均由机器人根据实际大小即时裁剪切割泡沫包装袋或纸板包装箱。这种智能包装方式能够有效避免包装材料的浪费,如避免使用大箱子包装小商品或将大商品放入小箱子导致在配送过程中可能受损的情况。因此,这种智能包装方式有助于科学合理地利用包装材料。

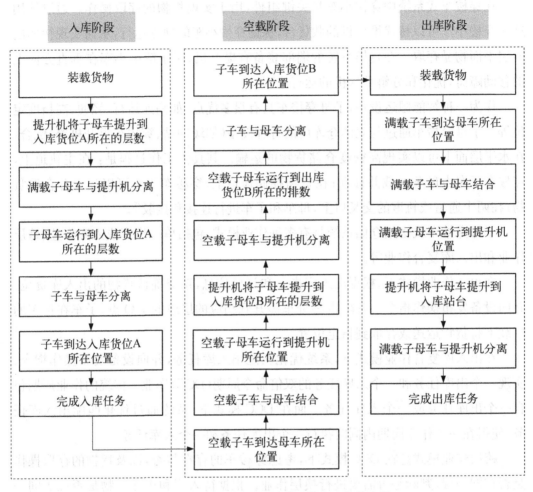

图 9-1 子母穿梭车密集仓储系统复合作业流程

六轴机器人是一种具有六个自由度的机器人系统。它由一个固定基座和一个连接到基座的移动臂组成,移动臂上有六个关节,包括旋转(S 轴),下臂(L 轴)、上臂(U 轴)、手腕旋转(R 轴)、手腕摆动(B 轴)和手腕回转(T 轴)等,每个关节都可以独立运动。这六个关节分别控制机器人在空间中的位置和姿态,使其能够灵活地执行各种任务。六轴机器人的关节通常由电机驱动,并通过传感器监测其位置和力矩。通过精确控制各个关节的运动,六轴机器人能够在三维空间内完成复杂的运动和操作,如抓取、装配等任务,通过对所有托盘数据进行分析和码垛算法,从而实现托盘上货物的精确合理摆放。

在商品的包装过程中,每一件商品都需要相应的包装材料,如纸箱、塑料袋等。然而,过度包装的现象存在,导致一些商品使用了过多的包装材料,使得包裹的大小与实际商品的规模不相符。这种过度包装不仅增加了包裹的重量和体积,还导致物流运输成本和能源消耗的增加。传统的人工操作方式很难有效利用每个包装材料，从而避免浪费。因此，需要根据不同订单类型自动计算与商品最匹配的耗材及型号，确保纸箱、手提袋的精确使用。然后借助智能包装机进行实景作业，实现包装的标准化和智能化。通过磁悬浮打包机和气泡膜打包机等智能设备的使用，可以实现对多种包装材料的合理使用。智能打包机利用先进的视觉识别、机械手抓取和 3D 视觉等技术，自动完成包装操作。相较于传统的人工方式，它简化了流程，减轻了员工负担，并显著提高了运营效率。此外，自动打包设备能够根据商品规格尺寸进行个性化包装，避免了多种包装材料的浪费，确保充分利用并发挥其价值。

视觉识别技术通过计算机对图像或视频进行处理和分析，以模拟人类视觉系统的能力。在智能打包系统中，通过视觉识别技术，计算机能够准确地识别包装材料的类型、形状和位置，从而实现对不同材料的自动分类和处理。视觉识别技术基于深度学习和神经网络等算法，通过对大量训练数据的学习和模式匹配，使计算机能够快速而准确地理解图像信息。机械手抓取技术利用机械手臂或机器人进行物体抓取和操作。在智能打包系统中，通过机械手抓取技术，计算机能够控制机械手臂按照预定的路径和动作，精确地抓取和放置包装材料，完成自动化的包装操作。机械手抓取技术需要结合运动规划、运动控制和运动感知等技术，以实现对不同形状和重量的物体进行准确而稳定的抓取。3D 视觉技术主要基于三维空间信息的图像处理和分析，在智能打包系统中，通过 3D 视觉技术，计算机可以获取物体的三维形状和空间位置信息，从而更精确地进行包装规划和操作。3D 视觉技术通过激光扫描、立体摄像和深度传感器等设备获取三维点云数据，然后利用点云配准、特征提取和三维重建等算法进行处理和分析。

3. 无人分拣区

实现分拣的无人化，自动导引运输车（Automated Guided Vehicle，AGV）起到重要作用。通过大中小型三种 AGV 的配合使用，可以提升分拣作业的效率和灵活性。小型 AGV 具有较小的尺寸和灵活的机动性，能够在仓库内的狭小空间中自由移动，适用于轻型货物的搬运和分拣任务，负责根据订单地址将每个订单小包裹投放至不同转运袋；中型 AGV 具备适中的载重能力和灵活的机动性，适用于进行第二轮分拣和搬运工作；大型 AGV 具备较大的载重能力和储物空间，适用于长距离搬运较大、较重的货物。它们可以从仓库的存储区域将货物搬运到分拣区域，或将已分拣好的货物移动到包装和出库区域。大型 AGV 的高速运输能力和大容量储物空间可以大幅度缩短搬运时间和提高作业效率，负责将要送往终端配送站的大包裹直接送上伸缩输送机，利用传送带将包裹运输到库房外的运输车上。通过 AGV 的配合使用，物流行业可以实现分拣作业的高度自动化和无人化,提高作业效率和准确性。这将减少人力成本、缩短作业周期,并为物流企业提供更可靠和高效的分拣解决方案[78]。

小型 AGV 分拣机器人在整个分拣过程中扮演着重要角色,其核心职责是进行货物的分类。在分拣区域,地面上定点设置了很多二维码图标。负责供件的工作人员将待分拣的货物放置在分拣机器人上,分拣机器人通过条码扫描系统识别包裹的目的地,并通过识别地面上的二维码图标确定自身位置,进而自动规划最优的投递路径。当货物到达目的地区域时,分拣机器人顶部的翻转动作将货物卸载,完成货物的分拣任务。此外,AGV 分拣机器人采用并联模式,所有 AGV 都通过一个系统进行调度。即使其中一个机器人发生故障,也不会影响其他 AGV 的正常运行,避免了以往整个系统因某个环节故障而瘫痪的情况发生。

中型 AGV 在小型 AGV 完成初步分类后,负责进一步分类和搬运工作,最终将货物送至大型 AGV 车辆。大型 AGV 车辆采用了激光导引系统,主要包括车载机系统和上位机监控管理系统。车载机作为 AGV 车辆的关键子系统,主要负责车辆的导航和运动控制,具体包括传感器、运动控制器、嵌入式工控机和伺服系统。传感器主要用于感知周围环境,以获取障碍物和反射板的位置信息。嵌入式工控机负责采集、处理和存储传感器数据,并将处理后的信息发送至指定系统。运动控制器负责控制 AGV 的运动,包括速度、方向和转向等,通过接收来自其他系统的指令来确保车辆按照预定路径行驶,并保持运动的精度。上位机监控管理系统主要负责监控和管理,具体包括故障报警、基本运动和模糊控制等功能。上位机监控管理系统能够接收来自车载机系统的信息,包括 AGV 的位置、状态和运行数据。操作人员通过用户界面,执行车辆控制、任务分配和路径规划等操作。对多个 AGV 车辆运行状况的实时监控,再加上对车载机系统故障的检测,上位机监控管理系统确保了 AGV 运送任务能够高效可靠的执行[79]。

在算法方面,需要运用路径规划算法在批次拣货和路径规划方面做出智能化决策。该算法需要考虑订单特征、工作站在途库存、订单行 SKU 的库存分布及 AGV 的分布,从而对拣货批次和拣货路径进行统一规划。其目标是找到使得 AGV 在取到容器(pallets)后,背着容器到达工作站(workstations)的总成本最低的指派关系,即三分图匹配问题。三分图匹配解法是一种解决运输指派问题的算法,在这个问题中,有三类对象需要进行匹配,分别是来源节点集合、目标节点集合和容器集合。三分图匹配的目标是找到一种最优的匹配方案,使得每个来源节点与一个目标节点及一个容器节点相匹配,且使得总成本最低。传统的三分图匹配解法在运算规模上面临着巨大挑战,难以满足系统响应时间的要求。由于三分图匹配问题具有整数规划的特殊性质,因此可以利用这一特点来求解最优解。整数规划是一种数学优化方法,用于解决在约束条件下求解整数变量的最优值的问题。整数规划作为线性规划的扩展形式,其中决策变量的取值限制为整数,而不仅是实数。在三分图匹配问题中结合剪枝、分支定界等策略,通过逐步搜索可能的匹配方案并削减搜索空间,最终找到满足整数规划要求的最优解。

在算法的实际应用中,除了寻找最优解之外,还必须考虑到 AGV 在转弯和直行方面具有不同的成本、需要避免产生拥堵等问题。为了解决这两个问题,需要运用成本修正地图和时间切片地图算法。在路径规划中使用成本修正地图,对地图中的每个位置或路径段分配一个额外的成本值,以反映 AGV 机器人在该位置或路径段上的转弯或直行成本。这些额外的成本值可以基于转弯半径、速度限制、摩擦系数等因素进行计算,从而更准确地规划 AGV 在不同地点或路径上的行进成本。时间切片地图则是一种将时间分割为离散的小段,并在每个时间段内为地图中的位置或路径段分配状态信息的技术。这些状态信息可以包括交通情况、拥堵程度、路径可行性等。通过时间切片地图,路径规划算法可以考虑到时间变化对 AGV 行进的影响,选择最佳的路径以避免拥堵或利用较短的时间完成任务。

除了从 AGV 的角度进行路径规划优化以外,仓库补货入库时 SKU 的布局优化对于提升出库效率也十分重要。SKU 是库存进出计量的最小单位,这里是指仓库内所持有的商品品类。商品货物通过库存单位的唯一标识符来实现识别和追踪。在无人仓中,SKU 的合理布局对于提高出库效率至关重要,需要将具有强相关性的 SKU 放置在同一货架上,根据 SKU 分散情况选择货架数量,以及根据商品的热度将其分布在不同的工作站上。SKU 的合理布局需要采用谱聚类方法,将数据集中的商品进行分组,基于商品之间的相似性度量,将相似的商品聚在一起,不相似的商品分离。谱聚类将数据集表示为一个图的形式,其中节点表示商品,边表示商品之间的相似性或关系。谱聚类通过计算数据集的相似性矩阵,并将其转化为拉普拉斯矩阵。然后,通过对拉普拉斯矩阵进行特征值分解,得到特征向量。最后,通过对特征向量进行聚类算法来实现样本的分组。在谱聚类中,商品被表示为图中的节点,而边代表商品之间的相似性或关系。节点之间的线段表示 SKU 之间的需求相关性,较长的线段表示强相关性,较短的线段表示弱相关性。在同一封闭曲线中的 SKU 为同一聚类。通过合理的聚类,将相关性强的商品放在同一聚类中,使得聚类内部具有强相关性,而不同聚类之间则具有较弱的相关性。这样的布局方案可以更好地满足仓库的出库效率要求。

9.2 智能配送新趋势：无人车

在快递配送过程中，"最后一公里"这个问题直接影响到快递公司的配送效率和快递用户的体验。随着消费者消费水平的提高与电商规模的迅速扩大，作为物流配送服务流程的最后一个环节，快递配送面临着诸多的挑战：在商业和居住区域的集聚地，快递配送需求呈现出批量小、品种多、频率高的特点。同时，城市的物流节点众多，包括物流中心、仓储设施、配送中心、快递柜和自提点等，不同的区域和客户的不同配送需求，使得物流网络变得更加复杂。在传统的人力派送快递流程中，快递公司需要雇佣、培训和管理大量的快递员，这些人力费用增加了快递公司的运营成本，并且庞大的工作量使得快递员可能面临疲劳、交通堵塞和路线规划等问题，从而导致配送效率不高。其次，快递配送需要在规定的时间内完成，但由于人力资源和路况的限制，快递员往往难以按时交付包裹，给用户带来不确定性和不便。

在这样的背景下，无人车技术成为解决"最后一公里"问题的有效解决方案。无人车是指能够自主感知和导航的智能车辆，它们不需要人工驾驶，可以根据预设的路线或实时数据进行自动驾驶。在快递配送中，无人车可以提高配送效率，不受人力资源等因素的限制，能够显著减少派送时间和成本。同时，无人车还能够提高快递包裹的派送准时率，通过遵循预设路线和交付时间窗口，能够有效减少由于人为因素导致的派送延误。

快递配送无人车通过自动驾驶技术实现快递包裹的无人送货，通常以较低的速度行驶，以确保安全性和准确性。其技术核心本质上与自动驾驶技术相同，都是由多个模块包括环境感知、车辆定位、路径规划决策、车辆控制和车辆执行等组成，多个模块的共同协作使无人车能够在未知环境中导航和执行配送任务[80]。

无人车上配备了多种传感器，如激光雷达、超声波雷达、摄像头和惯性传感器等，负责在车辆周围感知和采集环境数据。其中，激光雷达是一种主动传感器，通过向周围发射激光束，并测量激光束从目标物体反射回来所用的时间来计算目标物体的距离和位置。激光雷达可以提供高精度的距离测量，能够在车辆周围建立高分辨率的点云地图，用于检测和识别障碍物、道路边缘、建筑物等，从而帮助无人车规划行驶路径和避障。超声波雷达是一种被动传感器，它通过发送超声波脉冲并测量脉冲从目标物体反射回来所用的时间来计算目标物体的距离。超声波雷达通常用于近距离的障碍物检测，如在低速情况下辅助无人车停车或避让靠近车辆或障碍物。摄像头是一种被动传感器，通过捕捉周围环境的图像来获取信息。在无人配送车中，摄像头可以用于目标检测、目标识别和场景理解等任务。通过机器视觉算法,无人车可以识别道路标志、交通信号灯、行人、车辆和其他交通参与者,从而做出相应的行驶决策。惯性传感器包括加速度计和陀螺仪,用于测量车辆的加速度和角速度。通过对加速度和角速度的积分,可以得到车辆的位置和姿态信息。惯性传感器在 GPS 信号不可用或不稳定的情况下,提供了重要的姿态和运动信息,辅助车辆的定位和导航。

快递配送无人车进行自动驾驶的技术步骤可以概括如下:

(1) 通过多个传感器进行数据接收。这些传感器包括上述提到的激光雷达、超声波雷达、摄像头和惯性传感器等,分别负责感知不同类型的信息,如车辆周围的障碍物、道路标识、行人和其他车辆等。通过多传感器,无人车能够实时获取丰富的环境数据。

(2) 进行多传感器的数据融合。不同传感器提供的数据通常是关于同一环境的不同方面信息,如激光雷达提供的是距离和障碍物位置,而摄像头则提供图像信息。采用数据融合技术对这些异构数据进行关联和融合,使得不同传感器提供的信息能够在空间和时间上对应,然后将关联后的数据进行整合,形成一个综合的环境感知信息。如将激光雷达和摄像头的数据融合,可以得到更准确的障碍物位置和形状信息。

(3) 识别与理解。经过数据融合得到的综合感知信息,包含了车辆周围环境的静态和动态信息,如道路、标识、行人和车辆等。为了对这些信息进行准确的识别与理解,可以采用机器学习和深度学习算法。传统的机器学习算法如支持向量机(SVM)、随机森林等,对提取的特征进行分类和识别。这些传统算法在处理小样本数据或者特征维度较低的情况下表现良好,可以实现对一些静态信息的准确识别,如道路标识和交通标志等。相比之下,深度学习算法则通过神经网络自动学习图像特征,不需要手动设计特征。在无人配送车中,使用卷积神经网络(CNN)模型可以对摄像头采集的图像进行目标检测和分类,实现对行人、车辆等动态信息的准确识别。CNN 的基本结构包括卷积层、池化层和全连接层。在卷积层中,CNN 通过滤波器对输入图像进行卷积操作,从而提取图像中的局部特征。滤波器通过在图像上滑动并计算特定区域的加权和,从而捕捉图像中的边缘、纹理和形状等低级特征。在池化层中,CNN 通过对卷积层输出的特征图进行下采样,进一步减少参数数量,提高模型的鲁棒性和计算效率。最后,在全连接层中,CNN 将提取的特征映射到输出类别,实现对图像的分类或目标检测。

(4) 差分定位与高精度地图的使用。车辆的精确定位对于路径规划和行为决策至关重要。无人配送车使用全球定位系统(GPS)进行定位,同时采用差分定位技术,通过与地面基准站进行差分校正,提高车辆定位的精度。全球定位系统(GPS)是一种常见的定位技术,通过卫星信号来确定车辆的位置。然而普通 GPS 存在一定的误差,通常在几米到十几米的范围内。对于无人配送车这种高精度要求的应用来说,定位误差是不可忽视的。差分定位技术通过与地面的基准站进行通信,获取基准站位置与卫星信号的误差,然后将这些误差信息传递给无人配送车。无人车根据基准站提供的误差信息对 GPS 定位数据进行校正,从而提高车辆定位的精度。差分定位技术可以将车辆的定位误差降低到厘米级甚至亚厘米级,使得无人配送车能够在复杂的城市环境中精确行驶,确保准确的路径规划和决策。此外,快递无人车还会配合使用高精度地图,包含路况信息、道路几何形状、交通标识等细节。无人配送车使用高精地图作为参考,根据地图中的信息进行路径规划和行为决策。

(5) 路径规划算法。在无人车快递包裹派送的过程中,路径规划算法能够计算最优的配送路线,从而缩短无人车的行驶距离,减少配送时间。路径规划是典型的优化问题,需要找到最佳的决策方案来达到特定的优化目标,即最小化使用的车辆数和车辆总行驶距离。在配送过程中,客户点与快递仓库点之间形成了一个配送网络,配送车辆在这个网络中进行移动,从仓库取货后将快递包裹配送到每个客户手中。为了优化车辆路径规划,需要考虑每个客户的配送任务应该分配到哪一辆车上,以及每辆车完成客户配送任务的先后顺序[81]。优化路径规划的方法有很多,常见的算法有群体智能算法,如蚁群算法、粒子群算法和遗传算法等[82],它们通常涉及群体或个体之间的信息传递、优良特征的保留和更新,通过模拟自然界中的群体行为或进化过程来寻找问题的解决。除此之外,还有基于人工智能的神经网络算法等。由于路径规划算法的种类非常多,不同无人车所应用的算法各不相同。本文在这里介绍快递行业某代表性无人配送车所采用的自适应大规模邻域搜索(ALNS)算法[83]。

ALNS 是一种用于求解组合优化问题的启发式搜索算法。ALNS 算法的核心逻辑是通过动态调整和适应搜索邻域来灵活地探索解空间,并逐步收敛于更优的解。它采用了"破坏—修复"策略,在每次迭代中,通过一系列的破坏操作(removal)破坏当前解,然后通过一系列的修复操作(insertion)重新构建解。ALNS 算法根据每次搜索的结果和效果,动态地调整搜索策略,使得搜索过程能够更加高效地探索解空间。

ALNS 算法的基本步骤如下[84]:

① 初始化算法参数和初始解。设置 Metropolis 准则的初始温度、温度冷却率、最大迭代次数,以及破坏算子与修复算子的权重。其中迭代次数初始化为 1,当前温度 T 初始化为初始温度 T_0,破坏算子与修复算子的初始化权重相等。

② 从邻域集合中选择算子对,在 ALNS 算法中,邻域是指对当前解进行破坏和修复操作所得到的解空间,需要根据当前解的特点选择一种邻域结构,不同的邻域结

构对解的破坏和修复方式有不同的策略。根据所选的邻域结构对当前解进行破坏操作,从当前解中移除一些元素或子集,从而破坏当前解的结构,得到破坏后的解。然后在破坏后解的基础上,使用相应的修复操作将缺失的元素或子集重新插入,恢复当前解的结构,得到一个修复后的新解。

③ 比较新解与当前解,如果新解优于当前解,则将当前解更新为新解。否则根据 Metropolis 准则决定是否接受修复后的解作为新的当前解,如果新解被接受,则将当前解更新为新解。通过 Metropolis 准则,即使遇到劣质解,也有一定概率接受该解,从而保持了算法搜索的多样性,有助于跳出局部最优解,继续搜索更优的解。随着迭代的进行,温度 T 会逐渐降低,导致接受劣质解的概率减小,算法逐渐收敛于更优的解。

④ 将迭代的过程划分为若干个记分区间,每一次迭代作为一个记分区间,在区间内记录各算子对的得分情况。当一个记分区间结束时,根据得分情况调整各算子对的权重。

⑤ 重复执行步骤②至步骤④的迭代过程,直到达到最大迭代次数 Max_{it} 或温度 T 达到最低温度 T_{min} 为止,此时终止迭代并得到全局最优解。当达到最大迭代次数时,算法会终止迭代并停止搜索,这是为了防止算法无限迭代,避免过度搜索,从而提高算法的执行效率。温度 T 是一个控制搜索过程的参数,在每次迭代中,温度会不断降低,从而减少随机性,使得算法在后续迭代中更趋向于接受更优解而不容易接受劣质解。当温度降低到最低温度 T_{min} 时,算法会停止搜索,表示算法已经达到了收敛状态,不再接受劣质解,并且得到了当前的全局最优解[85]。

9.3 高效运输新选择:无人机

除了无人车,无人机也成了一种新兴的配送方式。尤其是对于快递速运等对快递运输速度要求高的快递公司来说,无人机的高速飞行和直线距离的优势使其成为快递配送的理想选择。相比传统的地面运输,无人机可以避免受到交通拥堵和复杂的道路条件影响,快速将包裹送达目的地。同时,无人机配送在城市和偏远地区都具有很强的适应性,它们可以在复杂的地形和恶劣的气候条件下工作,适用于无法轻易到达的地方,为客户提供更广泛的服务范围。在为快递企业降本增效方面,无人机的自动化运作可以减少人力和运营成本,其直线距离飞行和不受地理环境因素影响的特性也显著提高了配送效率。

无人机是指具备自主无人驾驶特性的飞行器,其核心部件为飞行控制部件,能够实现飞行器的稳定控制和导航。无人机具有一定的承载能力,能够携带载荷进行各类任务操作。此外,无人机可进行视距内飞行和超视距飞行,能够执行远距离飞行任务。无人机快递则是指利用无线电遥控设备和自备程序控制装置对无人驾驶低空飞行器进行操作,以实现包裹的快速运载和自动送达目的地的一种物流模式。该技术借助先进的飞行控制系统和导航技术,使无人机能够高效地执行物品运输任务,将货物从发货地点飞越空中,安全、准确地送达收货人指定的地点。无人机快递作为现代物流业的一项重要创新,在避免交通拥堵、提高运输效率,以及服务偏远地区等方面发挥积极作用[86]。

快递无人车和无人机的共同点在于,两者都依赖自动化技术进行运作。它们通过先进的传感器、导航系统和人工智能算法,能够自主感知环境、规划路径并进行自动化的导航和操作。这使得它们在配送任务中不需要人工驾驶,降低了人力成本。同时,无人机和无人车都能够快速配送包裹,无人机在空中飞行,可以避免地面交通拥堵和限制,直线距离飞行能够大幅缩短配送时间;无人车虽然受限于地面道路条件,但在路径规划算法的帮助下,也能够提供高效的配送服务。

不过,无人机和无人车也存在着不同,最明显的表现是载荷和续航能力的差异,无人车通常具有较大的载重能力,可以承载更多快递包裹,适合大量货物的配送;而无人机的载重能力相对有限,适合小型和轻量级包裹的配送。并且,无人机的续航能力通常受限于电池容量和飞行器设计,其飞行时间有限。相比之下,无人车在有足够能源动力的情况下,能够持续行驶较长距离,具有较长的续航能力。两者在应用场景方面也有很大差异,无人机能够在山区、河流等障碍物较多的区域工作。而无人车受到道路条件和地面交通限制,不适合在崎岖的地形或难以通行的地区进行配送。

结合无人机自身的使用特点和应用场景,无人机快递的当前市场定位为:现阶段作为地面快递配送的特殊补充,并在特定区域逐渐取代地面配送方式[87]。这是由于无人机具备自动化、高效快速的特点,但在城市等人口密集区域,空域管理和安全方面仍需要进一步完善。此外,无人机的载重能力、续航时间等方面也有一定的局限,尚不能完全替代传统的地面快递配送。不过,正是由于无人机在复杂地形和偏远地区配送方面的优势,使其在特定区域逐渐取代地面配送方式成为可能。在这些特定区域,无人机快递已经成了快递企业重点投入的领域。

1. 无人机快递系统的体系结构

无人机快递的系统体系结构如图9-2所示,其核心模块如下[88]:

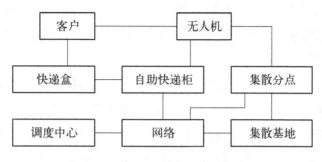

图 9-2　无人机快递系统结构

（1）无人机。快递无人机采用多旋翼飞行器，其配备了多种关键技术设备，包括 GPS 自控导航系统、iGPS 接收器及无线信号发收装置等[89]。无人机内置了多种高精度传感器，包括三轴加速度计、三轴陀螺仪、磁力计、气压高度计等，这些传感器能够实时感知无人机的运动状态和环境变化，从而实现精确的飞行控制。此外，无人机还采用了先进的控制算法，使其能够在飞行过程中保持稳定和精准。这些技术设备和算法的应用使得无人机具备了多种飞行模式，如 GPS 自控导航、定点悬浮、人工控制等，使其能够灵活地适应不同飞行任务和环境。除了飞行控制设备，在安全方面，为了保障无人机的安全和飞行状态监测，无人机上专门配备有黑匣子，能够记录并存储无人机的飞行数据等一系列状态信息。失控保护也是提高无人机安全性的关键技术，当无人机检测到自身出现飞行异常或飞行失控的情况时，它会自动执行精确悬停，确保不会发生危险情况。若失控状态持续时间超过预设阈值，系统将自动导航快递无人机至附近的快递集散分点，最大限度地避免飞行风险和安全隐患[90]。

首先，无人机通过网络和无线电通信技术与调度中心、自助快递柜等模块进行数据传输。通过这些通信手段，无人机能够与地面调度中心建立连接，向调度中心发送实时地理坐标和状态信息，同时接收调度中心发来的任务指令。在接收到包含目的地坐标的任务指令后，无人机开始切换到 GPS 自控导航模式，在利用 GPS 信号确定自身位置后，计算与目的地间的导航路径，实现自主飞行。当无人机到达目标区域后，它会向目的地的自助快递柜发送着陆请求、本机任务报告和本机运行状态报告，帮助自助快递柜了解无人机的当前状态。自助快递柜在收到无人机的着陆请求后，会对其请求进行相应的评估，如果自助快递柜决定允许着陆，将会向无人机发送着陆指引，帮助无人机在快递柜顶端停机平台进行着陆。着陆后的无人机会进行快递装卸操作，并进行快速充电以备下一次配送任务[91]。

（2）自助快递柜。该柜主要包括计算机、无人机排队决策系统、快递管理系统、

iGPS 定位系统、无人机着陆引导系统、用于装卸快递的停机台、临时停机台、机械传送系统、自助快递终端和多个快递箱等设备[92]。这些设备相互协作,构成了高效自动化的快递处理和配送系统。

快递无人机向快递柜发送着陆请求和任务报告,快递柜通过排队决策系统分配停机平台,并由无人机着陆引导系统引导降落或悬停。快递柜持续接收无人机的 iGPS 定位信号和编号信息,确保精准着陆。在无人机队列拥挤时,快递柜向调度中心报告拥挤情况,调度中心暂停发出装卸指令。同时,快递柜会实时向调度中心发送快递列表信息,包括基本信息、优先权和拥塞状态等报告。当无人机安全着陆并实现与快递柜的对接后,会有机械传送装置将快递盒从无人机上进行卸载并放入自助快递柜中,快递柜根据快递盒中记忆模块所存储的快递相关信息与相应的用户信息进行核对,向用户发送取件密码。

(3)快递盒。快递盒是一种专门用于封装快递物品的装置。它具有内置蓝牙和记忆模块,快递盒具备多种功能。首先,快递盒的设计使得无人机能够便捷地携带快递物品,从而实现无人机快递配送的便利性和高效性。其次,快递盒的记忆模块用于记录快件的身份信息,如目的地、投递优先级等,这有助于快递柜和无人机进行快递识别和处理。

(4)快递集散分点。快递集散分点是负责不同区域快递的集散中心,主要任务是协调和管理无人机的运输任务,以及快递的处理和分发。调度中心会向无人机发送指令,要求它将异地快递运送至集散分点。分点会设置专门的卸货通道来引导无人机的降落和卸货。快递被卸下以后,集散分点将对快递进行传送、聚集和封装,以便将快递分配到不同的目的地和路线,确保配送效率的提高。

(5)快递集散基地。异地快递被运送至快递集散基地后,基于快递盒的标识和目的地等相关信息,快递会被分类运往相应片区的快递分点。每个分点通常对应于本区域内的特定地理区域,这有助于将快递更接近最终收件人的位置,以提高配送效率。集散基地将所有到达的快递信息入库,以便进行后续的跟踪和报告。调度中心也会收到关于到达快递的实时信息,以便后续高效地安排配送任务。

(6)区域调度中心。调度中心主要是负责无人机的调度和协调,以便实现所在区域内快递的接收和运送。调度中心需要考虑多种因素,如交通情况、天气条件、快递量等,以优化无人机的运行。调度中心能够实时监控无人机和自助快递柜的运行状态,收集包括无人机的位置、速度、高度、任务进度及自助快递柜的使用情况,一旦发生异常或拥塞情况,调度中心会采取相应的措施,如重新分配任务、调整飞行计划或通知维修人员等,确保快递配送的持续顺畅和高效。

2. 无人机智能化技术

无人车和无人机的技术步骤有共通之处，不过由于它们所处的工作环境和运动方式不同，各自会有专门针对性的算法和技术来应对特定的问题。例如，无人车需要关注道路交通规则和车辆动态预测，而无人机则更强调飞行动力学和空域管理等问题。

无人机的技术步骤可以概括如下：

（1）通过多种传感器进行数据接收。为了增强其环境感知和飞行能力，使其能够在复杂多变的环境中进行安全、高效的自主飞行，无人机上配备了多种传感器，如负责机体运动状态感知的加速度计、陀螺仪、GPS 及磁罗盘等，还有负责外部环境状态感知的毫米波雷达、激光雷达、深度相机等[93]。

加速度计和陀螺仪作为惯性测量单元（Inertial Measurement Unit，IMU）的组成部分，是无人机中关键的姿态感知器件。加速度计通过测量无人机的线性加速度，帮助估计飞行器的速度和方向变化，而陀螺仪则测量飞行器的角速度，用于姿态稳定和航向控制。这两个传感器的数据相互协作，使得无人机能够实现准确的姿态控制和平稳的飞行动作。GPS 是无人机中最常用的定位系统，它通过接收来自卫星的信号，提供无人机在地球表面的经纬度和高度信息，从而实现全球定位。GPS 为无人机提供了绝对位置信息，对于快递无人机的导航、路径规划和精确定位非常关键。磁罗盘是一种用于感知地球磁场的传感器，它测量地球磁场沿无人机机体轴向的分量，并根据这些数据计算无人机的航向角。磁罗盘能够提供无人机在 X、Y、Z 三个轴向上受到的磁场信息，然后利用这些数据来确定无人机的地理方位。通过磁罗盘的测量，无人机可以在飞行中实时获得自身在地磁场中的方向，帮助飞行系统进行航向控制。这种技术对于无人机在无 GPS 信号或不稳定 GPS 信号环境下的定位和导航具有重要意义。毫米波雷达可以通过发送和接收电磁波信号来探测周围的障碍物，用于障碍物检测和避障。激光雷达通过激光脉冲的发送和接收，系统能够计算物体与传感器之间的距离，并将这些距离信息转换为三维点云数据，进而绘制出反映环境结构和物体轮廓的平面点云图，主要负责高精度的地图构建和三维感知。深度相机通过对光电传感器的应用，采用光电元件将目标场景的光信号转化为电信号，主要负责无人机的目标感知和障碍物避让。

（2）进行多传感器的数据融合。单一传感器无法为快递无人机提供全面准确的环境感知和飞行信息，通过将多个传感器的数据进行融合可以弥补各传感器的局限性。具体的多传感器数据融合步骤如下：

① 预处理。首先需要对传感器采集的原始数据进行预处理，包括去噪、滤波、校

准等操作,以消除传感器可能存在的噪声和误差,确保数据的质量和一致性。

② 数据对准。由于传感器在数据更新周期、数据传输延迟、数据丢失和不同坐标系下的量测方面存在差异,各传感器之间的报告时间可能存在偏差。因此,在进行数据融合之前,需要对不同步的信息进行时间配准,使其在相同的融合时间点上进行协调。时间配准包括两个主要部分,分别是时间同步和数据对齐。时间同步的目标是统一和同步各个传感器的时间基准,包括与天文时间的同步(绝对配准)和与高精度主时钟的同步(相对配准)。数据对齐是因为多个传感器的采样频率不同或其他复杂因素导致各个传感器数据到达时间不一致。因此需要将所有传感器的数据到达时刻统一到一个全局融合时刻上,确保数据在融合过程中的一致性。常用的配准方法有插值法、泰勒展开法和最小二乘法等[94]。

③ 数据关联。主要用于在传感器探测目标时建立目标与传感器探测信息之间的对应关系。在无人机的实际飞行情况中,其遇到的目标数量可能是未知的,甚至在只有一个目标的情况下,由于目标特性和传感器量测噪声的影响,也可能被认为存在多个虚假目标。当多个真实目标存在的情况时,数据融合将无法确定每个传感器所探测到的目标是真实目标还是虚假目标。因此,数据关联技术在多传感器数据条件下变得尤为重要,以建立准确的目标与传感器探测信息之间的对应关系,从而提高数据融合的可靠性和准确性。数据关联方法可以根据不同的应用场景和数据类型分为三类:点迹—点迹关联、点迹—航迹关联和航迹—航迹关联等[95]。

④ 数据融合算法。融合算法用于将来自多个传感器的信息进行合并和推理,以获得准确一致的目标及环境状态估计。算法结合不同传感器的测量数据和误差模型,根据权重和置信度进行信息融合,从而提高对目标或环境状态的估计精度和稳定性。目前,主流的融合算法包括卡尔曼滤波、粒子滤波、扩展卡尔曼滤波等。

卡尔曼滤波(Kalman filter):卡尔曼滤波是一种递归滤波算法,主要用于估计线性动态系统的状态。在无人机数据融合中,卡尔曼滤波可以用于将多个传感器的测量数据与系统的动态模型进行融合。它通过最小均方误差的原则,根据权重和置信度,对传感器的测量数据进行加权平均,得到对目标或环境状态的最优估计。

粒子滤波(particle filter):粒子滤波是一种蒙特卡洛方法,用于估计非线性和非高斯系统的状态。在无人机数据融合中,粒子滤波通过一组随机采样点(粒子)来表示目标或环境状态的后验概率分布。每个粒子代表一个可能的状态,根据权重和置信度对粒子进行更新和重采样,从而实现对目标状态的估计。

扩展卡尔曼滤波(Extended Kalman Filter, EKF):扩展卡尔曼滤波是对卡尔曼滤波的扩展,用于处理非线性系统。在无人机数据融合中,如果系统的动态模型是非线性的,可以采用扩展卡尔曼滤波来估计目标或环境状态。扩展卡尔曼滤波通过对非线性函数进行线性化,将非线性系统转化为线性系统,然后应用卡尔曼滤波的方法进行状态估计。

(3) 飞行控制。无人机通过飞行控制算法,根据传感器数据调整姿态和飞行状态来保持平稳飞行。飞行控制算法涉及姿态控制、位置控制和导航控制等方面,旨在使无人机在复杂多变的环境中能够实现高度稳定和精准的飞行性能。无人机飞行控制有三类代表性算法,分别是捷联式惯性导航系统、卡尔曼滤波算法、飞行控制 PID 算法[96]。

捷联式惯性导航系统(Inertial Navigation System,INS)是无人机的核心导航算法之一。它基于惯性测量单元(IMU),包括加速度计和陀螺仪来实时测量无人机的加速度和角速度。在捷联式惯性导航系统中,对加速度和角速度数据进行积分可以得到无人机的姿态和速度信息。首先,对加速度数据进行积分得到速度,再对速度进行积分得到位置。同样,对陀螺仪角速度数据进行积分得到姿态角度。通过这种积分过程,可以实时更新无人机的姿态和位置信息。捷联式惯性导航系统具有高精度和低延迟的特点,可以在没有外部定位信号的情况下进行导航,适用于无人机飞行的初始定位和持续导航。不过,由于 IMU 传感器存在一定的误差和漂移,对加速度和角速度进行积分会导致误差累积。因此,在捷联式惯性导航系统中,还需要对误差进行补偿和校正。这包括对传感器进行校准,使用校准后的数据来降低积分误差,并且通过误差传播模型来估计和补偿误差对位置和姿态的影响。为了进一步提高导航精度,通常将其他外部辅助信息融合到系统中。常见的辅助信息包括 GPS 定位数据、地图数据和视觉传感器数据等。将这些信息与捷联式惯性导航系统的结果进行融合,可以提高导航的准确性。

卡尔曼滤波算法:在无人机的飞行控制中,卡尔曼滤波算法主要用于姿态估计和状态估计。该算法采用基于信号与噪声的状态空间模型,在惯性导航系统中被广泛应用,其核心原理是通过使用前一时刻的状态估计值和当前时刻的观测值,进行状态变量的递推更新,从而求得当前时刻的状态估计值。这种方法能够有效地利用传感器提供的信息,实现对导航状态的实时估计和预测。无人机飞行控制需要实时地获取无人机的姿态(如俯仰、横滚、偏航角)和位置等状态信息,以实现稳定和准确的飞行控制。卡尔曼滤波算法在这里融合来自惯性测量单元(IMU)等传感器的姿态数据,并结合飞行动力学模型,估计无人机的姿态和位置。通过卡尔曼滤波算法,无人机能够实时地校正姿态偏差,保持平稳的飞行状态。

飞行控制 PID 算法:飞行控制 PID 算法主要用于实现无人机的姿态控制和位置

控制。PID 代表比例(proportional)、积分(integral)和微分(derivative),作为一种线性控制器,飞行控制 PID 算法根据当前误差、误差的积分和误差的微分来计算控制量,以实现系统的稳定和精确控制。在无人机飞行控制中,PID 算法根据无人机的姿态偏差和位置偏差来调整电动舵、电动螺旋桨等执行机构,使无人机能够保持预期的飞行姿态和飞行路径。

9.4 小结

人工智能技术在物流领域的应用呈现出日益显著的影响力。其中,无人仓、无人车和无人机等领域的应用成了物流行业的创新亮点。无人仓库通过自动化机器人、智能仓储系统和机器视觉等技术,实现了高效的库存管理和订单拣选,大幅提高了仓库操作的效率,降低了人力成本。无人车技术则在配送环节发挥关键作用,通过自动导航、感知系统和智能路径规划,实现了快速准确的快递包裹运输,尤其在城市物流和与客户距离"最后一公里"的快递配送业务中发挥重要作用。此外,无人机作为新兴技术,通过空中运输方式,加速了偏远地区的快递交付,提高了物流响应速度。这些人工智能技术的应用,不仅提高了快递物流运输的效率,还降低了运营成本,为物流行业带来了更大的竞争力和可持续性。未来,随着人工智能技术的不断进步和应用场景的扩展,物流领域将继续迎来更多创新,进一步推动着全球物流体系的现代化和智能化发展。

思考题

(1) 在传统的物流运输行业,存在哪些业务相关的痛点?

(2) 在仓储领域,无人仓是如何通过借助人工智能技术实现了存储、包装、分拣三方面的无人化运行?

(3) 无人机和无人车等技术如何帮助快递公司实现了配送效率的提升?

(4) 结合你对快递业务的了解和自身的工作经历,谈谈在竞争激烈的物流行业中,快递企业该如何利用人工智能技术增强自身核心竞争力,并且助力用户实现更好的配送服务。

第10章
零售行业

10.1 门店革新：无人零售

近年来,新零售概念在全球范围内日益受到关注,其核心理念是通过整合线上和线下渠道,运用先进的科技手段,为消费者提供便捷、个性化的购物体验。在这个新零售浪潮中,人工智能(AI)和物联网(IoT)技术的迅猛发展,尤其是其在零售业的应用推动,促使"无人零售"成为新零售领域的一大风口。无人便利店作为零售业的崭新业态,将线下店铺销售与人工智能算法和物联网技术相互融合,利用传感器、摄像头和自动识别设备等识别追踪商品和消费者行为,对传统便利店进行了全方位的改造和升级。这种新型便利店取消了传统售货人员的人工服务,消费者可以自主完成选货、购买和支付等整个交易过程[97]。对于顾客来说,高效支付和结算方式使得消费者享受到了便捷快速的购物体验。对于零售企业来说,无人便利店帮助它们降低了运营成本,提升了运营效率,也为零售企业通过数据分析和挖掘开展个性化营销夯实了基础。对于整个零售行业来说,无人便利店这种新兴业态为行业注入了新的活力,推动了整个零售行业的数字化转型,是零售业在人工智能技术驱动下的积极探索。

无人便利店内安装有大量具有计算机视觉功能的摄像头,利用计算机视觉算法来识别消费者在店内的行为。这些摄像头会实时监测顾客在店内的动态,并通过图像识别算法获取购物者拿起的商品信息。所有商品事先会被建模,以便摄像头能够正确识别顾客拿取的商品信息。针对外观相近的不同商品,商品包装上会附有单独的图像识别码来帮助摄像头对商品进行区分。同时,无人便利店中还配备有深度摄像头,又称3D-TOF相机,是一种能够测量物体到摄像头的距离的传感器。通过向目标发送光脉冲,并测量光脉冲从物体反射回来所需的时间来计算物体的距离。通过深度摄像头实时获取店内顾客的位置信息,计算机视觉技术可以实现对消费者移动的追踪分析。除了摄像头,无人便利店还采用多传感器感应技术,通过多传感器数据的融合,提高购物数据计算的准确性。通过深度学习算法,系统可以判断和识别消费者是否确认购买这件商品,从而决定是否将其加入虚拟购物车,这个过程实现了对消费者行为的智能感知和商品选择。当消费者离开便利店后,系统会自动从其账户中扣除相应的费用,真正实现智能化的结算和支付过程[98]。无人便利店购物流程主要涉及计算机视觉与多传感器融合技术。

计算机视觉基于人工智能算法,通过机器对图像和视频进行处理,实现对视觉信息的理解。通过分析处理无人便利店内的摄像头等传感器收集到图像和视频数据,计算机视觉技术着重实现两个重要功能:一是对消费者进行人脸识别,确认消费者的身份;二是识别消费者的行为,并且结合多传感器融合技术,识别消费者所购买的商品信息,以便于实现自动结算。

1. 人脸识别

人脸识别(face identification)是一种基于人的脸部特征信息进行身份识别的生物识别技术。它通过摄像头采集含有人脸的图像或视频流,自动检测和跟踪人脸,并对检测到的人脸进行识别。其实这种人脸识别方式属于1∶1的人脸识别,又被称为人脸验证(face verification),是指将输入的人脸与一个预先确定的目标人脸进行比对,属于二分类问题,目标人脸是已知的[99]。而无人便利店中采用的人脸识别算法属于1∶N的人脸识别,这是由于系统需要在实时环境下迅速识别消费者的身份,1∶1的识别方式无法高效便捷地实现消费者的身份信息确认。

1∶1的人脸识别与1∶N的人脸识别技术步骤基本相同,都需要对采集到的人脸数据进行人脸检测和预处理,然后进行特征提取与特征匹配。区别在于,在1∶1身份验证模式中,计算机对当前人脸与目标人脸进行快速的特征距离计算,以判断是否匹配。而1∶N人脸识别,需要在整个人脸数据库中查找并识别输入的人脸属于哪个目标。相比之下,1∶1人脸识别通常具有较高的计算效率,因为只需要在少数目标中查找匹配,采用的匹配策略也较为简单;而1∶N人脸识别需要在更大的数据库中进行搜索,这就导致要占用更多的计算资源和时间。因此,1∶N人脸识别除了和1∶1人脸识别一样可以采用欧式距离或余弦相似度来计算特征向量之间的距离以外,还需要通过其他一系列技术来提高识别速度,例如分布式人脸识别方法、近似最近邻搜索算法(ANN)等。

2. 动作识别与商品识别

在无人便利店内,需要利用计算机视觉技术和人工智能算法,对店内顾客的行为动作和所选取的商品进行实时识别。动作识别是指对顾客在店内的动作及行为进行实时监测。通过店内的摄像头和传感器等设备,系统需要捕捉和分析顾客在店内的动态行为,如走动、停留、拿取商品、放回商品等。通过人工智能算法的分析,可以判断顾客是否确定购买某样商品,以便于将其加入消费者的虚拟购物车。更重要的是,针对消费者购物行为的分析,也为无人便利店后续提供更加个性化的销售服务,以及改进店内商品布局提供重要依据。对商品进行识别则主要是为了让消费者在选择商品时无需经过传统的结账过程,通过在店内拿取所需商品后,利用算法自动识别并计算出顾客购买商品所对应的费用,并在离开店铺时进行自动结算,从而实现"无人"便利店的营运模式。

（1）动作识别的步骤。

① 数据采集阶段是通过实时运用摄像头或其他图像采集设备,获取顾客在货架前的动作。该过程指在顾客进入货架平面之前和之后,包含顾客手部图像及手中物品的图像。

② 目标检测。常用的目标检测算法包括基于单阶段（single-stage）和双阶段（two-stage）的方法。其中,双阶段方法如 Faster R-CNN、Mask R-CNN 等通常具有更高的准确性,但速度相对较慢;而单阶段方法如 YOLO（You Only Look Once）、SSD 等则具有更快的处理速度,但在检测小目标和遮挡目标时可能相对较弱。对于采集到的视频数据,目标检测算法会在每一帧中检测顾客的动作和手中商品,通过在图像中搜索感兴趣的区域,尝试寻找可能包含目标的位置。当目标检测算法确定一个区域包含目标时,会把边界框绘制在目标周围,利用边界框的位置和大小用于准确定位目标在图像中的位置。

③ 特征提取。特征提取也被称为动作表示,是动作识别任务中最主要的一项任务[100]。在动作识别的研究中,动作表示算法可以分为基于传统手工特征的方法和基于深度学习的方法[101]。

传统的特征提取需要由专家手动设计和选择适用于动作识别的特征。常见的手工提取特征的方法包括全局特征提取和局部特征提取。全局特征包括基于人体轮廓的特征提取、基于人体模型的特征提取和基于光流的特征提取等;局部特征提取包括基于时空兴趣点的特征提取和基于轨迹的特征提取等。传统手工特征的优点在于可解释性强,对于某些特定任务尤其是简单的动作识别任务的性能良好。但手工进行提取特征的缺点也很明显,特征的设计和选择需要依赖专业知识,并且需要耗费大量的时间和精力。手工特征在不同数据集或应用场景上的泛化能力有限,难以适应新的数据分布和任务要求。

而深度学习在面对大数据和复杂任务时,通过构建层级学习训练模式,利用输入数据与输出标签之间的逐层学习机制,自动地提取原始视频数据中的动作表征。相较于传统手工特征设计的方法,基于深度学习的特征提取方式克服了手工设计的缺陷,表现更加高效且具有更好的泛化性能,具体可以分为基于三维卷积网络的特征提取、基于双流卷积网络的特征提取、基于多流卷积网络的特征提取和基于长短期记忆网络的特征提取[102]:

基于三维卷积网络的特征提取:三维卷积网络(3D CNNs)是一种扩展自传统二维卷积神经网络的模型,专门用于处理视频数据。它在时间维度上添加了卷积操作,能够直接对视频帧序列进行特征提取。通过 3D CNNs,模型可以同时学习视频中的空间和时序信息,捕捉动作中的动态变化和时序模式。

基于双流卷积网络的特征提取:双流卷积网络(Two-Stream CNNs)是另一种常用的特征提取方法。它由两个并行的卷积网络组成,一个用于处理视频的空间信息(如 RGB 图像帧),另一个用于处理视频的时序信息(如光流帧)。通过两个流的卷积操作,模型能够在空间和时序域分别捕获不同的特征,然后将两个流的特征进行融合,从而得到更加全面和丰富的特征表示。

基于多流卷积网络的特征提取:多流卷积网络是另一种进一步扩展的方法,它可以同时处理多个不同类型的视频输入。例如,除了 RGB 图像帧和光流帧外,还可以将深度图像、骨骼数据等作为不同流的输入。这样的多流卷积网络能够利用更多来源的信息来丰富特征表示,提高动作识别的性能。

基于长短期记忆网络的特征提取:长短期记忆网络(LSTM)是一种循环神经网络的变种,特别适用于处理序列数据。在动作识别中,LSTM 可以被用来对视频帧序列进行建模,从而捕捉帧间的时序依赖性。LSTM 网络能够有效地学习和记忆长期的时间模式,帮助提取动作中的时序特征。

④ 动作分类。动作分类是指在动作识别任务中,对经过预处理、目标检测和特征提取后得到的数据进行进一步处理,将其分类为预定义的动作类别。该过程是在监督学习框架下进行的,监督学习是一种从带有标签的训练数据中学习映射关系的机器学习方法。输入数据经过预处理和特征提取后,被转换为表示动作的高维特征向量,每个特征向量与一个预定义的动作类别相关联,这些类别由训练数据集中的标签确定。动作分类的目标是构建一个分类器,该分类器能够根据学习到的规律,将输入的特征向量或矩阵映射到对应的动作类别。为此可使用各种监督学习算法,如支持向量机、随机森林、决策树及深度学习中的神经网络等。

支持向量机(SVM):SVM 是一种二分类的监督学习算法,但也可以通过一对多或一对一的方式进行多类别分类。SVM 的目标是找到一个超平面,将不同类别的样本分隔开,使得两类样本之间的间隔最大化。对于动作分类任务,可以使用 SVM 将输入特征向量映射到不同的动作类别。SVM 适用于高维特征空间和线性可分的情况,对于小样本数据集表现较好。

随机森林(random forest):随机森林是一种集成学习算法,通过构建多个决策树并进行投票或平均来进行分类。每个决策树是根据不同的随机样本和特征构建的,这样可以减少过拟合的风险。对于动作分类任务,随机森林可以有效地处理高维数据和大规模特征;对于异常值和缺失数据有一定的鲁棒性。

决策树(decision tree):决策树是一种基于特征逐层分裂的分类算法。根据特征的不同取值将数据递归地划分为不同的类别。决策树易于理解和解释,但在处理高维数据和复杂任务时可能容易过拟合。

深度学习中的神经网络:神经网络模型能够从原始数据中学习到更为抽象和复杂的特征表示。在动作分类任务中,深度学习中的神经网络通常以有监督学习为基础,利用带有标签的训练数据对模型进行训练,每个训练样本都附带有预先定义的动作类别标签,神经网络通过学习输入数据与相应标签之间的映射关系进行训练。训练过程需要通过损失函数,即最小化预测输出与真实标签之间的差异来优化网络的参数,帮助神经网络模型在测试阶段能够对新的、未见过的输入数据进行准确的动作分类预测。

(2) 对于消费者在无人便利店内所拿商品的识别,则可以通过计算机视觉技术与多传感器融合计算,实现高度智能化识别。计算机视觉技术可以通过图像分析和特征提取来识别商品,而多传感器融合则能提供额外的数据维度,比如重量、形状和触摸等信息,从而有效减少识别错误的可能性,特别是在商品外观相似的情况下。并且多传感器允许系统对异常情况进行更好的应对。如果计算机视觉技术受到光线不足或视野遮挡等因素的干扰,其他传感器的数据可以弥补这些不足,确保识别系统的稳健性和可靠性。其实现的技术步骤可以概括如下:

第一,进行传感器的选择与部署。综合分析无人便利店的智能结算需求和商品布局,选择合适的传感器类型,包括摄像头、RFID 读取器、压力传感器和红外传感器等,进行传感器的布置并优化其布局位置,以涵盖消费者取放商品的区域,并确保传感器之间的覆盖和重叠,以获取多样化的信息。

第二,数据采集与预处理。通过摄像头捕捉消费者在货架上拿取商品的过程,这些图像或视频将用于后续计算机视觉算法进行商品识别。每个商品都带有唯一的 RFID 标签,使得 RFID 读取器可以准确获取商品信息,进而为顾客的购买行为提供准确的数据支持。当顾客拿取或放置商品时,压力传感器能够实时监测货架上的压力变化,从而验证顾客对于商品的取放行为。例如,当顾客拿取一个商品时,该商品的重量变化会被传感器记录,协助系统确认商品被拿取。压力变化可以用于验证顾客是否实际拿取了商品,并更新消费者的虚拟购物车,实现自动结算。通过与其他传感器数据融合,确保虚拟购物车内的商品信息和计算机视觉识别结果相一致,提高识别准确性。红外传感器可以用于检测顾客的动作和位置,帮助提供更多无人便利店内的环境与顾客行为的信息。在数据采集后,传感器可能会受到各种因素的干扰,如环境噪声、传感器漂移或误差等,为了提高数据质量,需要进行数据预处理,包括噪声滤除等处理。

第三,计算机视觉算法。计算机视觉算法是无人便利店商品识别的核心技术之一,可以被应用于商品识别任务。卷积神经网络是一种专门用于图像处理的深度学习架构。它通过一系列的卷积层和池化层,自动学习并提取图像中的高级特征表示。在商品识别过程中,CNN 可以捕捉到商品图像中的局部和全局特征,包括形状、纹理、颜色等,从而实现对商品的自动识别。首先,卷积层通过一系列的卷积核(filter)对图像进行卷积运算,将图像的原始像素转换为高级特征图。这些特征图可以用于表示商品图像中的不同信息,如边缘、角点、纹理等。接着,池化层对特征图进行采样,减少特征图的尺寸和复杂度。池化层有助于降低模型的计算量,并增强对位置变化的鲁棒性。最后,通过全连接层将特征图转换为具体的商品类别或标签,从而实现对商品的分类和识别。

第四,多传感器数据融合。除了计算机视觉技术,还有其他传感器如 RFID 读取器、压力传感器等,用于获取商品信息和状态。RFID 读取器可以获取带有 RFID 标签的商品信息,压力传感器能够实时监测货架上商品的中立变化。通过处理这些传感器数据,可以进一步确认顾客所拿取的具体商品和商品是否被取走。数据融合的关键在于整合来自不同传感器的信息,以得到更准确和全面的商品识别结果。多传感器融合算法采用不同的技术,如基于卡尔曼滤波或粒子滤波等方法,将传感器数据综合起来。这些算法能够考虑不同传感器数据的权重、互相关和时序信息,实现对多传感器数据的最优组合和动态调整。经过传感器数据融合后,不同传感器的信息被综合在一起,形成了更准确的商品识别结果。

第五,虚拟购物车更新。系统会根据计算机视觉算法识别和多传感器识别的结果,实施更新消费者虚拟购物车内的商品信息。这意味着,当顾客拿取一件商品时,虚拟购物车中会相应增加该商品的数量并更新购物车中的商品列表。通过虚拟购物车的更新,系统能够实时记录顾客购买的商品信息,当顾客继续选择其他商品或完成购物时,系统会持续更新虚拟购物车,准确记录购物过程。在顾客完成购物后,系统可以基于虚拟购物车中的商品信息进行结算。虚拟购物车中记录了所有顾客所选购的商品和数量,系统可以根据商品的价格和数量,自动计算出总消费金额[103]。

10.2　服务升级:智能客服

　　无论是传统零售还是新零售业态,客服在零售业中始终扮演着不可或缺的角色。作为零售企业与消费者之间沟通的桥梁和纽带,客服在售前环节通过与消费者的互动,解答顾客对商品和服务的问题,帮助他们选择合适的产品。而在售后阶段,客服负责处理消费者的退换货需求和投诉,并收集消费者对商品或零售商的反馈和意见。优秀的客服能够通过专业周到的服务,赢得顾客的赞誉和信任,增强顾客对品牌的忠诚度。同时,客服也是零售企业了解市场需求、改进零售服务的重要渠道。在竞争激烈的零售市场中,客服的专业素养和服务质量会对零售企业的发展产生重要影响。

　　随着生活水平的提高,零售行业的销售规模不断扩大。尤其是互联网电商的迅速发展,消费者的购物频率大幅度增加,仅依靠人工进行客户服务咨询的方式面临着极大的挑战。首先,人工客服的数量有限,因此在购物季或促销活动期间,难以满足数量巨大的客户咨询需求。其次,人工客服的工作时间有限,无法实现全天候的服务,导致顾客在非工作时间遇到问题时无法得到及时的回复和帮助。更重要的是,对于零售企业来说,雇用大量的客服人员提高了人力成本,同时客服也需要具备一定的专业知识,企业需要持续投入一定的时间和金钱成本来进行培训,这些因素无疑都会提高企业的运营成本,

　　在这种背景下,基于人工智能算法的智能客服应运而生。首先,随着人工智能等技术的迅速发展,智能算法在自然语言处理和机器学习等领域取得了显著进展,为智能客服的实现提供了可行性。其次,经济的快速发展使得零售业规模的持续扩大,传统的人工客服难以满足大规模用户需求,智能客服能够同时处理大量用户请求,提高了服务效率。当智能客服遇到复杂问题时,它可以将问题转接给人工客服处理。这样的衔接方法能保证顾客的问题得到妥善解决,实现智能客服与人工客服的有机结合。此外,传统人工客服的费用较高,智能客服可以在一定程度上能够降低人力成本,提高零售企业的经济效益。

　　1. 语音识别

　　智能客服主要基于人工智能下的自然语言处理(NLP)算法、语音识别与语音合成、机器学习和深度学习等技术。消费者与零售客服机器人的主要有两种交互方式:

文字交互和语音交互。当采用语音交互形式时,智能客服首先要通过语音识别算法,将顾客的语音输入转换为可理解的文字,然后再通过自然语言处理技术进行处理和回答。

语音识别作为一种人工智能技术,是指利用机器将人类的语音输入转换为可理解的文本形式,使得计算机可以通过处理这些文字来理解用户的意图和需求[104]。经过训练后的语音识别模型,能够从不同的语音输入中提取特征并识别出对应的文字内容,这一技术在人机交互领域得到了广泛应用。

语音识别系统包括语预处理、特征提取、声学模型、语言模型及搜索算法等模块,其结构如图 10-1 所示:

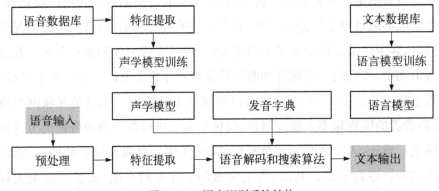

图 10-1　语音识别系统结构

(1) 预处理是进行语音信号处理的第一步。在这个阶段,语音信号经过一系列处理步骤,如预滤波、采样、模/数转换、预加重、分帧加窗和端点检测等操作,以减少背景噪声、强化语音信号,将信号的特征标准化到合适的范围,以提高后续处理的效果和准确性。

(2) 特征提取。特征提取模块的任务是从经过预处理的语音信号中提取有意义的特征表示,常见的声学特征包括梅尔频率倒谱系数(MFCC)、感知线性预测系数(Perceptual Linear Predictive, PLP)、线性预测倒谱系数(Linear Prediction Cepstral Coefficients, LPCC)等。其中,MFCC 是最常用的语音特征。MFCC 特征提取过程如图 10-2 所示,首先对语音信号进行预加重操作,以强调高频部分,减少低频能量损失。然后将预加重后的语音信号切分成一小段一小段的帧,每帧通常持续 20—30 ms,并且帧之间有 1/2 或 1/3 的重叠,以保留上下文信息。接着,对每个帧进行汉明窗加窗操作,以减少帧边缘的不连续性,使帧内的信号更加平滑,便于后续处理。随后,对每个帧进行傅里叶变换(Fast Fourier Transform, FFT),将时域信号转换为频域信号,得到每个帧的频谱信息。在频域上,采用梅尔(Mel)滤波器组对频谱进行滤波,梅尔滤波器组是一组三角形滤波器,在梅尔频率尺度上均匀分布,模拟了人耳对声音频率的感知。然后,将每个滤波器输出的能量取对数,以对数尺度表示能量值,使其更接近人耳对声音的感知。最后,对对数化后的梅尔滤波器输出进行离散余弦变换(Discrete Cosine Transform,DCT),得到 MFCC 特征。通常,只保留前几个 MFCC 系数,因为高阶系数对于语音识别任务的贡献较小。MFCC 特征提取的过程模仿了人耳的听觉系统,因此在语音识别中取得了不错的效果。它计算简单,对低频和高频部分都有良好的频率分辨能力,并且在噪声环境下具有一定的鲁棒性。

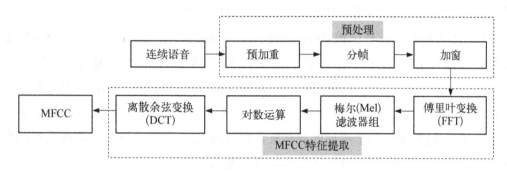

图 10 - 2　梅尔频率倒谱系数(MFCC)特征提取流程

(3) 声学模型。声学模型是语音识别系统的重要组成部分,它在语音特征和文本标签之间建立映射关系,目的是将输入的语音特征转换为对应的音素。在实际训练过程中,声学模型需要使用大量的标注数据,其中包含了语音特征与对应的音素序列的映射关系。这些标注数据被用来训练声学模型的参数,使得模型能够根据输入的特征向量序列,估计最可能的音素序列。常见的声学模型包括 GMM - HMM 和深度学习模型。GMM - HMM 模型主要由两部分组成,高斯混合模型(Gaussian Mixture Model,GMM)和隐马尔可夫模型(Hidden Markov Model,HMM)。GMM - HMM 模型通过 GMM 来建模连续特征的概率密度函数,使用 HMM 来建模音素序列的时序关系。在训练过程中,利用带有标注的语音数据,通过最大似然估计等优化算法来学习 GMM 的参数和 HMM 的转移概率。完成参数训练后的 GMM - HMM 模型可以用于解码未知语音信号,根据特征序列推断出最可能的音素序列,从而实现语音识别任务。GMM - HMM 模型具有结构简单、训练速度快的优势,但 GMM - HMM 在建模语音信号时,主要依赖当前帧的特征,缺乏对长期上下文的建模能力,这可能会导致建模的不充分,特别是在复杂的语音信号中。

随着深度学习技术的发展,基于深度神经网络的声学模型在复杂的语音识别任务中展现出了更好的性能,如 DNN - HMM 等,在 GMM - HMM 的基础上引入深度学习技术以改进语音信号的建模能力。DNN - HMM 是一种将深度神经网络(Deep

Neural Network,DNN)与隐马尔可夫模型（HMM）结合的声学模型。在传统的 GMM - HMM 模型中,GMM 用于建模声学特征的概率分布,而 HMM 用于建模时间序列的动态变化。DNN - HMM 将 DNN 引入到 GMM - HMM 模型中,用 DNN 来替代 GMM 进行特征建模。DNN 可以学习到更复杂的非线性映射,从而更好地捕捉输入特征之间的相关性和时序动态。DNN 通常由多个隐藏层组成,每个隐藏层包含大量的神经元,通过反向传播算法来训练模型参数。通过 DNN 对输入的声学特征进行建模,得到高级特征表示。然后将高级特征表示输入到 HMM 中,HMM 负责建模时间序列的动态变化,用于对语音序列进行建模和识别。

（4）发音词典。发音词典(lexicon)包含从单词到音素之间的映射,是声学模型和语言模型的连接部分。音素是语言中最小的音位单位,它们是构成单词的基本发音元素。在声学模型输出音素序列后,发音词典将音素序列转换为对应的单词序列。同时映射过程还需要考虑多音字和未登录词的情况。针对多音字,发音词典需要包含多个发音变体,确保每个单词的各种发音都得到记录,未登录词是指不在发音词典中的新词或专有名词,需要进一步结合语言模型来确定。

（5）语言模型。在发音词典将音素转换为单词序列后,语言模型利用大规模文本语料库来学习单词之间的联合概率分布,使得在给定声学特征后,能够选择最可能的单词序列。n-gram 模型是一种经典的语言模型,它假设每个单词的出现概率仅与前面的 $n-1$ 个单词相关,而与其他单词无关。在 n-gram 模型中,n 表示上下文单词的数量,通常取 1(unigram)、2(bigram)或 3(trigram)等。在实际应用中,n-gram 模型通过在大规模文本数据上统计每个 n-gram 的频率来估计概率。然而由于数据稀疏性问题,很多 n-gram 的频率为零,因此需要进行平滑处理,如 discounting、interpolation 与 backing-off 等。n-gram 模型对于短文本片段的概率建模有一定的效果,然而因为模型自身受马尔科夫模型独立性假设的限制,n-gram 模型在捕捉较长文本的依赖关系方面存在局限性。深度学习技术的进步使得基于神经网络的语言模型,如循环神经网络(RNN)等模型在处理长文本序列的依赖关系上展现出了更好的性能。RNN 是一种专门用于处理时序数据的神经网络结构,通过在每个时间步骤上引入循环连接,使得网络可以对序列数据进行处理。在语言建模任务中,RNN 可以捕捉文本中的上下文信息,建模单词之间的依赖关系。RNN 在每个时间步骤上接受一个输入单词的表示,并维护一个隐含状态,该状态可以传递并捕获历史信息,这使得 RNN 可以处理长文本序列,改进了传统的 n-gram 模型在处理长文本时的局限性。

传统语音识别系统包括声学模型、发音词典和语言模型等多个模块,需要经过声学特征提取、音素对单词的映射,以及词序列的概率建模等多个阶段,导致系统复杂且需要大量的工程设计。相比之下,端到端语音识别模型集成了传统语音识别系统中多个模块,能够直接从原始语音信号直接映射到最终的文本输出,通过神经网络在训练过程中自动学习从声学特征到文本序列的特征表示,无需手动进行特征提取、音素映射等中间步骤。端到端语音识别方法可以分为基于连接时序分类(Connectionist Temporal Classification,CTC)和基于注意力机制两大类[105]。

基于 LSTM 和 GRU 等循环神经网络架构的声学模型存在着输出与输入之间长度不匹配的问题,声学模型输出的是一个对应于输入语音特征帧的概率分布序列,然后利用解码算法将这些帧级别的输出映射到最终的文本序列。这种对齐过程需要使用帧级别标签进行训练,但标签与音频帧之间的对应关系并不直接对应,因为文本序列中的字符可能比音频帧多,或者可能存在重叠的情况。CTC 旨在解决声学模型输入输出序列不等长的问题,其核心思想是引入空白标记(blank),并且在标签序列中允许重复字符和空白标记,使得声学模型输出的概率分布序列可以与目标文本序列进行对齐,CTC 解码使用梯度反向传播来训练声学模型,并自动学习对齐过程。在训练过程中,将声学模型的输出与目标文本通过 CTC 损失函数进行比较,并使用反向传播算法调整模型的参数,使得模型的输出更接近目标文本。训练可以通过小批量随机梯度下降(mini-batch stochastic gradient descent)等优化算法进行。在解码过程中,利用束搜索(beam search)等算法移除空白标记,将声学模型输出的概率分布序列映射为最终的文本序列。束搜索算法通过维护多个候选文本序列,并根据概率进行扩展和剪枝,找到最优的文本序列作为识别结果。

为了处理变长的输入和输出序列,基于 CTC 的模型假设输出序列中的字符在时间上是相互独立的,这在一定程度上影响了模型对上下文信息的建模能力。而基于注意力的端到端模型不需要先验的对齐信息,能够直接从声学特征到文本序列进行建模,无需对音素序列的独立性做出假设。Listen, Attend and Spell (LAS)模型就是典型的基于注意力的端到端语音识别模型,主要由编码器(encoder)、注意力机制(attention mechanism)、解码器(decoder)三个部分构成,如图 10-3 所示。在 LAS 模型的 listen(听)阶段,编码器将输入的声学特征序列映射到一个更高层次的表示,以捕获语音信号的相关信息。在 LAS 及其变体模型中,通常使用循环神经网络(RNN)或结合卷积神经网络(CNN)来构建编码器。编码器中的 RNN 会逐步处理输入的声学特征序列,每个时间步都会更新隐藏状态,将之前的信息融入当前的处理中。在 attend(关注)阶

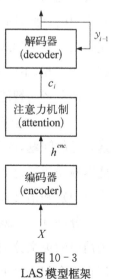

图 10-3
LAS 模型框架

段,LAS 模型引入注意力机制,允许模型在解码器的每个时间步动态地关注输入序列的不同部分,以便更准确地预测输出文本。在解码器的每一步中,注意力网络计算出一个注意力权重分布,该分布表示解码器当前的关注点在输入语音信号中的位置,这使得解码器可以更准确地对应输入语音信号的特定片段,有助于提高识别的准确性。注意力权重与编码器的上下文向量相乘,得到加权后的上下文向量,然后将其传递给解码器。在 spell(拼写)阶段,解码器负责将编码器和注意力网络产生的信息转换成最终的文本输出。解码器通常采用 RNN 循环神经网络,根据之前的解码结果和当前的注意力信息,在每个时间步都会预测一个字符,通过束搜索等算法来选择最有可能的字符。在解码过程中,解码器会逐步生成文本,直到生成一个特殊的终止标记,表示输出完成。注意力机制提供了上下文信息,有助于语言识别模型在每个时间步上做出更准确的预测。

2. 自然语言处理

无论消费者和零售客服机器人之间的沟通是采用文字交互还是语音交互的形式,自然语言处理(NLP)技术在智能对话系统中都发挥着关键作用。NLP 作为人工智能研究领域的重要分支,旨在使计算机能够像人类一样理解、处理和生成自然语言,从而实现更自然、智能化的人机交互。随着 NLP 技术在零售行业智能客服中的应用不断深化,消费者与客服机器人之间的智能对话变得更加高效智能。

NLP 包括自然语言理解(Natural Language Understanding, NLU)和自然语言生成(Natural Language Generation, NLG)这两个主要部分,NLU 的目标是将人类语言转换为机器可以理解和处理的形式,从而使计算机能够从文本或语音中提取出关键信息和语义,主要涉及词法分析、句法分析、语义分析等技术,帮助计算机能够理解用户的意图、回答问题、执行命令等。NLG 旨在帮助计算机生成自然语言,将结构化数据或其他形式的信息转换为自然流畅的文本,以便计算机可以与人类用户进行高效的交互,主要涉及语言模型、文本规则、生成模板等方法。

消费者与智能客服通过 NLP 技术进行交互的流程可以划分为以下步骤:

(1)文本理解。消费者在购物网站的聊天窗口中,以文本或语音输入的方式发送自己的问题,语音形式的输入会首先被语音识别模型转化成相应的文本。然后,智能客服需要通过 NLU 技术来理解用户的输入,具体涉及分词、词性标注、句法分析、实体识别和语义理解等多个步骤。

分词(tokenization)是指将一段连续的文本划分为有意义的语言单元,不同于较为简单的英文分词,中文的词语以连续的形式排列,不使用空格作为分隔符,一些词语在组合起来时可能具有不同的含义,需要考虑歧义问题。这里可以举个例子来解释分词歧义问题,例如,对"乒乓球拍卖完了"这句话进行分词,可以分为"乒乓球/拍卖/完了",表示乒乓球的拍卖已经结束,还可以分为"乒乓/球拍/卖/完了",表示乒乓球拍的卖出已经结束。常用的中文分词方法有基于词典的方法、基于统计的方法,以及基于深度学习的方法等。在实际操作中,中文分词通常是一个融合多种方法和技术的过程,以适应不同的文本类型和分词要求。

词性标注(part-of-speech tagging)是指为文本中的每个单词分配词性标签,以反映单词在句子中的语法和语义角色。词性标签是一组预定义的符号,用于表示不同类型的单词,这些标签通常涵盖语言中的各种词性,如名词、动词、形容词、副词、代词、介词等。词性标注通过遍历文本中的每个单词,并根据其上下文和词汇信息,基于统计模型、隐马尔可夫模型(HMM)或条件随机场(Conditional Random Field,CRF)等机器学习算法来预测词性标签。词性标注有助于理解句子的结构和组成部分之间的关系,同时也为语义理解提供更多的信息。

句法分析(syntactic parsing)是指通过分析句子中各个单词之间的组成关系、句法角色及句子的整体结构,帮助计算机理解句子的语法和句法规则。句法分析首先会对句子中的每个单词进行分析,确定其在句子中的句法角色,如名词、动词、形容词等。然后,它分析每个单词与其他单词之间的语法关系,如主谓关系、动宾关系、修饰关系等。句法分析的核心是构建句子的句法结构表示,主要包括语法树(syntax tree)和依存图(dependency graph)等。语法树是一种层次结构,从根节点开始逐层向下分支,每个节点表示句子中的成分,如单词、短语或从句。依存图是一个有向图,每个节点表示一个单词,有向边表示单词之间的依赖关系。

命名实体识别(NER)是指识别文本中的命名实体,如产品名称、货币、人名、地名、日期等。通过实体识别,智能客服可以识别消费者提到的重要信息,并将其与后续的知识库或数据库中的信息进行连接,以提供更准确的回答。基于分词和词性标注的结果,利用规则模板、统计模型或深度学习等方法来识别出顾客所发送文本中的命名实体[106]。

语义分析(semantic analysis)涉及理解文本的语义含义,重点关注词语之间的关联、上下文及句子的含义。语义分析的目标是通过分析单词、短语和句子之间的语义关系来捕捉文本的深层含义。从分析粒度上,语义分析可以分成三个层次:词语级、句子级和篇章级。

在词语级,语义分析着重于理解单个词语的含义和上下文关联,主要任务包括词义消歧(word sense disambiguation),也就是确定一个多义词在给定上下文语境中的具体含义。词义消歧可以分为有监督和无监督两种方法。有监督词义消歧需要一个已经标注好的数据集,其中包括了多义词在不同上下文中的正确词义标签。然后使用这些标注数据来训练分类器,使其能够学习上下文特征和词义标签之间的关系,达到能够根据输入的上下文信息来预测多义词正确词义的目的,进而能够在新的未标注数据上实现词义消歧。无监督词义消歧旨在不使用预先标记的训练数据的情况下,通过对未标记的文本数据进行聚类等方法来区分不同的词义。首先需要利用聚类算法对收集到的上下文样本进行聚类,每个聚类包含了在不同上下文中出现的相同多义词的实例,每个聚类可以被视为一个词义候选。对于每个聚类,将其中的上下文实例视为等价类,这意味着这些上下文实例在某种程度上表示了多义词的同一个词义。当需要对一个具体的上下文中的多义词进行识别时,再将这个上下文与所有词义的等价类进行比较。通过计算上下文与每个等价类之间的相似度来确定上下文最可能对应的词义。

在句子级,语义分析旨在理解整个句子的语义结构、逻辑关系和含义,常见任务包括语义角色标注(Semantic Role Labeling,SRL)等。语义角色标注旨在识别句子中的每个单词或短语在给定上下文中扮演的语义角色,从而深入理解句子的结构和含义。这些语义角色可以是动作的执行者、受益者、时间、原因等,通过对句子的语义角色进行标注,可以更准确地捕捉句子中的关系和语义信息。通过对输入的句子进行词法分析和句法分析,确定每个单词的词性和句法结构,有助于建立单词之间的依存关系。

篇章级的语义分析是句子级研究的延伸,常见的任务是指代消解。指代消解旨在解决文本中的指代表达所引起的歧义,以便准确理解文本的含义。在文本中,有时一个词或短语可能指代先前提到的实体或概念,指代消解的任务就是找出这种关系,将指示物与其所指的实体或概念关联起来。

(2)自然语言生成。在对客户输入的问题进行自然语言理解以后,为了能够向客户提供自动化的智能回复,智能客服系统需要运用自然语言生成技术,根据已有的语言模型和上下文信息,自动生成能够解决消费者问题的流畅性文本回答。

知识库和数据库建设是智能客服系统实现自动回复的重要一步,它涉及收集、整理、存储和管理有关产品、服务和常见问题的信息,以便系统能够在用户提问时快速地检索并提供准确的答案。首先,需要收集与产品、服务及相关领域有关的各种信息源,包括产品手册、用户手册、技术文档、常见问题解答(Frequently Asked Questions,FAQ)、用户反馈等。然后将收集到的信息进行整理和分类,以便在知识库中建立清晰的结构。这涉及将信息按照主题、类别、产品类型等进行分类,以便后续检索和访问。同时,为了使系统能够更精确地检索信息,需要对信息进行标注。标注可以包括给文档、段落、句子或关键词打上标签,以表示其主题、意图、类型等。收集到的信息需要在数据库中进行结构化存储,以便系统能够有效地访问和检索。为了快速地检索信息,可以建立索引,以便系统能够快速地找到相关的内容。

在智能客服系统的特征提取和文本生成阶段,系统会运用自然语言生成(NLG)技术,从已查询到的数据库信息中提取关键特征,并将这些特征结合到回答的生成过程中。其技术步骤可以总结如下:

① 特征提取。系统根据已查询到的数据库信息,使用信息抽取算法,如 TF-IDF(词频–逆文档频率)或 Word2Vec 来识别并提取与用户问题相关的关键词、短语和实体。TF-IDF 是一种常用的信息抽取算法,用于衡量一个词语在一个文档中的重要程度。对于特定文档,TF(词频)表示该词在文档中出现的次数,IDF(逆文档频率)表示该词在整个文档集中出现的频率。TF-IDF 的目标是找到在特定文档中频繁出现但在整个文档集中不常见的词语,这些词语往往能够有效地表示文档的主题或内容。在特征提取阶段,系统可以计算查询到的数据库信息中每个词语的 TF-IDF 值,然后选择具有较高 TF-IDF 值的词语作为关键词或短语。Word2Vec 是一种基于神经网络的词嵌入技术,用于将词语映射到低维空间中的向量表示。Word2Vec 的核心思想是"一词多义"和"上下文相似性",它可以通过分析大量文本语料库,学习到词语之间的语义关系。在特征提取阶段,系统可以利用预训练的 Word2Vec 模型,将查询到的数据库信息中的词语转化为对应的词向量。然后,系统可以通过计算词向量之间的相似度,选择与用户问题语境相似的词语作为关键词或短语。

② 特征加工。提取的特征需要经过预处理和加工,以适应回答生成的需要,主要涉及特征排序、权重调整、关联性分析等。在特征提取阶段,有时会获得多个关键词、短语或实体。特征排序的目的是将这些特征按照其重要性或相关性进行排序,以确保在生成回答时能够优先考虑最具信息量的特征。排序可以基于 TF-IDF 值、Word2Vec 中的相似度分数等。在某些情况下,特征可能需要根据上下文和问题的语境进行加权。系统可以为不同的特征赋予不同的权重,以便更好地捕捉问题的关键点,如某个特定的实体可能在当前上下文中更具有影响力,因此可以赋予较高的权重。同时,特征之间可能存在关联性,即某些特征在一起出现时可能更具有意义。系统可以使用关联性分析技术,如共现分析来识别特征之间的关联关系,并在回答生成时将这些关联信息融入其中。

③ 模板生成。智能客服机器人可使用模板生成的方法,通过填充特征到预定义的文本模板中,生成符合语法和语义规则的回答。在模板生成的开始阶段,系统需要事先准备一组预定义的文本模板。这些模板可以覆盖各种问题类型、主题和回答情境,确保系统能够根据不同的输入生成适当的回答。例如,对于问题类别,可以准备包括产品、价格、功能等方面的模板。一旦用户提出了问题并从数据库中提取了关键

特征,系统会将这些特征填充到相应的文本模板中。特征的填充可以通过占位符或标记来实现,如使用{特征名}来表示特征的位置。在填充特征后,系统会对生成的文本进行语法和语义校验,确保生成的回答符合语法规则,并且在语义上是准确和连贯的。这可以防止生成的回答出现语法错误或不合理的表达。在多样性增强方面,通过在模板中引入多样性元素,如近义词替换、同义句重构等来生成多样化的回答。在填充特征时,还可以结合对话上下文来生成更连贯的回答。例如,智能客服可以根据之前的对话历史,适当调整模板中的特征,以更好地适应当前的问题和对话情境。最后,根据用户的问题意图和特征,智能对话系统会从预定义的模板中选择最合适的一个,为消费者生成相对应的回复。

④ 深度学习模型的应用。除了模板生成的方法以外,在智能客服机器人系统中应用深度学习模型,特别是 transformer 模型、GPT 模型等,可以显著提升客户体验和问题回复的质量。Transformer 模型是一种基于注意力机制的深度学习模型,适合处理序列数据,它具有多头自注意力机制,能够捕捉输入序列中不同位置之间的关系,从而更好地理解上下文信息。GPT(生成式预训练)模型是 Transformer 模型的一种变体,其核心思想是先在大规模语料库上进行预训练,学习词汇、语法和语义等语言知识,然后通过微调,针对特定任务进行模型优化。GPT 模型的一个特点是它可以自动生成连贯且自然的文本,并且不需要指导。在使用深度学习模型生成回答时,系统将已提取的关键特征作为模型的输入。这些特征通常会被转化为词嵌入向量(word embeddings),以便模型能够理解和处理文本信息。深度学习模型通过自动学习输入特征之间的上下文依赖性,能够更好地理解文本的语义和语境。这意味着模型能够理解特征之间的关系,以及如何将它们组合起来形成自然流畅的回答。在深度学习模型中,生成式文本是通过在序列中逐步生成词语的方式来形成回答。模型根据之前生成的词语和上下文信息,预测下一个可能的词语,然后将其添加到生成的文本序列中。这个过程不断迭代,直到生成整个回答。在将 GPT 模型应用于特定任务时,需要进行微调,以使模型更好地适应该任务的数据和要求。微调是通过在任务相关的数据上进行有监督的训练,调整模型的权重和参数,使其能够生成更准确和相关的回复文本。

10.3 交互增强:情感计算

1997 年,美国麻省理工学院(MIT)媒体实验室的罗莎琳德·W. 皮卡德(Rosalind W. Picard)教授提出了情感计算(affective computing)这一概念,指出情感计算是与情感相关、来源于情感或能够对情感施加影响的计算,旨在帮助人们更好地理解和应用情感信息[107]。中国科学院自动化研究所的胡包刚等学者也指出,情感计算的目的在于利用计算机科学和 NLP 技术,识别、分析和理解人类情感,运用计算机构建起人机交互的环境。随着人工智能技术的快速发展,情感计算作为一种重要的人机交互方式,通过对人类的情感和情绪进行识别、理解和表达,能够为人类提供更加智能化并且更加符合情感需求的服务。

对于零售企业而言,提升消费者的购物体验不仅能够增加消费者的满意度,还能够提高零售商的销售额、市场占有率和品牌影响力,为零售企业创造更多的商业价值。在这样的背景下,情感计算对提升消费者购物体验有着重要意义。在消费过程中,除了商品本身的质量等特性外,消费者的购物体验很大一部分是与情感相关的,而情感计算技术可以帮助零售企业更加准确地了解消费者的情感需求,从而向消费者提供高度贴合消费者情感的销售服务,使得消费者能够获得更加良好的购物体验。在情感计算技术中,情绪识别是最为基础和重要的研究方面之一。计算机通过面部表情、语音、文字、生理信号等多模态数据,对人类所表达出的各种情绪进行识别。在计算机与购物者之间应用场景下,人机情感交互的形式多样,如人脸表情交互、语音情感交互、文本信息情感交互及多模态情感交互等形式。

1. 线下零售场景:多模态情感识别

随着情感计算技术的发展,在线下零售场景中,零售企业开始引入配备有情感识别算法的 AI 购物助手。AI 购物助手被应用于线下门店,通过对消费者个人情绪与面部特征的准确识别,生成对消费者情绪的相应理解,从而向消费者提供个性化的产品推荐和导购服务。AI 购物助手搭载了多模态情感识别和自然语言交互系统。它能够对包括面部表情、语音情绪和文字情绪等多种购物者的情绪状态进行有效识别,生成相应的对消费者情绪等属性的相应理解[108]。

人脸表情识别是指利用生物特征分析的方法,通过提取购物者的情感特征来进行情感识别。利用人工智能技术实现人脸表情识别可以分为人脸检测、预处理、特征提取和情感分类等步骤:

(1) 当购物者的面部进入 AI 购物助手的采样区域以后,摄像头对准购物者的面部进行图像采集,通过人脸检测算法,在采集到的图像中准确识别出购物者的脸部区域并对其进行预处理。

(2) 在经过预处理的面部图像区域上,采用深度学习模型,如卷积神经网络(CNN),进行特征提取。CNN 模型通过一系列卷积、池化和全连接层,能够逐层抽取图像的低级特征(如边缘、纹理)和高级特征(如轮廓、表情组合)。这些特征表示捕捉了面部表情的关键信息,为后续情感分类奠定了基础。

(3) 将提取到的特征通过深度学习算法进行情感分类,由分类器输出对人脸表情的识别结果。深度学习技术在人脸表情识别中发挥了重要的作用,通过卷积神经网络(CNN)等网络结构直接从原始图像中提取特征,降低了特征工程复杂度,提高了特征提取的准确性。同时,深度学习算法通过对大量的数据进行训练,进一步提高了表情分类结果的准确性。

语音情感的识别是指通过对声音信号进行特征提取和处理,实现分类器所需的模型训练,利用分类器来对相应的情感类型进行预测。机器人首先对消费者的语音信号进行捕捉,并对其进行数字化和预处理。语音信号被转换为数字特征向量,常见的特征包括音频的时间、振幅、基频、共振峰等,MFCC声学分析技术常被用来提取语音信号的特征。而随着深度学习技术的发展,提取特征的算法也得到了优化,通过数据驱动的方法,情感标签可以作为监督信号来训练深度学习模型,以此来提取出与情感相关的隐含特征。由于语音的输入具有时间序列性,因此基于 CNN/GRU/LSTM、CRNN、CNN 结合 attention 等深度学习特征提取方法被广泛采用。在传统的机器学习中,常采用 HMM、GMM、KNN 等基于统计的分类器或 SVM 等算法对提取到的语音特征进行分类。与传统的机器学习方法不同,深度学习模型能够同时训练特征提取器和分类器,通过反向传播算法更新神经网络中的参数,以最小化情感分类误差。这种端到端的训练方法具有更高的准确性和鲁棒性,可以有效地实现针对语音情感的识别。

多模态情感识别包括语音、图像、文字等多种模态信息的融合,通过对多模态信息的综合分析,可以更加全面准确地识别顾客的情绪状态。单一模态的数据可能对情感的识别不够准确,这主要是因为不同情感在不同的数据类型中会表现出不同的特征,而单一的数据类型无法涵盖所有情感的信息。相比之下,多模态数据融合可以对情绪信息进行互相补充,从而提升了识别情绪的准确性。多模态情感识别按照各模态信息的融合策略可以分为三类:特征级融合、模型级融合和决策级融合。

在特征级融合中,经过预处理后的各模态信息需要进行特征提取,提取到的各模态特征需要进一步融合,最终通过分类算法对融合的多模态信息特征进行分类[109]。在此过程中,需要进行多模态表示学习和对齐。多模态表示学习是指利用多模态信息的互补性,将多模态信息融合生成共同的向量表示,以降低多模态信息的冗余性,主要包括联合表示和协同表示两种方法。对齐是指利用监督或非监督学习构建模态间的对应关系,将特征投射到共同的向量表示空间中进行比较和融合。当前在多模态情感识别技术方面,较为精确的方法就是特征层融合算法。该算法利用深度信念网络(Deep Belief Network，DBN)将来自多个模态的特征进行融合，以准确地识别情感。其中，生理信号(如 ECG 特征、SCL 特征和 tMEG 特征)、视频中的人脸表情和行为特征、以及语音信号的特征等，都被视为有用的模态。通过将这些特征进行融合，可以得到更为全面和准确的情感表示。最后使用支持向量机 SVM 对多模态融合的特征实现分类，从而得出情感识别结果[110]。

模型级融合是指对多个模态进行模态内和模态间关系建模。该方法首先对不同模态进行分别编码，接着将不同模态的编码器输出的高级别特征表示进行融合，通过融合后的特征来实现情感预测。在编码不同模态时，可以选择最合适的特征和模型组合，以获得合适的高级别模态特征表示。在融合高级别特征时，可采用多种交互融合方式，如简单的拼接融合策略。通过联合优化不同模态的编码器和融合分类模块，可以挖掘多模态之间的互补性，获得更好的多模态特征表示。

决策级融合算法与特征级融合的区别在于，其是在分类层面上进行融合，而不是在特征层面。具体的技术步骤是，首先将各类模态信息分别送入各自对应的分类算法，以获得各模态信息的预分类结果，然后使用决策层融合方法来综合各模态结果，以得到最终的分类结果。决策级融合算法常用的融合方法包括最大值最小值(maxmin)法、乘积法、求和法、平均值法、投票法等。这些方法主要基于模态结果之间的相似性和差异性来确定模态权重，进而将多个模态的结果进行加权融合。

2. 在线零售场景：文本情感计算

在情感计算技术中，除了将多模态情感识别算法应用于线下的虚拟 AI 购物助手中，在线上的零售客服场景中，基于文本的情感分析算法也被广泛应用。从消费者评价的角度来说，针对网络购物后的评价文本，可以利用属性层级的情感分析对消费者的评价文本进行观点提取，挖掘商品的核心优势和服务的不足之处。在线上零售客服的场景中，根据客服人员与消费者的沟通文本可以计算并预测客服情绪，及时发现线上客服的不友好应答。

文本情感识别作为自然语言处理(NLP)领域中的重要分支，旨在从包含情感的文本中挖掘并获取用户的情感信息。这一领域涉及多种人工智能技术和算法，其技术步骤大致总结如下：

(1) 进行文本预处理。文本情感识别的首要步骤是对原始文本进行预处理，以便后续的分析和建模。预处理包括分词、去除停用词(如"的""是""在"等无情感信息的词语)、提取词干(将词汇还原为原始形式)等。这些步骤有助于减少文本维度，提高后续处理的效率和准确性。

(2) 词向量表示。针对预处理后的文本，需要将其转化为计算机可处理的形式。

一种常用的方法是将词语映射到向量空间中,得到词向量表示。这可以通过预训练的词嵌入模型(如 Word2Vec、GloVe、FastText 等)来实现,使得文本中的词语能够在向量空间中保留语义相关性。

(3)特征学习。基于词向量表示的文本,可以采用深度学习算法进行特征学习,从而捕捉文本中的情感信息。其中的一种方法是卷积神经网络(CNN),它可以对文本中的局部特征进行提取;另一种方法是双向长短时记忆网络(BiLSTM)或双向门控循环单元网络(BiGRU),这些循环神经网络能够捕捉文本中的上下文信息。还可以结合注意力机制(attention)来强化特定词语的重要性。

(4)经过特征学习后,可以使用分类器对文本进行情感分类。分类器可以是传统的机器学习算法(如支持向量机、随机森林)或者是深度学习模型(如全连接神经网络、递归神经网络)。训练这些模型需要标注有情感标签的文本数据,用于学习情感与文本特征之间的映射关系。

除此之外,另一种文本情感识别的方法是利用情感词典,这些词典包含了与情感相关的词汇和其情感极性。文本中包含的情感词汇可以用来计算文本的情感得分,进而进行情感分类。这种方法相对传统,适用于某些特定情感较为明确的领域。

在电商场景中,针对电商平台中消费者的评价文本及消费者与客服的对话文本进行情感分析,可以对消费者的情绪进行准确识别,这有助于指导应答系统及时调整应答方式,给出更具人情味的回复。在在线客服等场景中,识别用户负面情绪并针对性地进行安抚,可以显著提升消费者的购买体验,降低投诉概率。情感分析可以从对话、语句和属性等多个层级展开。对话层级的情感计算能够获取整个对话过程中消费者的情感倾向,反映其整体感受;句子层级的情感计算则能及时感知消费者情绪的转变,从而迅速做出调整;而属性层级的情感计算则能够对消费者的观点进行提取,如消费者可能会反馈"快递速度很快,送货小哥态度很 nice,但手机电池太糟糕了,一点都不好"。通过属性层级的情感分析,可以发现消费者是对商品不满意,但对快递服务表示赞赏。这种精准的情感分析可以为构建更加智能化的应答系统提供基础[111]。

10.4 小结

摄像头、传感器和人工智能技术的突破,使得无人便利店成为现实。它不仅解决了传统零售业人力成本居高不下的问题,而且可以更有效地避免偷盗损失。所有的购物行为都在各类摄像头、传感器下进行,无人便利店的推出是实体零售变革的开端,它将顾客的消费行为引领到一个更注重提升用户体验和运营效率的新平台上,展现了人工智能赋能零售行业的巨大优势。在零售客服方面,通过自然语言处理和机器学习技术,智能客服系统能够迅速响应客户的查询和需求,提供个性化的购物咨询服务,加强了与消费者的互动体验,降低了零售企业在雇佣人工客服方面的费用。同时,情感计算技术的引入使得零售业更加关注顾客情感和需求,从而更好地满足他们的期望。多模态情感识别技术通过分析声音、文字和消费者面部表情等情感数据,帮助零售商更深入地了解顾客的喜好和情感状态,进而调整服务以提供更好的购物体验。

思考题

(1) 在传统零售行业,存在哪些业务相关的痛点亟待解决?

(2) 在电商迅速发展的背景下,传统的实体零售门店如何利用人工智能技术实现变革? 电商平台是如何利用人工智能技术实现快速发展的?

(3) 在零售行业中,服务水平是影响消费者是否进行消费活动的关键因素之一,有哪些技术可以帮助零售企业与消费者之间实现更好的交互?

(4) 人工智能技术还可以帮助零售企业实现哪些方面的创新?

第**11**章
医疗行业

11.1 药物研发：AI 制药技术

在全球人口数量持续增长及老龄化程度不断加剧的趋势下,生物医药行业面临着如何快速、高效地开发新型药物的难题。近年来,随着人工智能技术的发展,越来越多的企业开始探索将人工智能应用于各个领域场景。其中在生物医药领域中,人工智能技术的应用已经取得了一些令人瞩目的成果。传统的药物研发行业是一个历经多年发展的成熟行业,主要目标是开发出具有治疗作用的新药物,并使其通过严格的法规审批流程获得批准,以实现药物的最终销售与推广。传统的药物研发过程漫长,需要历经数年时间对药物进行研究及开发,并通过多个严格的临床试验阶段,确保新药物的安全性和有效性。除了研发过程漫长,高昂的研发成本也成为药物研发行业的巨大挑战,药物研发本身的高度不确定性,使得最终只有少数的研发药物能够成功上市,大部分的药物研发项目都以失败告终,药物研发公司需要为失败的研发项目承担巨额的成本。不过,随着技术的不断发展,传统的药物研发行业正经历着变革。在人工智能技术飞速发展的背景下,机器学习等技术正在被应用于药物研发过程中的各个阶段,以提高研发效率和成功率,这为药物研发行业带来更多新的发展机遇。

AI 制药技术目前被应用于药物研发的不同阶段,包括药物发现、药物设计、药物研究、临床试验和药物生产等方面。在药物发现阶段,人工智能技术通过大规模筛选药物分子,从海量数据中挖掘出有潜力的候选药物。在药物设计阶段,人工智能技术通过模拟分子结构、预测化合物的物理化学性质来优化药物分子的设计和选择。在药物研究和临床试验阶段,人工智能技术可以通过分析大量的医疗数据,预测药物的安全性和治疗效果,提高药物试验效率。在药物生产方面,人工智能可以实现智能化的生产管理策略,提高药物生产效率和质量控制水平。

传统药品的研发具有两个特点：一是周期长；二是体系复杂。一种药物的发现，首先需要在生物学上确定可能产生疾病的原因，然后到各种可能的分子当中去寻找，找到合适的药物，最后在医学上临床测试。前后平均下来，可能要超过 10 年时间，但成功率还不到 10%。一种药物能够上市意味着它有很好的药效，能很好地被吸收，不具有毒性，等等。仅仅依靠人力在实验室研发新药，往往成本高，效果差。

近年来，人工智能技术作为当前药物研发领域的热点方向，其应用能够缓解新药研发周期长、费用高和成功率低等问题。在药物研发过程中，人工智能技术的应用涵盖了靶点药物研发、化合物筛选、预测 ADMET 性质、药物晶型预测等多种药物研发场景。相比传统模式，人工智能技术与药物研发过程的深度融合，通过复合设计、评估编码深层次的知识，为新药研发做出更加全面的贡献，并且在时间和成本方面具有明显的优势。当前人工智能技术与药物研发产业的结合已经成为生物制药行业未来的发展趋势，医药行业通过人工智能技术的发展实现了新的变革。通过大数据和机器学习算法的结合，人工智能技术可以加速药物研发的各个阶段。在药物研发方面，人工智能技术可以帮助研究人员进行化合物筛选，加速药物发现的速度，同时也可以预测药物的活性和不良反应，降低实验的成本和风险。

（1）机器学习方法确定药物靶点。药物研发过程主要包括药物靶点确定、先导化合物的发现与优化、候选药物确定、临床前研究和临床研究[112]。药物靶点是指药物在生物体内的结合位点，能够影响生物过程与疾病发展。药物靶点可以是基因座、酶、受体、核酸或其他分子，它们在生物体内的正常功能与特定疾病相关[113]。在药物研发中，需要确定目标靶点，验证靶点的生物学功能是确保药物研发基于科学的基础。药物的设计需要具有极好的靶向性，只作用于目标器官、分子或细胞，而不影响其他正常组织和生物过程，最大限度地减少不必要的副作用。同时，药物分子的化学性质还需要考虑生物体内的生物屏障，如血脑屏障或母婴屏障的存在使得有些药物需要穿越生物屏障才能达到目标。因此，寻找最关键的靶点是药物研发的关键，不同分子可能在生物过程中具有不同的重要性，选择最关键的靶点才可以增加药物的疗效，减少副作用[114]。

生物医药研究与开发中的重要任务之一是确定和筛选药物靶点，发现药物在体内发挥作用的关键结合位点。在人工智能技术的推动下，机器学习算法的应用为药物发现项目带来了显著的进展。其技术步骤可以总结如下：

① 靶点选择性评估。首先，研究人员需要从众多潜在靶点中选定一组具有潜在治疗价值的目标。这一步骤依赖对疾病生物学的深入理解和相关文献的分析。从候选靶点中，研究人员会筛选出那些在特定疾病过程中扮演关键角色的靶点。

② 机器学习模型构建。一旦确定了候选靶点,研究人员需要准备训练数据集,其中包括已知药物分子与靶点之间的结合信息。这些数据可以来自实验室实测数据、数据库或文献挖掘。基于这些数据,构建机器学习模型,如支持向量机、随机森林或深度神经网络,用于预测药物分子与靶点之间的结合亲和性。

③ 特征提取和表示。为了将分子结构转化为适合机器学习的数据表示,研究人员需要提取分子的特征,这可能包括分子的化学性质、结构信息、电荷分布等。化学信息通常以分子指纹或描述符的形式表示,以便机器学习模型能够理解和处理。

④ 模型训练与验证。利用训练数据集,研究人员对机器学习模型进行训练,使其能够学习药物分子与靶点之间的结合规律。随后,使用验证数据集对模型进行验证和优化,以确保其在未见样本上的泛化能力。

(2) 深度学习算法进行化合物筛选。化合物筛选的目标是从大量的化合物库中筛选出对特定靶点具有较高活性的潜在药物化合物。这个过程需要进行大量的实验工作,每个化合物都需要经过测试,以确定其对靶点的效力。基于人工智能技术的化合物筛选是一种创新方法,它利用 NLP 和深度学习等算法来处理大量的科学文献和信息,以生成有用的信息和进行化合物设计。首先需要从各种来源获取大量的论文、专利、临床试验数据等,主要包含关于化合物、药物、靶点和疾病的各种描述和数据。然后利用 NLP 算法对文本信息进行处理,深度学习算法可以分析文献中的化合物描述、活性数据等一系列信息,并从中提取有关潜在药物化合物的知识[115]。通过采用深度学习的技术,系统能够学习大量的化学知识和研究数据,并可以分析化合物的构效关系,然后自行画出分子结构[116]。

经过人工智能的自我探索,可以大大拓宽备选化合物的范围,并且在一定规则的引导下,系统可以自己对化合物进行筛选,找出优质的分子。例如,用每一个点代表一个分子结构,一些点是用来训练人工智能所用到的分子数据集;另一些点在人工智能学习完之后,去随机地产生不同的、新的分子结构的分布;再用第三种点来代表对分子溶解度表现进行重点优化后筛选出来的分子。化合物智能筛选技术的研发显著减少了药物研发过程中的时间及资金投入,提高了筛选成功率,为传统药物研发注入了新的活力。

(3) 深度神经网络算法预测 ADMET 性质。在筛选完分子,得到合适的化合物之后,还需要预测 ADMET(药物的吸收、分布、代谢、排泄和毒性)的性质,帮助确定化合物是否适合作为候选药物[117]。在药物研发的早期阶段,主要依赖实验室中的体外研究技术和人源化组织功能蛋白来评估药物的 ADMET 特性。人工智能算法的发展使得预测 ADMET 性质的准确性提高,深度学习算法特别是深度神经网络可以用于从药物和蛋白质的结构特征中提取有效信息,如分析小分子药物的结构及蛋白质的三维结构,这种方法加快了预测 ADMET 性质的过程,有效地减少研发时间和成本。

利用深度神经网络算法,可以对复杂的药物固相等进行快速精准筛选和设计,有效预测药物分子的关键特性。深度神经网络算法作为可以学习到复杂特征和非线性关系的机器学习方法,在药物研发中被广泛应用。预测化合物性质是药物研发阶段的重要操作步骤,化合物的物理、化学和生物学特性会影响其在体内的活性、代谢和毒性等。深度神经网络算法通过大量的化合物结构和性质数据进行学习,利用化合物的结构信息来预测其具体性质,如药效、溶解度、毒性等。深度神经网络算法与传统计算机辅助药物设计的方法相比,可以更加准确高效地预测化合物性质,从而进一步加速药物的研发过程。

(4) 量子化学、人工智能和云计算结合实现晶型预测。在了解了 ADMET 性质之后,还要进行药物晶型预测。晶体结构对药物的生物利用度和治疗表现有着极大影响,因此,对晶体结构研究成为化合物研究过程中的重要环节。然而在有限的研发时间和原料限制的条件下,筛选出最优的药用晶型充满了挑战性。为了简化实验步骤并筛选出目标明确的潜在晶体结构,晶型预测成为一种新的计算机模拟药物分子晶体结构的分析方法。高速及高精度的晶型预测服务离不开人工智能算法和计算机算力的支撑。人工智能技术的应用使得无机和有机晶体结构预测取得了显著成果,并在药物研发的不同阶段得到多元化的应用。

不同晶型的药物具有不同的物理性质,这些性质的变化会影响药物的稳定性和使用。药物的多晶型会影响其在体内的生物利用度,即人体吸收和分布药物的速度和程度,从而影响治疗效果。制药过程需要考虑晶型的变化,因为药物的晶型问题可能会引发严重的安全问题或影响实际的治疗效果,最终使药物无法获得批准上市。此时,晶型预测技术就显得至关重要,通过结合量子化学、人工智能和云计算技术,可以在短期内完成常规小分子药物的晶型预测,晶型预测一方面可以加速药企确定最佳药用固体形态的过程,降低选择错误的风险;另一方面,可以帮助药企评估是否存在未筛选出来的优质晶型,为晶型专利的保护范围提供关键的决策信息。

11.2 医疗诊断:AI 影像识别技术

医学影像在医疗机构的临床诊断中发挥着重要的作用,有助于提高医疗质量、辅助医生做出医疗决策,为患者提供更好的医疗服务。但在实际场景中,医疗影像的诊断往往依赖医生的经验和专业知识,人工判断的主观性和局限性使得诊断结果可能存在一定的误差。并且,医疗影像的诊断和分析通常需要大量的时间和医疗机构人力资源,导致影像诊断的效率较低,影响患者的就诊体验和医疗资源的合理利用。利用深度学习算法对大量的医学影像数据进行自动分析和识别,提高诊断的准确性和效率,不仅弥补医学影像领域医疗人才存在短缺的问题,而且可以提供更加便捷和高效的医学影像解决方案,推动医疗诊断领域向更加智能化的方向发展。

传统的医学影像诊断主要依赖医疗机构的医生对医学影像进行观察和分析,而后做出对应的疾病诊断。患者首先需要在医疗机构接受相应的医学影像检查,如 X 射线、CT 扫描、MRI、超声等,生成医学影像图像。然后医生通过观察医学影像图像,对病变区域的形态、密度、信号等进行分析和判断,从而做出是否存在疾病及何种疾病的诊断。在对医学影像分析的过程中,需要医生具有丰富的临床经验和医学知识,对不同病变的影像特征有深刻的理解。由人工进行医学影像诊断一直是传统临床实践中的重要方法。然而,传统的医学影像诊断也面临一些缺陷,如对医生经验和医学知识的高要求、影像解读中存在主观性和人为误差、影像数据质量低等问题。随着医学技术的不断发展和数字化转型的推进,医学影像行业也正在不断探索和应用新的技术和方法,以提高诊断的准确性和效率。

医学影像作为患者接受医疗环节的重要组成部分,随着新技术的兴起,其诊断效率也在不断提升,尤其是人工智能技术的快速发展,医学影像领域开始广泛应用 AI 技术,包括自动化图像分析、自动诊断、影像报告自动生成等,从而提高了影像诊断的速度和精度。这些技术手段利用算法和机器学习模型,对医学影像图像进行自动处理和分析,从而提供更快速、准确、可靠的诊断结果,从而提高诊断的准确性和效率,有望在临床实践中对传统的医学影像诊断方式进行补充和优化。

通过运用 AI 算法对医学影像进行自动化的识别和分析,可以有效提高医学影像的解读速度和准确性,为医生提供更可靠的诊断和治疗建议,实现快速的自动化分析,并且提高诊断的准确性。图像识别是人工智能技术在医学影像应用中的感知环节,主要任务是对医学影像数据进行分析和理解,提取有意义的信息。图像识别技术可以自动检测和识别潜在的疾病迹象,帮助医生快速地诊断病情。深度学习是则是 AI 医学影像处理中的核心环节,主要利用神经网络进行高级数据分析和学习,通过大规模医学影像数据来训练神经网络,使其能够自动诊断疾病[118]。

图像识别作为一种计算机技术,通过对图像的处理、分析和理解来识别图像中的不同目标。在医学领域,图像识别主要应用于医学影像处理,协助医生对患者的病情进行诊断。医学影像识别通常包括以下五个步骤:

(1)医学影像采集。在这一步骤中,大量有效的医学影像数据被采集并输入到计算机系统中。这些影像数据可以来自不同的医疗设备，如 X 射线、CT 扫描、MRI 等。数据的质量和数量对后续的分析和识别至关重要，因此，必须确保采集到的影像数据是准确、完整和高分辨率的。

（2）影像预处理。一旦影像数据被输入到计算机，就需要进行预处理以去除可能存在的噪声、伪影和其他不良因素。这一步骤旨在使影像变得清晰、易于分析，并为后续的特征提取做准备。预处理包括图像平滑、去噪、伪影去除等技术，以及图像的几何校正和配准。

（3）特征提取。在预处理后，医学影像中的有用信息被抽取为特征。这些特征可以是形状、纹理、颜色、边缘等。医学专业知识与计算机视觉技术相结合，可以帮助确定应该提取哪些特征。对于一些结构化的特征，可采用传统的特征提取方法，如局部二值模式（Local Binary Pattern，LBP）、灰度共生矩阵（Gray Level CO-Occurrence Matrix，GLCM）等；而对于更复杂的特征，可以使用深度学习技术，如卷积神经网络（CNN）进行自动特征学习。

（4）图像分类和匹配。提取的特征被转化为数值形式，并用于图像分类和匹配任务，具体涉及将图像分配到不同的类别，或将图像与库中的模板进行比对以找出相似性。图像分类和匹配方法可能包括支持向量机（SVM）、深度学习分类器（如 CNN），以及各种相似性度量方法。

（5）在图像特征比对完成后，系统将当前输入的测试图像特征与已保存的模板图像特征进行比对。通过比较差异点，可以检测出疾病或异常。医生可以基于这些差异点进行进一步的诊断和分析，从而做出医学判断。

识别图像过程中，提高分析结果的准确性则依赖人工智能的深度学习技术。深度学习的本质是模仿人脑进行分析。深度学习的优势在于它能够自动学习重要的低级特征（如线条与边缘），并且能够从低级特征中迭代地提取更复杂和更高级的特征（如形状等）。

深度学习在医学影像识别中的应用，尤其是监督式学习，通过结合大规模数据集和深层神经网络，可以高效地学习医学影像中的复杂特征和模式。在利用深度学习算法进行医疗影像诊断的过程中，首先要进行数据集构建与标注，构建一个高质量的医学影像数据集。医学影像数据应涵盖各种病例、模态、疾病类型等，以保证训练模型的广泛性和鲁棒性。影像数据需要经过专业标注者进行标注，标注过程要求精准、细致，并且标注者需要具备丰富的医学知识，以确保标签的准确性。其次，在数据集构建与标注完成后，使用深度学习模型进行特征学习和模型训练。典型的深度学习模型包括卷积神经网络（CNN）、循环神经网络（RNN）等。这些模型可以自动从影像数据中学习抽象的特征,从而更好地表征影像中的结构和模式。

在训练过程中,输入影像数据经过多层网络进行前向传播,逐层提取和组合特征。然后,通过损失函数如交叉熵损失来计算模型的预测与实际标签之间的差异,再通过反向传播算法更新网络中的权重和参数,以最小化损失函数。这个过程会逐渐调整模型的权重,使其逐渐适应医学影像数据的特征。

训练完成后,还需要使用验证集对模型进行评估,以衡量其在新数据上的性能。通过调整超参数、网络结构等方式,进一步优化模型的性能。同时,还需要通过正则化、数据增强等技术来避免过拟合并提高模型的泛化能力。在实际应用中,模型在医学影像中进行预测和识别。当模型出现错误或漏诊时,医生可以进行纠正,并将正确的标签反馈给模型。这些纠正数据可以用于模型的再次训练,以进一步提高模型的准确性和性能。

深度学习在监督式学习中的应用,结合了大规模数据和深层神经网络的优势,可以自动地从医学影像中学习到丰富的特征和模式。随着模型不断迭代优化和经验的积累,其诊断和分析的能力将不断提升,为医疗诊断和影像分析领域带来革命性的进步。

在医学影像识别中,除了准确性,影像输出速度也是一个至关重要的因素。特别是在临床应用中,快速而准确的影像识别能够极大地提升医生的工作效率和患者的治疗体验。图像分割是一种将图像分割成多个区域并对每个像素进行分类的技术。在医学影像中,如肺结节检测,图像分割会将图像中的每个像素分配给不同的类别,以区分结节部分和非结节部分。这种方法能够提供详细的像素级别信息,但由于需要处理每个像素,计算难度较高。目标检测是在图像中检测和定位特定目标的过程,通常通过在图像中绘制边界框来表示目标的位置。在医学影像中,如骨折检测,目标检测会找到骨折所在的位置,并使用一个边界框来标识。这种方法相对于图像分割来说,输出结果更简化,计算难度较低。

11.3 治疗辅助:AI 医疗机器人技术

人工智能医疗机器人是一种结合人工智能技术和机器人技术的先进设备,旨在改进医疗领域的服务和治疗效果。它们拥有一系列智能功能,可以协助医护人员进行医疗和康复,提高医疗效率和患者护理水平。目前技术较为成熟的机器人有外科手术机器人和外骨骼机械臂等[119]。

在外科手术领域,鉴于外科医生需要在狭小的工作区域内完成高度精细的操作,人为操作误差难以完全规避。外科手术机器人作为前沿技术的应用,在特定外科手术中具有显著作用。这些机器人具备稳定的基底,能够连续而准确地执行手术任务,从而克服了人类操作在精度和持续性方面的限制。外科手术机器人运用智能影像分析系统对医学影像进行准确分析和处理,通过自主学习系统制定最佳手术策略,有效填补了人类技术方面的一些不足之处。尤其是在处理复杂度较高、风险较大的手术中,机器人能够实现高精度的操作,确保手术过程的精准完成[120]。

外科手术机器人的精确操作对患者的术后康复至关重要,这一目标的实现涉及多项关键技术[121]:

(1) 智能影像分析与处理。外科手术机器人通过先进的图像处理技术对患者解剖结构和手术区域进行实时高精度的影像分析。这包括了对医学影像数据(如 CT、MRI 等)的精准解读。计算机视觉通过模仿人类的视觉系统,让计算机能够"看懂"图像。在外科手术机器人中,计算机视觉用于识别和标记医学影像中的解剖结构、血管、神经等关键组织。通过计算机视觉算法,机器人能够快速、准确地定位目标区域。图像分析算法用于对医学影像数据进行处理和分析。常用的图像分析算法包括边缘检测、特征提取、图像增强等。在外科手术机器人中,这些算法被用来对医学影像进行精确解读,以获取关键信息。同时,在外科手术机器人中,深度学习算法被用于识别和分类影像中的不同结构和组织。通过深度学习,机器人能够从大量的医学影像数据中学习,并逐步提高对影像的理解和分析能力。除此之外,NLP 算法可以帮助机器人理解医学影像报告中的描述,从中提取关键信息,辅助手术规划和决策。

(2) 自主学习和决策系统。外科手术机器人配备了自主学习系统,该系统基于深度学习、强化学习等算法。通过学习丰富的手术案例数据,机器人逐步提升自身的操作技能和决策能力。这意味着机器人能够从过往的经验中吸取知识,根据不同病例的特点智能地调整手术策略,从而提高手术的精确性和安全性。

(3) 远程操控与 5G 技术。随着 5G 技术的快速发展,远程操控机械手臂已成为现实。医生可以通过高速稳定的网络连接,远程遥控机械手臂进行手术操作。这种远程操作模式消除了地理限制,使得专业医生能够为全球范围内的患者提供手术服务。高速低延迟的 5G 网络确保了实时的指令传递和手术操作,从而使医生能够在远程环境下完成原本人工难以实现的复杂手术。

(4) 实时 3D 图像呈现。机械手臂配备了高分辨率的摄像设备,能够实时获取手术区域的高质量图像。这些图像通过 3D 图像转换系统进行处理,以更直观、清晰的方式呈现给医生。医生可以通过可视化的 3D 图像,准确判断手术区域的情况,包括组织结构、器官位置等,从而做出更精准的手术决策。

外骨骼机械臂作为一种康复辅助设备，旨在协助患者完成步行、抬举等运动，其应用侧重于康复领域。该类机器人系统主要分为智能控制、机械支撑、动力及传感器系统四大组成部分，共同协作以实现康复辅助功能。

智能控制系统在外用骨骼机械臂中起关键作用，其通过复杂的算法和控制策略，解读来自传感器系统的数据，以准确感知患者肢体的动作意图。机械支撑系统为机器人的骨架结构，具备合适的刚度和柔韧性，可有效支持患者的肢体运动。动力系统则为外用骨骼机械臂提供动力，使其能够在符合生理学运动规律的前提下，协助患者完成运动任务。

传感器系统在外用骨骼机械臂中发挥着关键作用，它采用体感芯片等传感技术，以捕捉患者肢体运动的细微变化。通过精确感知患者的动作，机器人能够根据患者的意图进行及时的响应和调整，从而实现与患者的协同运动。此外，外用骨骼机械臂还可以通过感知患者在行走过程中的重心变化来辅助患者维持身体平衡，从而在康复训练中发挥积极作用。

11.4 药品安全：数字化溯源技术

中药材的质量和安全问题直接关系到人们的健康。中药材的生长环境、采集、加工等环节都可能影响其质量，而通过溯源系统可以追踪每一批次的中药材的生产过程，及时发现和排除可能存在的质量问题，确保中药材的质量和安全。同时，中药材的药效与其产地、生长环境、采收时间等有关，不同产地的中药材可能存在差异。溯源系统可以帮助确认中药材的产地和生长环境，保证中药材的药效和品质。此外，中药市场上存在假冒伪劣的问题，部分中药材可能被以次充好或混充其他材料。通过溯源系统，可以追踪中药材的流通路径，防止假冒伪劣品的流入市场，维护市场秩序。

因此，需要围绕医药行业全生命周期供应链管理，为中药品赋予唯一且可信的标识码，将分散于采购、生产、包装、物流、销售等诸环节的数据连接在一起，使整个供应链上的数据得以形成联通。通过标识寻址解析服务，对药品各个环节的信息进行回溯，满足消费者对医药产品信息追溯的需求，实现中医药质量的可追溯性，以及全产业链的集成管理模式。同时，通过云存储、区块链、物联网、大数据等技术，支持动态、异构、可扩展的标识编码，并采用链云协同、访问控制等技术，保障标识数据的一致性和可控性，实现了模式和技术上的创新，为开展医药行业智能生产管控、产业链协同优化、医药产品全生命周期管理，以及设备运行维护管理等提供了数据支撑服务。

为了实现中药材种植、中药饮片生产和中成药生产的全生命周期管理,基于RFID技术和数字编码技术,将中药材种植相关企业、中药材加工厂商、中药饮片/中成药生产企业的信息进行电子化登记,确保所有中药饮片和中成药产品的历史和去向能够进行查询,相关主体的责任也能够被追究。此外,还使用物联网监测设备,如视频监控设备、温湿度传感器及土壤质量监测设备,为溯源过程提供实时的视频和图片查看服务,并在相应的种植和生产环节中上传操作规范文件,以供操作人员查阅。

消费者可通过查询标识码来验证药品真伪、进行药品溯源,同时获取衍生服务,包括企业品牌、产品知识、感冒用药生活常识、会员推广等一站式服务。市场稽查人员可以利用标识码进行防串货解析。企业管理人员则可以利用标识与解析进行药品原料溯源和数据交换。通过订单唯一标识,实现医疗机构、医药企业,以及药品传输之间整个周转流程的全面追溯。消费者可以通过手机实时查询药品信息,从而方便快捷地提高药品的可信性。通过采用"互联网+药品管控"的管理方式,对整个过程中产生的数据进行全程留痕,既能够满足行业监管的需求,同时还能有效地消除消费者对药品质量和疗效方面的顾虑。

建成面向医药行业的标识与解析平台,实现了标识编码从静态到动态、可扩展的转换,实现了只能从对生产过程的追溯升级为对整个产业链条的信息查询追溯。同时建立了规范化、防篡改的标识体系,利用链云协同和访问控制等技术保证了标识数据的一致性和可控性,打通了药品生产的整个产业链条,提升了产业链的信息协同效率,为开展全供应链的优化管理、智能化生产管控等提供了有力的数据支撑。项目实施前后对比,如表11-1所示。

表11-1 项目实施前后对比

对 比 项	实 施 前	实 施 后
标识编码	静态编码,不可扩展	动态编码,可扩展
标识体系	标识资源浪费、失真	规范化的标识解析
安全访问控制	信息共享不充分,数据孤岛严重	打通药品生产整个产业链条,实现数据的安全共享
数据存储	中心化云存储,数据易篡改	分布式存储,链云协同实现数据的一致性
溯源	生产单一环节溯源	全产业链条精准溯源
供应链管理	生产效率低、信息不对称	优化资源配置,提升供应链协同效率
售后	无数据	打通售后环节,提升售后效率,实现精准营销

数字化溯源关键技术介绍：

1. 基于链云协同的动态异构标识码技术

基于链云协同技术构建符合医药产品流通的、易于被机器识别和处理的动态、异构标识编码，同时向下兼容电子监管码，使得标识码可以随着采购、加工、生产、包装、物流和销售的每一个环节自动扩展。利用条形码、二维码、智能 RFID 等标签技术生成每件产品对应的唯一溯源码（见图 11-1），并贴于药品外包装上。将标识码存入区块头，药品生产流通全过程信息存入云服务器，并建立区块头与云服务器地址间的关系。消费者通过扫取溯源码，可以访问区块链上标识编码信息，通过关联关系访问云服务器上的药品生产流通相关信息，从而实现动态可扩展的标识编码技术。

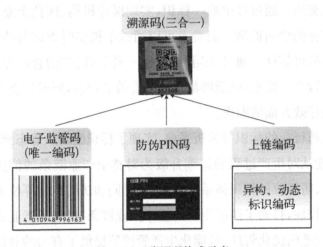

图 11-1　溯源码构成示意

2. 溯源码的寻址解析技术

溯源码的寻址解析技术是对商品生命周期的逆向还原，可实现来源可查、去向可追、责任到人的用户需求。本部分利用区块链不可篡改的分布式账本等功能，使用条形码、二维码标签、智能 RFID 标签作为药品全流程参与主体的信息数字信息摘要载体，在原产地、生产商、品牌商、监管部门、物流企业、分销门店、第三方机构之间构建溯源码—标识码的交互校验方法，融合云服务技术实现商品的全生命周期每个环节重要数据的防伪追溯，创建全链条闭环的药品标识解析平台，使每一个参与者的信息在区块链中可分级别查看，保证商品信息的公开透明、全流程可真实追溯。

对于已通过了用户身份认证的溯源码访问，识别溯源码对应的信息防伪标识，并据此在溯源码—标识码之间采用双向认证的方式，实现双方信息的认证与鉴别。

3. 基于链云协同的数据存储技术

面向药品生产销售各个环节的主体，记录商品生产相关的批次、生产过程、原材料、产地、流通节点、经销商等信息,通过物联网技术实现数据采集的真实性,基于链云协同的云数据管理技术,实现云端和区块链数据的一致性。利用区块链技术打通企业与企业之间、平台与平台之间的数据交互渠道,实现所有数据真实、可回溯,便于企业的日常管理。

4. 基于智能合约的数据自动化访问控制技术

从数据隐私保护、任务及角色的访问权限三个方面保障平台的信息安全共享。根据获取的海量药品数据信息,研究基于区块链的云服务管理平台和企业之间实现多样化的、高效率的数据安全共享机制。根据企业访问数据的目的和数据类型的不同,设置安全数据访问权限。利用基于属性的访问控制策略,实现对访问节点的权限自动化管理与控制。针对资源受限的用户,研究数据访问控制优化方法,提高数据访问控制效率。

在联盟链网络中,结合 ABAC 访问控制技术,为了使得联盟链的访问控制策略可以正确被执行,用户需要使用策略执行点来访问控制客户端,实现与联盟链进行访问控制的交互,如图 11-2 所示。访问控制流程可分为两个阶段:准备阶段和执行阶段。准备阶段的工作主要涉及访问控制策略及属性管理两方面,包括策略及属性的发布、更新等;执行阶段主要进行访问请求的判决、响应和执行。

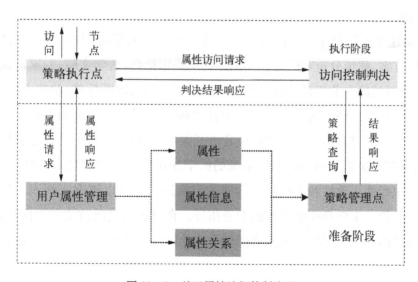

图 11-2　基于属性访问控制流程

11.5　疾病控制:AI 健康管理系统

随着中国经济快速发展,社会结构和生活方式的改变,人们的健康意识也在逐步转变,从简单的医疗治疗向疾病预防、保健等方向转变。健康管理计划能够有效地降低个人患病风险,减少医疗支出。目前,基于"互联网＋"和人工智能算法的健康管理系统通过检测和评估危险因素,为疾病提前发现创造机会。通过健康教育,个人和群体能够自我管理,提高自我健康管理水平,特别是在生活方式方面的健康风险评估和监测,提供个性化干预,显著降低疾病风险,成功地预防、延缓甚至逆转了疾病的发展,实现了维护健康的目标[122]。

1. 慢性疾病管理[123]

慢性疾病管理借助人工智能技术,针对全球性的健康挑战,特别是我国患者众多、医疗成本高等问题,提供了有效的解决方案。以糖尿病管理为例,人工智能技术在慢性疾病管理中的应用可以通过以下步骤实现:

(1) 数据搜集与建库。通过收集病例、患者血糖、用药等多维度的健康数据。这些数据可以来自智能可穿戴设备、健康记录、医疗档案等。这些数据在建立专家知识库时起到重要作用,用于训练人工智能模型。

(2) 数据预处理。采集的原始数据可能包含噪声和不完整信息。人工智能算法需要对这些数据进行预处理,包括数据清洗、去噪、特征提取等,以确保模型训练的有效性和准确性。

(3) 构建专家知识库。将医疗领域的专业知识融入系统中,构建一个包含医学知识、治疗方案、病情分析等的专家知识库。从临床指南、医学文献、专家访谈等多渠道搜集医疗领域的专业知识,这些知识包括疾病的定义、诊断标准、治疗方案、药物信息等。然后,将搜集到的医学知识转化为计算机能够理解和处理的形式。这通常涉及将知识转化为结构化的数据、规则或者语义关系,以便人工智能系统能够根据这些知识做出推理和决策。通过将不同来源的医学知识进行整合和融合,消除冲突和重复,确保知识库的一致性和准确性。构建的专家知识库可以被嵌入到人工智能系统中,为系统提供关于慢性疾病管理的专业指导。在患者的健康监测和干预过程中,系统可以根据知识库中的信息,为患者提供个性化的建议和指导,帮助他们更好地管理疾病。

(4) AI模型训练。使用机器学习和深度学习等人工智能算法,对已经收集和预处理的数据进行训练,以构建能够自动分析和判断患者状况的模型。模型可以通过监督学习、强化学习等方法进行训练,逐步掌握疾病特征、治疗效果等知识。根据健康管理的任务性质和数据的特点,选择适合的机器学习或深度学习模型。例如,可以选择使用卷积神经网络(CNN)来处理图像数据,使用循环神经网络(RNN)来处理时间序列数据。将预处理的数据输入选择的模型中,通过机器学习的训练过程,模型逐步学习如何根据输入的特征进行判断和预测。训练过程可通过监督学习,即提供有标签的数据进行模型训练；也可能通过强化学习的方法，通过与环境互动来学习最优决策策略。

（5）智能指导与干预。基于训练得出的模型，系统可以为患者提供个性化的健康指导和干预措施。对于糖尿病患者，系统可以根据实时监测的血糖数据，提供用药建议、饮食指导等，帮助患者更好地控制血糖水平。此外，还可以结合无创血糖监测技术和智能可穿戴设备，实时监测患者的血糖变化。这些设备通过传感器采集生理参数，将数据传输给人工智能系统进行分析。如果系统检测到异常情况，可以自动发出警报，提醒患者及时采取措施。

2. 生活方式干预

生活方式干预是指通过采取有针对性的措施，帮助患者调整和改善其日常生活中的行为方式，包括饮食、运动、用药等方面，以及控制环境因素，从而降低患者患慢性疾病的风险、减轻症状、改善生活质量，提高整体健康水平。生活方式干预在健康管理中具有重要意义，因为许多慢性疾病，如心血管疾病、糖尿病、高血压等，与个体的不良生活方式密切相关。通过针对这些不良生活方式的干预，可以有效预防和控制慢性疾病的发展。

生活方式干预在健康管理中的实现离不开人工智能技术的支持，其技术步骤可以总结如下：

（1）数据收集与分析。通过智能可穿戴设备、移动应用等方式收集患者的生理数据（如步数、心率、血压等），以及其他与生活方式相关的信息（如饮食习惯、运动情况、用药记录等）。这些数据构成了干预的基础。通过人工智能技术，特别是机器学习算法，对这些数据进行分析，可以揭示出患者的健康状况、风险水平及可能的干预需求。

（2）进行个性化风险评估。可以采用机器学习算法构建个体化的风险评估模型。通过监督学习算法，如决策树、支持向量机、神经网络等，根据已有的健康数据和患病情况进行模型训练。还可以利用强化学习算法，根据患者的行为和结果进行学习和优化。模型的目标是根据患者的特征和历史数据，预测未来可能的健康风险。在建立模型过程中，机器学习算法会自动选择对于预测目标最有影响力的特征，这被称为特征选择。此外，算法还会学习每个特征的权重，以确定其在预测中的相对重要性。这些步骤有助于提高模型的预测准确性和可解释性。在完成模型训练后，新的患者数据被输入到模型中，进行个性化的风险预测。模型将根据患者的特征和历史数据，计算出他们可能面临的健康风险。基于预测结果，可以识别出哪些患者需要优先进行干预，如提供特定的健康建议、定制的治疗方案、定期的监测等。这种个性化的评估和干预能够更好地满足每个患者的需求，提高干预的针对性和效果。

（3）自动化制订相应的干预措施。机器学习算法可以分析患者的数据,找出与特定疾病风险相关的模式和关联性。基于这些提取的信息,自然语言生成模型会将这些结果转化为自然语言文本,具体可以采用预训练语言模型(如 GPT‐3)或其他文本生成算法。例如,如果分析结果显示患者存在高血压风险,NLG 模型可以生成建议患者减少钠摄入、增加锻炼等方面的文本,然后利用 NLG 模型将生成的干预方案转化为自然语言文本,包括详细的建议、计划和目标,如具体的食谱建议、运动计划描述和用药指导等。

（4）基于学习到的用户偏好和健康分析结果,系统可以智能地选择最适合的沟通渠道,如自动呼叫、短信、邮件、移动应用等。利用时间序列分析和预测模型,系统可以确定最佳的通信时间,以确保患者在最合适的时候收到健康管理建议。通过集成不同的通信渠道和应用程序,系统可以自动向患者推送个性化的健康管理建议。例如,通过移动应用发送通知、在特定时间自动呼叫患者或发送短信提醒。

11.6　小结

人工智能技术在医疗行业的应用,不仅提高了医疗服务的质量,还显著降低了成本,这有助于医疗机构更好地管理资源,提供经济高效的医疗服务,同时也能够改善患者的体验和医疗结果。例如,利用人工智能技术进行药物研发能够加速新药物的研发周期,减少研发成本,使制药公司更加高效地推出新产品,降低研发投入。AI 医疗影像识别技术可以在医院内部大幅提高影像诊断的准确性和速度,减少重复检查和诊断错误,从而降低医疗诊疗的成本。基于人工智能技术的医疗机器人在手术和患者康复方面的应用可以减轻医护人员的工作负担,提高工作效率,同时也降低了招聘和培训医疗人员的费用。药品数字化溯源系统有助于防止假冒伪劣药品进入供应链,降低了药品采购的风险和成本,确保了药品质量和患者的用药安全。健康管理系统可以帮助医疗机构更好地管理慢性病患者,减少了紧急医疗情况的发生,降低了医疗救治成本。随着人工智能技术的不断发展和广泛应用,医疗行业将进一步受益于这些技术的帮助,实现可持续的运营和更优质的患者服务。

思考题

（1）在传统的医疗行业,存在哪些与行业特点相关的痛点问题?

（2）请总结在医疗行业中,人工智能技术是如何实现对原有模式的创新,包括如何利用自动化的医学影像识别技术来帮助医生更准确地诊断疾病、加速新药研发过程、实现对患者的健康管理等。

(3) 结合你自己的从业经历,谈谈你认为在未来的医疗行业,还有哪些可以运用人工智能实现的创新点?

第12章
汽车行业

12.1 智能生产：AI 驱动汽车制造

当前，汽车制造行业正面临着一系列巨大挑战，这些挑战包括因原材料成本和劳动力成本的上升导致利润空间减小、因产品质量缺陷导致大规模召回等。为了应对这些问题，汽车制造商需要采取相应的技术创新来提高生产效率和资源利用率，以及完善生产流程等。

1. 机器视觉技术

机器视觉（machine vision）是一种基于计算机科学和图像处理算法的人工智能技术，旨在使计算机能够模仿和理解人类视觉系统的功能。简单来说，就是利用机器代替人眼进行测量和判断。机器视觉系统使用摄像头、传感器或其他图像采集设备来获取静态图像或实时视频流，并对采集到的图像进行预处理，将其转换为数字信号。机器视觉系统通过特征提取从图像中提取出一系列有用的信息特征，然后利用模型对提取的特征进行分析和分类。最后，根据对图像的分析结果和预先设定的算法进行决策和应用。

机器视觉和计算机视觉（computer vision）是两个相似的概念，都是指使用计算机和相关技术来模仿和理解人类的视觉系统。区别在于计算机视觉是一种利用图像处理、模式识别和人工智能技术相结合的方法，主要是对图像或视频进行计算机分析，计算机视觉的研究更关注图像的内容和特征。机器视觉则更侧重于将计算机视觉技术应用于工程实践，通过自动获取和分析特定图像来实现相应的控制行为。机器视觉特指在工业领域的视觉研究，旨在实现自动获取图像或视频，并对这些图像信息进行处理、分析和测量，以定性和定量地评估测量结果，并做出相应的决策。机器视觉系统具备多项功能，包括物体定位、特征检测、缺陷判断、目标识别、计数和运动跟踪等。典型的应用场景,如机器人的视觉系统被用于目标检测和测量等任务。在这个领域中,软件和硬件技术与图像感知和控制理论密切结合,目的是实现对于机器人的高效控制和实时操作。

机器视觉系统是由多个组件构成的,每个组件承担着不同的功能和任务,共同实现对图像的处理和分析。如图12-1所示,机器视觉系统主要包括以下组件:图像采集单元负责从外部环境中获取图像数据;图像处理单元负责接收来自图像采集单元的图像数据,并对其进行实时存储和处理;图像处理软件是机器视觉系统中的关键组件之一,它在图像处理单元的硬件环境支持下运行,图像处理软件提供了各种图像处理算法和函数库,使用户能够进行图像增强、分割、特征提取和模式识别等任务;网络通信装置负责机器视觉系统内部各组件之间的控制,确保高效的图像数据传输和实时性能。这些构成要素相互紧密配合,形成了一个完备的机器视觉系统。它们共同实现了图像的获取、处理和分析功能,为工业自动化领域提供了强有力的视觉能力,从而提升了生产效率、降低了成本,并改善了决策和控制的准确性[124]。

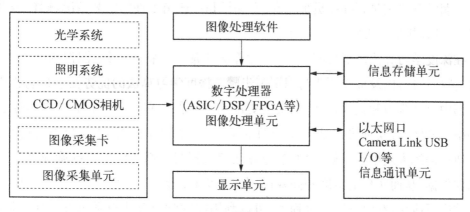

图12-1 机器视觉系统结构

机器视觉算法在图像和视频分析领域发挥着重要作用。它们通过对图像和视频数据进行处理、分析和解释,使机器能够模拟人类视觉系统,并从中获取有用的信息。在汽车制造业中,常用的机器视觉处理方法有二值化算法、瑕疵检测算法等。除此之外,深度学习、卷积神经网络(CNN)与机器视觉领域的结合应用也十分广泛。

二值化算法是计算机视觉中常用的图像处理算法之一,负责将灰度图像转换为二值图像。在二值图像中的每个像素只有两种可能的取值,通常是黑色和白色。二值化算法的目标是根据像素的灰度值将图像进行分割,将像素归类为黑色或白色,以突出显示图像中的重点目标。在 RGB(Red, Green, Blue)模型中,当红色(R)、绿色(G)和蓝色(B)的值相等时,彩色表示一种灰度颜色,表示像素的强度或亮度值。

在灰度图像中,每个像素用一个字节来存储灰度值,其取值范围为0～255。通常采用加权平均法来计算每个像素的灰度值。二值化算法将图像中的像素灰度值设置为0或255,即只呈现出明显的黑色和白色的视觉效果。在数字图像处理中,二值图像能大幅减少图像的数据量,并突出显示目标的轮廓。在汽车制造业中,二值化算法常被用于发动机和变速箱涂胶照相检测、打钢印号照相检测等环节。

瑕疵检测算法是一种用于检测产品缺陷的方法。它利用相机对检测区域进行浓淡度的检测,通过将区域划分为多个段落,利用浓度微分判定对每个段落进行比较,以此来检测差异较大的部分。亮度工具根据平均灰度值来确定特征是否存在,对于特征明显暗于或亮于坏元件特征的情况,亮度工具可以有效地检测出这些特征。通过在产品上进行扫描,可以根据检测对象的不同选择合适的扫描方向,如水平方向(X)、垂直方向(Y)、对角线方向(XY)以及基于半径或圆周的扫描。瑕疵检测算法通过使用颜色来表示瑕疵等级,从深蓝到浅蓝,再到绿、黄和红,利用二维的形式确定瑕疵的范围和分布情况。在汽车制造过程中,瑕疵检测算法被广泛应用于许多方面,如根据明暗度确定是否存在机加工孔、发动机和变速箱零件的安装情况、螺栓是否拧紧、是否存在机加工刀痕等。

在深度学习算法出现之前,机器视觉算法通常包括特征感知、图像预处理、特征提取、特征筛选,以及推理预测与识别等步骤。深度学习算法的优势在于其能够从大量数据中自动学习和提取特征,以实现更准确的图像识别和分析。通过构建深层神经网络,深度学习模型可以处理复杂的视觉任务,如物体检测、图像分类、目标跟踪等。通过训练大规模数据集,深度学习算法使机器视觉系统能够更准确地理解和解释图像数据,从而实现更精确和高效的图像分析和理解。深度学习算法在工厂自动化中被广泛应用,在汽车制造过程中,可以利用深度学习算法对系统进行样本训练,用来识别可接受的变化和瑕疵。

卷积神经网络(CNN)是一种常用于机器视觉任务的深度学习模型。卷积神经网络中最重要的操作就是卷积,卷积操作通过在输入图像上滑动卷积核来提取图像的局部特征。这一过程也称为滤波(filtering),其本质在于提取图像中不同频段的特征。这种局部感知的方式使得CNN模型在机器视觉领域被广泛应用,其能够捕捉到图像的空间结构信息,如边缘、纹理和形状等。

2. 机器视觉技术在汽车制造中的应用

在汽车制造过程中,机器视觉的应用颇为广泛,主要包括视觉测量、视觉引导和视觉检测。视觉测量技术用于测量汽车零部件和组件的关键尺寸、表面质量及装配效果等参数,通过机器视觉算法分析获取到的汽车部件图像,能够精确地测量零部件以确保它们符合设计规格。视觉引导技术用于引导机器自动完成各种制造任务,如搬运、装配和制孔等,通过拍摄并分析工作环境中的图像,机器可以确定正确的位置、方向和对齐方式,方便执行复杂的装配和加工任务。视觉检测技术用于检测汽车车身制造过程中的缺陷、损坏及装配错误,同时帮助记录相关数据,以满足质量控制和可追溯的要求。

(1) 视觉测量。在视觉测量上,最初的汽车制造主要依靠三坐标机测量完成。三坐标测量机主要通过测量被测物体上各个特定点的坐标位置来测量物体的尺寸。不过,三坐标机在实际生产中的效率仍有待提高,并且它只能离线测量,完成一台白车身(未涂漆的车身)测量通常需要 2～3 h,测量数据量严重不足,而且此法速度较慢,无法满足必须实现快速实时监控的应用场景。而引入激光在线测量技术可以实现对车身进行 100% 实时三维测量。激光在线测量技术是一种基于三角测量原理的高精度测量方法,它用于获取被测对象的表面信息并将其转化为三维坐标。在激光的在线测量中,激光被构造成线状以照射到被测对象的表面,相机捕捉到特征图像后,里面就包含了激光线在被测对象上的位置信息。图像处理技术用于分析特征图像,并确定特征在图像上的二维坐标,再通过三角测量模型将二维坐标转换为被测对象在传感器坐标系下的三维空间坐标。据不同的使用背景,激光在线测量技术可分为两类:

第一类,固定式在线测量系统,里面装配有多个测量传感器,每个传感器负责测量特定的点。与移动式系统不同,固定式在线测量系统的传感器位置是固定的,不会在测量过程中改变位置,这有助于确保测量的准确性和可重复性。每个传感器都有自己的坐标系,用于描述传感器在三维空间中的位置和方向。每个传感器在自身传感器坐标系中测量被测点的坐标,再通过坐标系将被测点的测量结果转换为一个共同的坐标系,以获得完整的测量结果。

第二类,机器人柔性在线测量系统,主要装配有多自由度的工业机器人,并且在机器人的末端关节装配了柔性传感器。在开始测量之前,系统会规划机器人的测量路径,以确保机器人能够覆盖整个测量区域。测量信号发出后,机器人开始按照预定路径和姿势,将传感器的测量区域逐个移动到被测特征上,这时的视觉传感器可以提供实时的图像信息,帮助机器人识别和定位被测特征。机器人强大的运动能力使得它们能够测量车身上的多个特征,与固定式测量系统相比,它的灵活性更强。

除了车身测量,机器视觉还应用于汽车涂装质量检测环节。在过去,对汽车表面质量的检测,需要工作人员用肉眼检查汽车表面。这种检测方法的效率较低,检查结果主要取决于人为主观因素,并且在大规模生产中容易出现误差。为了提高效率、降低主观因素的误差,汽车涂装检测领域开始应用机器视觉技术,利用计算机视觉系统和图像处理算法来自动检测汽车表面的质量问题。

机器视觉测量采用全自动检测的方式,无需人工参与,检测系统能够自主连续地检测汽车涂装质量,有力地提高了生产效率。同时,这种测量方法具有极高的敏感度,能探测到微小的涂装缺陷等质量问题。这有助于避免整车返工,从而降低了制造成本,提高了产品质量。反射式条纹偏折法在测量汽车涂装表面质量时被广泛应用,测量原理是基于投影的正弦条纹在被测曲面上的反射和变形。通过相位提取算法,系统可以提取出条纹的相位信息,从而实现对被测曲面的面形测量,因此具有高分辨率、大曲率测量范围、结构简单且对环境变化不敏感的特点。表面质量测量系统由机器人、显示器、计算机和相机等组成,机器人负责控制设备的位置和运动,显示器投影条纹,相机采集反射的图像,计算机则用于数据处理和分析。这种方法的测量分辨率能够达到纳米级别,同时还可测量大范围的曲面,非常适用于整车身的表面质量测量[125]。

(2)视觉引导。视觉系统首先会利用相机等一系列传感器对目标进行拍照或录像,以捕获图像信号,这里的目标可以是生产过程中任何需要检测的工件或产品等物体。拍摄到的图像信号会被传送给图像处理系统,该系统会将图像信号转换为数字化数据,以便计算机能够进行处理分析,以提取目标的特征信息,如目标的位置、形状、颜色、纹理等属性。按照图像处理的结果,计算机会进行逻辑判断,确定目标是否符合特定的标准、是否存在缺陷、是否需要采取特定的操作等,这些决策需要基于预先定义的规则和算法[126]。视觉引导又可以分为视觉引导抓取、视觉引导装配、视觉引导加工三种。

由于汽车金属零件的重量较大,传统的搬运和上件过程需要大量的人力投入,这增加了生产成本并导致了生产效率的低下。尤其是当涉及重型零部件时,可能会导致工人受伤或发生事故。使用机器人可以降低这些潜在的安全风险,提高工作环境的安全性。视觉引导抓取技术可以有效解决这一难题,机器人与机器视觉算法的相互结合,允许机器人不仅是简单重复执行预定的轨迹,还可以根据实时的视觉信息来进行调整,以适应工件位置的变化。这种方法帮助机器人快速准确地完成工件的抓取和定位,减少了生产线上的停工时间和生产成本[127]。

主要的作业流程如下:首先,视觉引导系统需要经过标定。通过标定,系统会确定相机与机器人末端工具的相对位置关系,以便系统能够准确测量相机图像与实际世界坐标之间的关系。系统经过标定后,用相机拍摄目标的图像,这些图像通常包含了目标零件的视觉信息。然后视觉系统会在目标零件图像中识别并提取至少4个非共线特征点的图像坐标。利用这些特征点的图像坐标,系统可以确定物体在相机图像中的位置,然后利用特征点之间的几何关系,系统可以表示物体的结构和形状。在建立了模型和图形的对应关系后,系统就可以计算出目标零件在空间中的实际位置坐标,这个坐标信息会引导机器人目标零件应该在何处抓取。

视觉引导抓取后,机器人还能实现视觉引导装配。机器人在抓取目标零件以后,继续对目标零件进行测量。基于相应的测量结果,机器人可以确定如何将目标零件放置在车身上的特定位置,确保目标零件与周围的间隙均匀。机器人利用传感器来测量目标零件固定特征的三维坐标尺寸,基于特征测量结果,系统可以构建起目标零件的相应坐标系。机器人根据收到的坐标信息,将目标零件准确地定位在车身上。定位完成后,机器人会依据反馈信息来引导自身的运动,以确保目标零件被正确地装配。

除了视觉引导抓取、视觉引导装配,机器人还可以进行视觉引导加工。视觉引导加工系统会使用视觉测量技术对每台车辆的特定区域进行测量,通过视觉传感器捕捉这些区域的尺寸和形状信息。根据测得的实际尺寸和形状信息,系统会引导机器人进行精确的加工操作。传统的切割方式通常需要使用刀具模板,但在视觉引导加工中,主要采用激光方式来实现切割。这种方法使得切割过程更加灵活,因为激光可以适应不规则形状的零部件,并且可以进行复杂的切割操作。在加工之前,需要进行机器人、激光器和视觉传感器之间的关系标定,确保这些设备能够准确地协同工作。此外,系统还会将待加工配件的尺寸和加工位置等信息加载到计算机中。视觉传感器主要用于实时测量待加工配件的特征,系统会自动提取这些特征并建立智能化的加工路径。这意味着机器人可以根据特征信息自动调整其加工路线,以适应不同形状和尺寸的工件。

(3) 视觉检测。在汽车制造检测环节,还需要采用视觉检测技术。首先,视觉检测可以应用到制造工艺检测上。在传统的涂胶工艺中,涂胶质量的检测依赖人工检测或离线视觉检测。人工检测需要经验丰富的质检人员通过工具和主观经验来检查涂胶的质量,这种方法存在不确定性并且耗费了大量的人力资源。离线视觉检测则需要在涂胶完成后使用相机拍摄图像,通过后期图像处理来评估涂胶质量,造成制造时间的延长和成本上升。基于机器视觉技术的涂胶检测工艺可以实现自动化检测,这意味着在涂胶的同时进行质量检测,而不需要等到涂胶完成后再进行检测,有效提高了检测效率。

在涂胶检测时,必须将胶枪和视觉传感器等检测设备固定在机器人的工作末端或工具持有器上,确保这些设备与机器人能够同步工作。接下来,还需要进行设备的校准,以确保它们之间的坐标系和运动轨迹相互匹配。视觉传感器也需要进行精确的机械调整,使视觉传感器的视场与涂胶区域对准。机器人在进行涂胶动作时,附加在机器人工具持有器上的胶枪将胶液涂抹在目标工件上,视觉传感器紧跟在胶枪的后面,以捕捉涂胶区域的实时图像。采集到的图像会传送给图像处理系统,通过各种图像处理算法来检测涂胶区域的质量。

除了涂胶,焊接过程也是汽车制造过程中重要一步。焊接将不同的零部件连接在一起,然而焊接后的焊缝通常不是最终所需的表面,因为焊接会产生内部应力、不均匀性,以及不光滑的焊接表面。为了解决这些问题,需要进行抛磨以获得平滑的焊接表面。传统焊接后的焊缝质量检测主要依赖人工,操作员通过肉眼观察焊缝的外观来判断质量。这种方法存在劳动效率低、主观判断容易产生误差等问题。为了提高焊缝抛磨质量检测的效率和准确性,可以采用视觉检测技术,将线结构光视觉传感器安装在工业机器人上,帮助机器人实现自主检测和抛磨焊缝。

汽车制造涉及大量的零部件,其中一些部件对整车的安全性能至关重要。机器视觉技术可以用来检测这些零部件的质量,包括发动机零件、制动系统、传动系统等。视觉系统可以自动识别零部件上的缺陷、裂纹、磨损和其他质量问题,以确保只有高质量的零部件被用于汽车生产,提高了生产效率和产品质量。在汽车制造中,零部件通常会标有字符码等标识,用于追踪和管理。机器视觉技术可以用来读取这些字符码,确保零部件被正确地识别和追踪。这有助于防止零部件的混淆、缺失或错误使用,提高了生产过程的可追溯性。机器视觉还可以用于监测装配过程中的缺陷行为,如不正确的装配顺序和安装方式,系统通过检测并记录这些缺陷行为,对生产流程实现进一步的改善[128]。

12.2　智能驾驶：AI 赋能无人驾驶

互联网、高精度地图及智能驾驶技术的融合,促进了无人驾驶汽车技术的进步。作为基于人工智能和自动化技术的重要领域,无人驾驶汽车能够在无需人为干预的情况下完成车辆的行驶任务。借助激光雷达、摄像头、GPS 等装置,无人驾驶汽车能够感知周围环境,并利用内置的人工智能算法做出智能决策,实现自主导航和避障[129]。

1. 传感技术

传感技术在无人车的自主行驶中起着至关重要的作用,它使得无人车能够感知和理解周围环境,包括道路、障碍物、交通标志、行驶车辆、行人等。无人车通过多种传感器来感知周围环境。其中包括：

激光雷达：激光雷达通过发射激光束并测量其返回的时间来计算物体与车辆之间的距离。它可以高精度地扫描车辆周围的物体，从而形成一个三维的点云图，精确地反映车辆周围的环境信息。

摄像头：摄像头可以实时拍摄车辆前方的图像，用于识别道路标志、交通灯、车道线、行驶车辆和行人等。通过图像识别技术，摄像头可以提取出图像中的特征信息，帮助无人车检测道路情况和周围的动态物体。

超声波传感器：超声波传感器可以测量物体与车辆之间的距离，用于检测前方的障碍物。虽然它的感知范围相对有限，但在近距离障碍物检测方面非常有效。

GPS：全球定位系统（GPS）用于获取无人车的位置信息和定位，为车辆提供地理定位的基础。

无人车通过传感技术实现环境感知的步骤可以概括如下：

（1）数据采集。快递配送无人车搭载多种传感器，如激光雷达、摄像头、超声波传感器等，用于感知周围环境。这些传感器持续采集数据，包括物体的距离、位置、速度、方向等信息，以及摄像头拍摄的图像数据。

（2）数据预处理。由于传感器采集的数据可能存在噪声和不完整性，数据预处理是必要的。预处理过程包括滤波、降噪、数据校准等，以确保传感器数据的准确性和一致性。

（3）物体检测与识别。利用深度学习下的目标检测算法（如 YOLO、SSD）和图像识别算法（如 ResNet、inception），对摄像头拍摄的图像进行处理，以识别周围环境中的道路标志、行驶车辆、行人等物体。其中目标检测是计算机视觉领域的一个重要任务，目标是在图像或视频中准确定位和识别多个目标物体的位置和类别。YOLO（You Only Look Once）和 SSD 是两种常用的目标检测算法，通过深度学习网络来对图像中的目标进行识别和定位，同时输出目标的类别和边界框。图像识别是计算机视觉领域的另一个重要任务，目标是识别图像中的物体类别。ResNet（Residual Network）和 inception 是两种常用的图像识别算法。它们利用深层神经网络来学习图像的特征表示，并根据这些特征将图像分类为不同的类别。

（4）障碍物监测。通过对激光雷达扫描数据的处理，实现对周围障碍物的检测和辨识。激光雷达是无人车中常用的传感器之一，它通过发射激光束并测量其返回的时间来计算车辆周围物体的距离和位置。激光雷达扫描数据呈现为一个点云图，包含了周围环境中物体的三维坐标信息。通过对激光雷达扫描数据的处理，可以检测周围环境中的障碍物，如其他车辆、行人、建筑物等。障碍物检测是指识别激光雷达点云图中代表障碍物的点，从而确定这些障碍物的位置和形状。常见的障碍物检测算法基于点云数据的形状和密度分析,如聚类算法、分割算法等。这些算法可以将点云图中的点分组成不同的聚类,每个聚类代表一个障碍物。

(5)环境建模。通过传感器数据,实时构建车辆周围环境的模型,环境模型包括三维点云图或二维地图,用于更好地理解和预测周围环境的动态变化。三维点云图使用激光雷达扫描数据生成,它将周围环境中的物体表示为一系列三维点的集合,每个点代表一个物体的位置和坐标。而二维地图通常使用摄像头图像或激光雷达数据生成,它将周围环境映射到一个二维平面上,包含了路面、障碍物、道路标志等信息。环境建模侧重于对感知数据进行整合和处理,构建车辆周围环境的综合表示,为车辆的决策和规划提供基础。

(6)多传感器数据融合。将来自多个传感器的数据进行融合,形成一个综合的环境感知信息。传感器数据融合可以提高无人车的感知准确性和稳健性,使无人车能够更好地理解周围环境。多传感器数据融合的方法有很多,整体上可以分为四类:基于可识别单元的信息融合策略、基于特征互补的融合策略、不同传感器目标属性的融合策略和基于不同传感器决策的融合策略[130]。

基于可分辨单元的信息融合策略:可分辨单元指的是从不同传感器获得的数据所代表的环境中的可识别对象或目标。例如,对于无人车来说,可分辨单元可以是周围的物体、行人、车辆、道路标志等。可分辨单元的融合策略将不同传感器的可分辨单元数据直接融合的方法,并在融合后对数据进行进一步处理。

基于特征互补的融合策略:在这种融合策略中,异质传感器被用于捕获目标的多个不同尺寸特征。例如,图像传感器可以提供目标的视觉特征,而激光雷达则可以提供目标的距离和位置信息。通过将这些异质传感器的数据结合在一起,然后利用融合后的多传感器特征,应用分类和识别算法将目标归入相应的类别,实现精准的识别。在目标检测和识别中,所提取的特征可以分为目标参数提取和数据特征提取两个方面。目标参数提取包括从预处理数据中获取目标的大小、距离、方向、速度和加速度等目标相关信息。而数据特征提取则指从图像或其他处理后的数据中提取特征,如目标轮廓、纹理、时频特征和颜色分布等,以用于后续的分类和识别任务。

不同传感器目标属性的融合策略:这是一种分布式数据处理方法,涉及多个传感器在数据处理过程中提取目标参数并识别不同的目标,最终形成一个综合的目标列表。这种策略的目的是通过融合多个目标列表,以获得更加真实可靠的目标信息,从而有效避免误报和漏检现象的发生。

基于多传感器决策的融合策略:该策略首先通过单个传感器获取目标的位置、属性和类别等初步决策,然后使用特定的融合策略将来自多个传感器的决策信息进行综合组合,并采用适当的方法实现最终的融合结果。其关键在于直接对特定目标进行决策,融合效果直接影响最终决策结果的准确性。

2. 车辆定位

无人驾驶汽车的车辆定位是指通过利用多源传感器信息及相关算法,以便实时且高精度地确定车辆在地球坐标系中的位置、方向和姿态。该定位过程是实现自主导航、环境感知、路径规划,以及决策制订等关键功能的基础。根据车辆定位原理和实现途径,无人驾驶汽车的定位方式主要可以分为三类[131]:

(1) 基于信号的定位。基于信号的定位的定位方法依赖全球导航卫星系统(Global Navigation Satellite System, GNSS)所发射的电磁信号,旨在精确地计算车辆的三维地理位置坐标及海拔高度。GNSS 系统是由分布于地球轨道上的卫星组成,以确保全球范围内的定位服务。在该定位方式下,车辆通过接收至少三颗卫星所传输的信号,并借助信号传播的时间差,通过多普勒效应和伪距测量等技术手段,进行复杂的信号处理与解算过程,从而得以计算其空间位置。尽管基于信号的定位在开放空旷区域表现出色,但在城市等复杂环境中,高楼大厦、建筑物等遮挡会引发信号反射、多径干扰和信号强度衰减等问题,进而导致信号失真和不稳定。

(2) 航迹推算法。航迹推算是基于车辆运动学原理的定位方法,其核心思想在于通过测量车辆的加速度和角速度,利用运动学模型进行轨迹预测,从而推算出车辆在时间上的变化轨迹。这种方法实质上是在已知车辆上一时刻的位置、速度和姿态的情况下,通过模拟车辆的运动状态来估计当前时刻的位置与方向。具体而言,航迹推算借助惯性测量单元(IMU),通过测量车辆的加速度和角速度,获得了车辆在三维空间中的运动状态变化。基于这些数据,可以应用车辆的运动学模型来计算车辆在短时间内的位移、速度和姿态变化。通过逐步累积这些变化,就能够得到车辆在一段时间内的运动轨迹。然而航迹推算存在着随时间累积误差的问题。由于测量和计算不可避免的不准确性,以及在长时间运行中可能的累积效应,航迹推算的精度会随着时间的推移逐渐下降。为了弥补这种误差累积,航迹推算通常需要与其他定位技术进行融合,如全球定位系统(GPS)、激光雷达、视觉传感器等,以及利用滤波器、优化算法等进行数据融合与校正,从而提高定位精度和可靠性。

(3) 环境特征匹配法。环境特征匹配是指利用传感器,如激光雷达(LiDAR)等,对车辆周围的环境特征进行感知和采集,进而实现车辆的定位与导航。该方法的关键在于通过捕捉环境中的显著特征,如建筑物轮廓、道路标记、障碍物等,将实际感知到的特征点与预先构建的地图特征进行精准匹配。在执行环境特征匹配时,激光雷达等传感器将发射激光束,通过测量激光束的反射时间和强度来获取车辆周围的物体点云数据。这些点云数据中包含了环境中的各种特征点。接着,算法会对这些特征点进行分析、分类和提取,识别出建筑物、道路标记、行人、车辆等不同的特征。通过比对感知到的环境特征与事先构建的高精度地图数据,如高精度的数字地图或三维点云地图,环境特征匹配算法可以推断出车辆的位置和姿态。这种匹配过程涉及寻找最佳的匹配,使得感知到的特征点与地图中对应的特征点相吻合。匹配的精度和准确性直接影响着定位的结果。环境特征匹配在城市等复杂环境中表现出色,因为这些环境中有丰富多样的特征点,可以提供更多的信息用于匹配。然而,这种方法也面临着挑战,如特征提取的准确性、动态环境下的特征变化及地图数据的更新等问题。因此,环境特征匹配常常与其他定位技术,如 GPS、惯性测量单元(IMU)等进行融合,以实现更可靠、高精度的车辆定位和导航。

3. 路径规划算法[132]

路径规划算法是实现无人驾驶汽车安全、高效、智能导航的关键。路径规划算法的主要目标是根据车辆的当前位置、目标位置及周围环境的信息,生成一条合适的路径,使车辆能够在遵循交通规则、避开障碍物的前提下,达到目标位置。路径规划算法作为典型的优化算法,结合了数学、计算机科学和工程领域的知识,旨在解决在复杂和动态环境中寻找最佳路径的问题。通过对车辆感知数据、环境信息和导航目标的分析,路径规划算法能够做出决策,使车辆能够智能地避开障碍物、优化路径选择并适应多样化的驾驶场景。

路径规划算法主要可以分为四类:传统算法、智能优化算法、基于强化学习的算法和混合算法[133]:

(1)传统算法。传统路径规划算法是一类以经典的数学和计算机科学方法为基础的技术,主要应用于无人驾驶车辆领域。这些算法通过对车辆的起始位置、目标位置及周围环境的地理信息进行建模和分析,旨在找到一条最优或合适的路径,使无人驾驶车辆能够在遵循交通规则、避开障碍物的条件下,安全而高效地达到目的地。在无人驾驶领域中,传统路径规划算法已经发展出多种不同类型的算法,其中两类较为常见且应用广泛,分别是图搜索算法和基于采样的路径规划算法。

①图搜索算法:该方法是传统路径规划的一种重要方法,其中 A * 算法是其中的代表。A * 算法基于图论,将环境地图或网络抽象为图的结构,通过在图上搜索从起始节点到目标节点的路径。在这个过程中,A * 算法采用一种启发式评估函数,结合实际代价和预估代价,以指导搜索方向,找到最优的路径。A * 算法的步骤可以概括如下:

第一,节点表示。A * 算法将搜索的图或图网络表示为一系列节点,每个节点代

表一个可能的路径点,其中包括当前位置、行动代价、启发式估计等信息。

第二,代价函数。算法使用一个代价函数来估计从起始节点到当前节点的代价。代价可以是实际的路径长度、时间、能量消耗等,根据具体问题而定。

第三,启发式函数。A＊算法的核心在于引入启发式函数,用来估计从当前节点到目标节点的代价。这个启发式估计是问题特定的,通常是一种快速但粗略的估计,用于指导搜索方向,优先探索可能的最短路径。

第四,开放列表和关闭列表。算法使用两个列表来管理节点:开放列表存储待扩展的节点,关闭列表存储已经搜索过的节点。初始时,只有起始节点在开放列表中。

第五,搜索过程。算法从开放列表中选择代价最小的节点,即估计的代价和实际代价之和最小的节点,将其从开放列表移到关闭列表,并将其相邻的未搜索过的节点加入开放列表。重复这个过程,直到找到目标节点或开放列表为空。

第六,路径重构。如果找到目标节点,可以通过反向追溯关闭列表中的节点,从目标节点回溯到起始节点,即可得到最优路径。

② 基于采样的路径规划算法:基于采样的路径规划算法是另一类传统路径规划方法,其中 RRT(Rapidly Exploring Random Tre)是代表性算法之一。这类算法通过随机采样,在环境中生成一系列采样点,并通过建立树结构(RRT)来逐步扩展路径。这种方法在高维、连续的环境中能够更好地搜索路径,并且具备一定的鲁棒性,适应性强。RRT 算法的特点在于能够处理复杂的障碍物和未知环境,并且可以在动态环境中进行路径规划。

RRT 的主要原理是通过不断地扩展树结构,从起始节点出发,按照随机采样的方式生成新的节点,并将这些节点连接到树中,直到找到目标或达到一定条件为止。RRT 的工作步骤可以概括如下:

第一,起始节点。算法从给定的起始位置开始,将起始位置作为树的根节点,表示搜索的起点。

第二,随机采样。需要在环境中随机生成一个采样点,即一个可能的路径节点。这些采样点可以在整个环境中均匀随机生成,或者根据目标位置进行有偏采样,以加速搜索过程。

第三,节点扩展。算法在树中查找距离采样点最近的节点,找到这个最近节点后,在它和采样点之间进行插值,生成一个新的节点。新节点将被添加到树中,并与最近节点之间连接,形成一个分支。

第四,可达性检查。在将新节点添加到树中之前,需要进行可达性检查。这意味着检查从最近节点到新节点的路径是否违反了环境约束,如是否穿越了障碍物。

第五,目标检测。在新节点被加入树后,检查是否已经接近目标位置。可以使用某种距离度量来判断新节点与目标位置的距离是否足够小,或者是否满足终止条件。

第六,循环迭代。重复进行第二步骤到第五步骤,直到满足终止条件,通过设置最大迭代次数,或者设定目标阈值来控制搜索的范围。

(2)智能优化算法。智能优化算法是一类基于自然进化、群体行为或学习机制的优化方法,用于解决复杂、多目标、非线性的优化问题。这些算法模仿了自然界中的进化、群体协作和学习过程,以寻找问题的最优解或近似最优解。无人驾驶汽车技术中典型的智能优化算法,包括蚁群算法(Ant Colony Optimization,ACO)、触须算法(Tentacle Algorithm,TA)以及智能水滴算法(Intelligent Water Drops,IWD)等。

① 蚁群算法。蚁群算法是一种基于自然界蚂蚁觅食行为的智能优化算法,被应用于无人驾驶汽车的路径规划问题中,以寻找适应性强且满足约束条件的最佳路径。蚁群算法的核心思想是模拟蚂蚁在寻找食物时的信息传递和选择行为。蚂蚁在行走的路径上释放信息素,其他蚂蚁会根据信息素的浓度选择路径。这种信息素的累积和挥发模拟了蚂蚁群体对路径的探索和更新过程。在无人驾驶汽车的路径规划中,蚁群算法的应用过程可以概括如下:

第一,节点表示。将道路网络或路径空间抽象为图,图的节点表示可能的路径点或路径段,边表示路径之间的连接。

第二,信息素初始化。在图的每条边上初始化一个信息素值,表示路径的吸引力或优劣程度。初始时,可以让所有边的信息素值相等,或者根据先验知识设置不同的初始值。

第三,蚂蚁移动。模拟蚂蚁在图上的移动过程。每只蚂蚁从起始节点出发,根据信息素浓度和启发式函数(如距离、道路条件等)来选择下一步的移动目标。

第四,信息素更新。蚂蚁走过的路径会释放信息素,信息素的累积和更新反映了路径的好坏。蚂蚁到达终点后,根据路径的质量更新沿途路径上的信息素值。

第五,信息素挥发。为了防止信息素累积过多,模拟信息素的挥发过程。在每次迭代后,对图中的所有边进行信息素的挥发,使其逐渐减少。

第六,迭代搜索。重复多次蚂蚁移动和信息素更新的过程,直到满足迭代次数或其他终止条件。

第七,进行路径选择。蚂蚁群体会趋向于选择信息素浓度较高的路径。将蚂蚁群体最常走的路径作为无人驾驶汽车的规划路径,即为最终的路径解。

② 触须算法。触须算法借鉴了海洋生物如章鱼伸展和收缩触须的行为,以寻找

车辆行驶路径的最优解。这种算法的核心思想是通过动态调整路径上的参数,模拟触须的伸展和收缩,以探索和优化复杂的非线性问题。触须算法在无人驾驶汽车的路径规划中的技术步骤可以概括如下:

第一,参数表示。将车辆路径规划问题的参数(如速度、转向角度等)抽象为路径上的"触须"。每个触须表示一组参数配置,代表了车辆的行驶方式。

第二,初始触须。在起始点生成一组初始的触须,这些触须将作为路径规划的起点。

第三,评价函数。定义一个评价函数,用于评估每个触须的路径质量。这个评价函数可以考虑车辆的行驶距离、时间、安全性等因素。

第四,触须伸展。每个触须会根据一定的策略选择伸展方向和幅度,即调整参数配置。例如,可以在当前参数配置的基础上随机调整速度和转向角度。

第五,路径模拟。使用伸展后的触须在地图上模拟车辆的行驶路径,得到一个临时的路径解。

第六,路径评价。将临时路径解输入评价函数,计算路径的质量得分。得分可以反映路径的平稳性、安全性等。

第七,路径更新。根据路径评价,选择质量较好的路径解,更新触须的参数配置。

第八,迭代搜索。重复执行触须伸展、路径模拟、评价和更新的过程,直到满足迭代次数或其他终止条件。

第九,路径选择。最后选择路径评价最优的触须所对应的路径作为无人驾驶汽车的规划路径,即为最终的路径解。

③ 智能水滴算法。智能水滴算法的核心思想是模拟水滴在地势变化中流动的过程,通过不断迭代更新水滴在路径上的分布,以找到车辆行驶的最优路径。在无人驾驶汽车的路径规划中,智能水滴算法的技术步骤可以概括如下:

第一,进行问题建模与参数设置。将车辆路径规划问题转化为图的表示,其中节点表示可能的路径点,边表示路径之间的连接。确定适当的评价函数,考虑车辆的行驶距离、时间、能耗、安全性等因素。设定算法的参数,如水滴数目、迭代次数、水滴更新策略等。

第二,生成初始水滴。在起始点生成一定数量的初始水滴,每个水滴表示一个可能的路径解。水滴的初始位置可以是随机的,或者根据启发式信息初始化,如距离目标点近的位置。

第三,模拟和评价路径。对每个水滴,根据当前位置和地势信息,模拟车辆在地图上的行驶路径。计算路径的质量得分,使用事先定义的评价函数,综合考虑多个目标和约束。

第四,确定水滴更新策略。基于当前位置的地势信息和评价函数值,确定每个水滴的下一步移动方向和幅度。可以采用基于梯度的策略,使水滴倾向于朝着路径质量较高的方向移动。

第五,更新水滴位置。根据更新策略,调整每个水滴在路径空间中的位置。水滴的新位置可以是当前位置加上一定的增量,以实现路径的更新。

第六,路径汇聚与选择。重复执行路径模拟、评价和水滴位置更新的过程,逐步使水滴在路径空间中汇聚到最优解附近。在每次迭代后,选择质量较高的水滴所对应的路径作为当前最优解。

第七,设置终止条件。根据预设的迭代次数或其他终止条件,判断是否继续迭代。可以设置一个容许误差,当最优解在一定范围内稳定时终止迭代。

第八,选择最终路径。在迭代结束后,选择最终评价得分最高的水滴所对应的路径作为无人驾驶汽车的规划路径,即为最终的路径解。

(3) 基于强化学习的算法。强化学习(Reinforcement Learning, RL)是一种在无人驾驶汽车中广泛应用的机器学习方法。在强化学习中,车辆利用自身传感器与环境进行持续交互,以获取对未知环境的知识和经验,从而使车辆能够做出更优决策以实现特定目标。无人驾驶车辆的强化学习框架如图 12-2 所示。

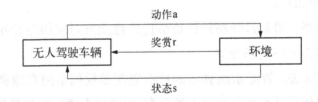

图 12-2　无人驾驶车辆的强化学习框架

无人驾驶车辆:在强化学习过程中,无人驾驶车辆被视为一个智能体(agent),负责感知环境、选择动作以及通过学习来改进其行驶策略,其主要任务是在复杂多变的道路交通条件下,通过不断地交互学习以获得最大化预期奖赏。

环境(environment):无人驾驶车辆周围的道路环境和其他交通参与者构成了环境,环境的状态随着时间变化,而智能体需要不断适应这些变化。环境是智能体行动和决策的主要信息来源,智能体通过与环境进行交互以完成任务。

动作(action):动作是指智能体执行的决策和操作,以改变环境状态。在无人驾驶过程中,动作具体是指车辆的加速、刹车、转向等一系列操作。智能体需要在给定当前状态的情况下选择一个动作,以便最大化预期奖赏。

状态(state)：状态是描述环境的关键信息，车辆感知到的环境状态能够对无人驾驶车辆所处的交通道路环境进行描述，智能体通过传感器感知环境的状态，并基于当前状态做出决策和行动。

奖赏(reward)：在每个时间步，智能体执行一个行动后，会收到一个奖赏(reward)来评估行动的好坏。奖赏可以是正值、负值或零，反映了行动对于实现特定目标的影响。

强化学习在无人驾驶领域的优势在于，能够通过与环境进行交互和尝试来进行在线学习，通过与环境的实际互动来获取知识。它可以在不断的行动和评价循环中，逐步改进和调整行动策略，以在特定环境中获得最优的行动方案。常用的强化学习算法包括瞬时差分法、Sarsa 算法和 Q-learning 算法。其中，Q-learning 算法是一种有效的与环境模型无关的算法，它具有在线学习的特点，能够逐步优化车辆的行动策略，其技术步骤可以概括如下：

① 状态空间和动作空间定义。将无人驾驶汽车的路径规划问题抽象为状态空间和动作空间。状态空间包括所有可能的环境状态，如车辆的位置、速度、周围交通状况等。动作空间包括车辆可以执行的所有可能行动，如加速、减速、转向等。

② Q-value 函数初始化。通过初始化一个 Q-value 函数，用于估计在给定状态下采取不同行动的预期收益。Q-value 表示在特定状态下采取特定行动的累积奖励。

③ 与环境交互。无人驾驶车辆通过传感器感知当前状态，并基于 Q-value 函数选择行动。执行选定的行动，与环境进行互动，得到下一个状态和相应的奖励。

④ Q-value 更新。根据获得的奖励，使用 Q-learning 更新 Q-value 函数的值。Q-value 的更新遵循贝尔曼方程，它表示当前状态下采取某个行动的预期奖励与下一个状态的最大 Q-value 之和。

⑤ 策略改进。基于更新后的 Q-value 函数，调整智能体的策略，使其在特定状态下选择具有较高 Q-value 的行动，即更有可能带来更好的奖励。

⑥ 迭代学习。重复执行与环境交互、Q-value 更新和策略改进的步骤，直到 Q-value 函数收敛到最优解，或达到预设的迭代次数。

⑦ 路径规划。在学习完成后，根据最终的 Q-value 函数，无人驾驶车辆可以通过查找具有最高 Q-value 的行动来制订行驶策略和路径规划[134]。

(4) 混合算法。混合算法是一种将不同类型的路径规划算法相结合的方法，旨在充分利用各种算法的优点，弥补各自的局限性，从而实现更高效、精准、安全可靠的无人驾驶车辆路径规划。混合算法通常结合经典的路径规划算法、智能优化算法和基于强化学习的算法,以期在复杂和动态的驾驶环境中取得更好的效能。

典型的混合算法,如将人工势场法(Artificial Potential Field, APF)与改进的快速扩展树(RRT)算法相结合,旨在应用于无人驾驶车辆的实时路径规划。这个方法的主要目标是克服单一算法在复杂环境下的局限性,从而实现更精确、高效和适应性强的路径规划。在该混合方法中,路径规划过程被分为两个关键阶段,即局部规划和全局规划。具体而言,该方法首先在局部规划阶段采用人工势场法,这是一种基于物体之间相互作用的概念模型。人工势场法通过将车辆视为一个带电粒子,使用引力和斥力场来引导车辆朝着目标位置移动,同时避开障碍物。这种方法在简单的环境中表现出色,但在复杂的环境中可能陷入局部极小值,导致路径规划陷入困境。为了克服人工势场法的局限性,当算法陷入局部极小值时,混合方法会智能地选择临时目标点,并切换到改进的 RRT 算法。RRT 算法作为一种能够有效探索状态空间的随机化搜索算法,在寻找路径时能够避免陷入局部最优解。通过使用 RRT 算法,混合方法可以帮助搜索过程跳出局部极小点,重新探索更广泛的路径选择。一旦混合方法成功逃离局部极小点,它将切换回人工势场法,继续进行路径规划。这种策略能够使算法在局部和全局规划之间实现平衡,充分利用两种算法的优势,从而提高路径规划的准确性[135]。

此外,还有"双层规划算法"的混合路径规划方法,将蚁群算法的全局路径规划特性与改进的 A * 算法的局部滚动预测碰撞特性相结合,用于无人驾驶车辆的路径规划。这种算法的主要目标是克服传统路径规划算法在动态环境中的局限性,提高路径规划的效率和安全性。该算法包含两个关键阶段,分别是全局规划和局部规划。在全局规划阶段,算法采用改进的蚁群算法来规划一条最优的全局路径序列。蚁群算法是一种模拟蚂蚁觅食行为的启发式算法,通过蚂蚁之间的信息交流和跟踪最优路径,找到全局最优解。通过这种方式,双层规划算法能够快速而有效地规划出全局最优的路径。在局部规划阶段,算法会检测无人驾驶车辆在前进时滚动窗口内是否存在动态障碍物。如果有动态障碍物存在,算法会探测这些障碍物的信息,如速度和方向,并进行局部碰撞预测。根据预测结果和相应的碰撞策略,双层规划算法会采用动态 A 算法来规划出一条能够绕开当前范围内所有障碍物的局部路径。动态 A 算法是 A * 算法的改进版本,能够在局部范围内实时调整路径,以适应动态障碍物的变化。通过将蚁群算法的全局规划特性与改进的 A * 算法的局部规划特性相结合,双层规划算法能够在复杂和动态的环境中实现高效且安全的路径规划。全局规划保证了整体路径的最优性,而局部规划保障了路径在运动过程中的及时调整和绕障能力。这种混合方法的优势在于能够快速规划出适应动态环境的路径,同时保持全局最优性,为无人驾驶车辆在现实驾驶场景中的应用提供了一种可行的路径规划解决方案[136]。

12.3　智能维修: AI 助力故障诊断

随着汽车产量的持续增长,汽车保有量也不断攀升,作为现代社会不可或缺的交通工具,汽车制造商不断推出新车型以满足不同用户的需求,从传统的燃油汽车到电动汽车、混合动力汽车等多样化产品,使得道路上的车辆数量不断增加。随着车辆数量的增加,修车的需求量也随之激增。无论是日常磨损、意外碰撞,还是技术故障,车辆在运行中难免会出现各种问题,需要定期维护和修理。而汽车技术的不断发展也为车辆维修增加了复杂性。现代汽车不再仅仅是机械构造的产物,它融合了复杂的电子、计算机和通信系统。这些高科技组件的引入使得故障诊断变得更加具有挑战性,维修人员需要掌握多学科的知识,从传统机械故障到电子设备的故障,都需要全面的技术支持和解决方案。

在这种背景下,智能化的故障诊断技术成为了汽车维修业务的关键科技驱动力。通过利用先进的传感器、数据分析和人工智能技术,车辆可以实时监测自身的状态,捕捉潜在的故障信号。这种技术使得维修人员能够更准确地定位问题,提高维修效率,减少猜测和试错的时间。同时,智能化诊断技术也为维修人员提供了更详细的故障信息,加速了问题的解决过程。智能化的故障诊断技术还有助于预防性维修和主动维护的实现。借助大数据分析和机器学习,车辆可以在问题严重之前预测潜在故障,提供维护建议。这种主动性的维修方式有助于减少突发故障的发生,延长车辆的使用寿命,并最终降低维修成本。

车辆故障可以分为两类:简单故障和复杂故障。简单故障往往是一些常见的、肉眼可见的问题,如雨刮器磨损、燃油泄漏、蓄电池电量不足等。维修人员可以根据其经验和直觉,通过观察和检查来判断问题的根源,并进行相应的维修。复杂的汽车故障通常涉及车辆的多个系统和组件之间的相互作用,往往不容易通过简单的经验和视觉观察来准确地定位和解决。例如,一个发动机性能下降的问题可能并不是由发动机本身的故障引起的,而可能是由于电子控制系统的异常导致,或者与燃油供应系统的问题有关。因此,引入专业的汽车故障诊断技术和设备会对提高汽车维修效率起到至关重要的作用,同时,人工智能技术的发展也为汽车的故障检测提供了新的解决方案。

由于汽车整体系统的高度复杂性以及故障的多样性,维修人员在进行故障判断和制订维修方案时面临重重挑战。主要原因在于,故障原因与故障现象之间缺乏一一对应的明确关系,一个特定的故障根因可能会引发多种不同的故障表现,而同样的故障现象也可能由多种不同的根本原因造成[137]。在汽车故障诊断领域,往往难以建立起明确的故障等级分界,这种模糊的问题描述方式会对实现自动化的故障检测产生影响。随着技术的发展,人工智能神经网络算法的引入为故障诊断带来了解决方案。神经网络在处理复杂的问题时表现出色。通过对大量的数据进行训练,神经网络能够学习到故障原因与故障现象之间的复杂关系,从而能够在面对新的情况时做出更准确的判断,为维修人员提供更有针对性的指导[138]。

人工神经网络旨在模仿生物神经网络的功能,在处理信息时表现出生物神经元的行为。每个神经元接收来自其他神经元的输入,通过权重来调整这些输入的影响,然后生成输出。这些神经元之间的连接形成了网络,通过复杂的连接和调整,网络可以对输入数据进行学习和预测。与传统的算法相比,人工神经网络在处理复杂、非线性问题方面表现出色。它可以通过学习大量的数据来捕捉输入数据之间的复杂关系,从而实现更准确的预测和分类。这种网络的学习过程涉及权重的调整,使得网络能够逐渐优化以适应特定任务。虽然人工神经网络的训练和调整过程较为复杂,但一旦训练完成,它们可以以高度并行的方式处理大规模的数据,为车辆复杂故障的检测问题提供了新的解决途径[139]。

1. BP 神经网络

从技术的角度来说,构建基于 BP 神经网络的车辆故障检测系统的流程如图 12-3 所示。

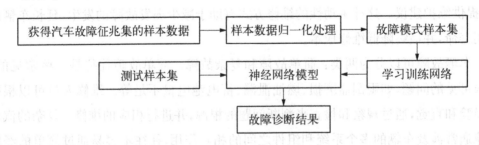

图 12-3 基于神经网络的汽车故障诊断流程

(1)为了建立有效的神经网络模型,必须通过一系列试验和测试获得相关数据,这些数据包含了在不同操作条件下的汽车系统响应和行为。这些试验提供了各种操作情景下的真实数据,为神经网络的训练提供了基础。

(2)对这些相关数据进行归一化处理和特征值的提取。归一化处理旨在将数据映射到统一的尺度,避免不同特征尺度带来的影响。特征值提取则旨在从原始数据中抽取最有代表性的特征,以便神经网络能够更好地识别和分析。这种特征工程的过程在整个建模过程中具有至关重要的地位。

(3) 得到经过处理的数据后,进一步构建网络状态下的故障模式样本集。这个样本集涵盖了不同系统状态下可能出现的各种故障模式,提供了网络所需的多样性和全面性的训练数据。

(4) 开始对这个样本集进行神经网络的训练。这个过程涉及将预处理后的数据输入神经网络,通过前向传播和反向传播来调整网络的权重和参数。训练的目标是使网络能够准确地对不同故障模式进行分类和诊断,以构建一个可靠的诊断模型。

(5) 通过建立测试样本集,对构建好的神经网络诊断模型进行测试。这些测试样本可能是实际故障情况的模拟,也可能是真实系统中的故障情况。将测试样本输入到神经网络中,获得网络的输出结果,然后将这些结果与实际故障类型进行比较。通过对比分析,可以得出系统的诊断结果,判断网络的准确性和可靠性[140]。

2. 模糊逻辑结合 BP 神经网络

汽车故障往往表现为一个现象可能对应多个潜在原因,或一个原因可能引起多个不同的结果。在这种情况下,传统的精确逻辑和单一的神经网络模型难以准确地处理多样性。模糊逻辑能够更好地表达这种多对多的关系,它可以通过模糊规则和隶属度函数将模糊的输入映射为模糊的输出,从而实现对特定征兆的精准表示和对应原因的精准诊断。此外,模糊逻辑可以在一定程度上容忍数据误差和不准确性。在汽车故障检测中,故障征兆数据可能受到外部环境、干扰、人为因素等影响,导致采集到的数据存在一定的误差。模糊逻辑的容错性使得即使在数据存在一定偏差的情况下,仍能够进行准确的推理和诊断,从而提高了系统的鲁棒性。另一方面,通过模糊逻辑的存在,可以在设计反向神经网络时克服数据采集误差带来的问题。反向神经网络通常用于故障诊断中,它能够从故障特征出发,逆向推导可能的故障原因。模糊逻辑的容错性可以避免诊断系统在数据采集过程中受到错误信息的影响,从而确保逆向模型的准确性。因此,模糊逻辑与 BP 神经网络的结合,可以更好地处理汽车故障检测中的多样性、不确定性和数据误差问题,提高系统的可靠性和准确性。

将神经网络与模糊逻辑相结合,形成模糊神经网络结构,这种设计充分利用了模糊逻辑对故障征兆和原因的准确识别能力,以及神经网络在处理非线性数据问题方面的优势。在故障检测的模糊神经网络结构(见图 12 - 4)中,网络结构包括三个主要模块:模糊逻辑、BP 神经网络和反模糊逻辑;网络结构共五个层次:输出层、模糊输入层、BP 隐含层、模糊输出层和清晰化层。

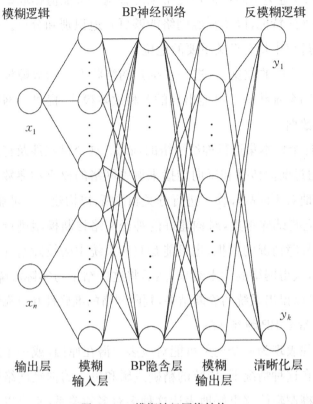

图 12 - 4　模糊神经网络结构

　　(1) 输入层作为模糊神经网络的第一层,每个节点代表一个故障征兆的输入值。这些征兆包括从车辆传感器获取的数据,如引擎温度、转速等。输入层的任务是将原始数据提供给下一层进行处理。

　　(2) 模糊输入层。这一层的作用是将输入的故障征兆映射为模糊的表示,以实现对特定征兆的精确辨识。模糊逻辑的优势在于能够处理不确定性和模糊性的问题,从而更准确地捕捉故障征兆的含义。这个过程涉及隶属度函数的构建和使用,以及根据不同类型的变量采用不同的方法来处理。

　　隶属度函数是模糊逻辑中的关键概念,它用于将具体的数值映射到模糊集合中的隶属度值,表示了该数值与该模糊集合的关联程度。对于模糊向量的表示,可以使用一个或多个隶属度函数,每个函数对应一个模糊集合。这些隶属度函数可以通过不同的方法建立。

　　对于数值变量,可以使用模糊聚类方法来建立隶属度函数。模糊聚类是一种能够自动将数据点分配到不同的模糊集合中的方法,根据数据点之间的相似性进行划分。这种方法适用于连续性的数值变量,可以帮助确定隶属度函数的形状和参数,使得模糊向量能够更好地反映实际数据分布。

对于非数值性变量,可以采用专家经验法来建立隶属度函数。在这种情况下,专家根据其领域知识和经验,对不同变量的隶属度函数进行设定。这样的方法适用于那些不易量化的变量,如文本描述的故障征兆,专家可以根据其理解和经验,将模糊集合与具体的描述相匹配。

(3) BP 隐含层。隐含层在神经网络中起到非线性映射的作用,用于实现模糊输入层到模糊输出层的一一映射。这一层的存在体现了 BP 网络强大的非线性处理能力,可以从模糊的输入中学习和捕捉复杂的关联关系,有助于进一步提高系统的准确性。

(4) 模糊输出层。模糊输出层的设计是为了能够更准确地刻画故障原因的可能性分布,从而为最终的故障诊断结果提供更精确的信息。在这一层中,每个节点对应于一种可能的故障原因,节点的输出值经过模糊化处理,即将其映射到一个模糊集合中,以表示该故障原因存在的可能性。数值越高则表示故障原因可能性越大,数值越低则表示故障原因可能性越小。

(5) 清晰化层。作为模糊神经网络的最后一层,其任务是利用隶属度函数对模糊输出值进行处理,从而诊断并识别出最终的故障原因。这一步骤是将模糊化的输出转化为清晰的故障原因,为实际的车辆故障诊断结果提供解释和依据[141]。

12.4　小结

人工智能技术在汽车行业的广泛应用,涵盖了汽车制造、无人驾驶和汽车故障诊断等多个领域。例如,机器视觉在汽车制造过程中的应用为整个汽车制造流程提供了有力的支持,使得汽车生产变得更加便捷、高效,并为汽车制造企业带来了切实的效益。机器视觉在汽车制造的质量和效率方面扮演着关键的角色,凭借其卓越的性能和功能,使整个制造流程更加顺畅。引入机器视觉技术使得汽车制造企业实现了自动化生产。这项技术的应用提升了生产线的吞吐量和准确度,加速了汽车的生产周期,避免了人工在恶劣的环境中工作,同时也降低了制造成本。基于人工智能算法的无人驾驶技术已经得到了广泛应用,通过深度学习算法、传感器技术和实时数据分析等,自动驾驶汽车能够实现更加安全智能的驾驶,为用户提供了更多的出行选择。最后,人工智能技术也在汽车故障诊断领域发挥了重要作用,利用数据分析和机器学习算法,能够及时检测和预测汽车故障,提高了汽车的维护效率。总的来说,人工智能技术的应用不仅提高了汽车制造的质量和效率,增强了汽车驾驶的可靠性和便捷性,降低了汽车相关企业的生产成本,也为未来汽车产业的发展开辟了更加广阔的前景。

思考题

(1) 在传统的汽车制造业中,存在哪些需要解决的问题? 总结思考人工智能等技术是如何解决这些问题的。

(2) 在汽车驾驶和维修的相关领域中,人工智能技术的应用帮助企业在哪些方面实现了转型升级?

(3) 假设你是一家汽车企业的负责人,结合你目前对汽车行业的了解,谈谈你认为的未来汽车行业,还有哪些方面可以利用人工智能技术来实现创新。

第13章
教育行业

13.1 智慧教育辅导应用

1. 拍照搜题功能

在教育需求不断增长的背景下,如何在有限的师资力量下提供更高效的学习方式,已经成为传统教育行业面临的重要难题。随着人工智能等技术的迅速发展,教育行业开始尝试将人工智能应用于实际教学场景。由于学习者的知识水平和学习进度各不相同,他们可能在某些问题上遇到困难,需要针对性的解答和指导。在这种背景下,拍照搜题功能应运而生,智能手机和平板计算机等电子设备的普及,也为这一功能提供了基础的硬件条件。拍照搜题功能主要基于光学字符识别(OCR)技术,用户通过手机或其他图像采集设备拍摄题目图像,软件利用图像识别技术将图像中的文字和符号转化为可编辑的文本信息。随后,通过与题库或数据库中的题目进行比对和匹配,系统寻找与所拍摄图像内容相匹配的题目,最终将相应的题目答案、解题步骤或相关资料反馈给用户,以提供问题解答和学习参考[142]。这一过程涵盖了图像处理、文本识别、信息检索等多个领域的技术,为教育平台的用户提供了一种便捷的获取知识和信息的途径。

拍照搜题功能从技术实现角度主要涉及两种方法。

第一种方法是基于图像检索的图像搜索。在这种方法中,题库中的题目以图像的形式存储。当用户使用拍照上传解题需求时,算法会计算用户拍摄的题目图像的特征,并通过搜索和排序的方式,在题库中找到具有最相似特征的图像,从而识别出用户所搜索的题目。

这种方案本质上依赖计算机视觉特征和机器学习算法的匹配检索技术。然而,这种方法存在一些限制。首先,系统的题库必须以图像的形式存储,这会占用较大的硬件空间并降低计算效率,从而带来较低的性价比。其次,基于图像特征的比对来界定文本题目的相似度,相对于直接基于文本特征进行题目相似度比对,其准确率可能较低。

另一种方法是基于 OCR 技术和深度学习结合的拍照搜题技术方案,基于文本特征进行题目相似度比对具有更高的可靠性。这种方法不仅能够避免图像存储所带来的问题,而且能够更准确地度量题目之间的相似性。通过对题目文本进行语义分析和文本挖掘,可以更精确地衡量题目之间的语义关联,从而提高解题准确率。这种方法主要涉及的步骤如图 13-1 所示。

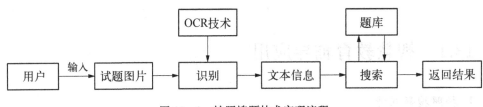

图 13-1　拍照搜题技术实现流程

(1) 图像输入及预处理。用户通过拍照上传题目图片,系统接收并进行图像预处理。这包括将彩色图像转换为黑白图像(二值化),去除噪声和冗余特征,以及进行倾斜校正,以确保后续处理的准确性。

(2) 版面分析与字符切割。在预处理后,系统进行版面分析,即将图片中的文本进行段落和每一行的切分,以识别出题目中的不同文本区域。同时对于每一行的文本,需要进一步进行字符切割,将图片中的每个字符划分为单独的区域。这样,每个字符就被单独处理,方便后续的文字识别过程。

(3) 字符识别。在字符切割后,系统采用深度学习算法进行文字识别。这通常涉及使用卷积神经网络(CNN)来提取字符图像的特征,并通过下采样操作保留关键特征。然后,这些特征被输入到全连接层进行处理,最终输出字符的概率分布。深度学习技术在文字识别方面已经取得了显著的进展,因此能够有效地从图片中准确地识别出字符。

(4) 进行文字匹配和搜索。一旦字符被成功识别,系统将获取用户拍照的题目文本。接下来,系统会将这个文本与平台数据库中的题库进行比对,以找到最相似的题目。在这一步骤中,可以使用文本相似度计算方法(如编辑距离、余弦相似度等)来度量题目之间的相似性,并给出匹配程度排名靠前的答案供用户选择。

通过将 OCR 技术与深度学习相结合,这种方案能够更准确地从用户上传的题目图片中提取文本信息,并在题库中进行快速有效的匹配搜索。相比于纯图像检索方案,基于 OCR 和深度学习的技术在题目文本识别和相似度比对方面更具优势,从而提高拍照搜题功能的准确性和用户体验。

2. 发音纠正——智能语音测评功能

智能语音评测是一种基于人工智能技术的语音分析和评估系统,旨在评估和提供对说话人语音的自动化分析和反馈。智能语音评测的本质是计算机辅助语言学习,通过为学习者提供个性化的语音评估和反馈,以促进他们的语言能力的提升,常见的应用场景有英语发音跟读评分、背诵检查等。发音评判的维度包括准确率、流畅度、完整度、韵律和语调等方面。口语表达的好坏评价则相对主观,人工专家会根据个人经验和知识在各个维度上进行评分。AI 评测系统的目标就是通过不断的学习,使智能评分逐渐接近专家水平。AI 语音评测的性能一般参考两个主要指标:相关系数(Pearson correlation coefficient)和一致性(Kappa coefficient),得分越接近专家评分,系统的可靠性就越高。AI 评测系统基于特征提取工程,对多维度信息进行收集,包括发音准确度(Goodness of Pronunciation, GOP)、元辅音、词性、声调和发音时长等。通过神经网络模型,系统能够对多维度的信息进行预测,并给出评分结果。

利用计算机辅助语言学习技术,可以有效地检测英语学习者的发音准确性,并确定其发音错误的具体原因。这项技术能够及时、高效、便捷地为用户提供个性化的发音指导,不受传统面授教学的时空限制。近年来,音素级发音检错技术备受关注,它能够检测学习者发音中的多读、漏读和错读音素,并根据发音错误进行诊断,提供相应的文字和视频发音教程,为学习者提供专业级的个性化发音指导建议。

传统的语音评测方法主要采用强制对齐技术,通过确定朗读文本中各个音素在音频中的起止时间,并计算目标发音音素与其他音素的概率比值(即 GOP 分数)来评估发音准确性。然后通过设定阈值等方法,判断各个音素的发音是否正确,并综合音素的 GOP 分数来回归评分单词或句子。然而这种方法存在几个问题:首先,当发音错误发生时,强制对齐的时间边界可能与实际发音音素序列的时间边界不一致,导致计算的实际发音概率值偏低,无法准确进行错误检测和诊断。而且扩展常见发音错误需要专家知识,难以涵盖实际应用中的各种可能情况。其次,强制对齐方法难以准确处理增读和漏读音素的情况,尤其是增读。此外,计算发音质量的 GOP 值对时间边界非常敏感,但是获得准确的时间边界标注的大规模语料库非常困难。最后,传统的帧级识别模型多采用高斯混合模型—隐马尔可夫模型(GMM‐HMM)、神经网络模型等,模型的训练过程相对复杂。

相较于强制对齐技术,端到端模型在语音识别领域也取得了良好的性能,同时还简化了模型的训练过程。端到端模型的特点在于它将输入直接映射到输出,省略了传统流程中的中间步骤和复杂的特征工程,包括声学特征提取和对齐等。端到端模型直接将语音信号作为输入,并输出最终的结果,实现从输入到输出的端到端映射。在发音检错的应用中,端到端音素识别的方法可直接识别学习者的实际发音音素序列。通过将其与目标发音音素序列进行最短编辑距离的匹配和对比,得到准确的检错和诊断结果,包括正确朗读、增读、漏读和错读音素。与强制对齐方法相比,端到端模型不需要准确的时间边界,而且能够方便地检测增读和漏读音素的情况。

端到端语音识别模型大致可以分为三类:CTC、基于 attention 的 encoder-decoder (AED)和 RNN - T(Recurrent Neural Network Transducer)。这些技术在处理语音识别任务时具有各自的特点和应用。首先是 CTC 技术,它基于条件独立性假设,即假设序列中的每个元素是相互独立的。CTC 模型通过在输出序列中引入特殊的标记来表示重复和空白,然后使用搜索算法将这些标记映射回原始输入序列,从而得到最终的识别结果。其次是基于 attention 的 encoder-decoder(AED)模型,它采用了编码器—解码器结构,并引入了注意力机制。编码器将输入语音信号编码成一个固定长度的表示,然后解码器通过对编码器输出的不同部分进行注意力分配,逐步生成输出序列。这种模型能够自动学习输入和输出之间的对齐关系,从而在复杂的语音识别任务中取得较好的效果。最后是 RNN - T 模型,它是一种结合了 RNN 和转录机制的端到端模型。RNN - T 模型采用了自回归解码的策略,即每个时刻的输出依赖之前时刻的输出。这种模型通过预测转录过程中的对齐关系,实现了对输入序列和输出序列之间的直接建模。

这三种端到端语音识别技术各自适用于不同的场景,并具有各自的优势。然而在发音检错的实际应用中,学习者的发音错误可能导致其音素序列模式与常见的音素组合不一致。发音检错与诊断任务的评价指标包括虚警率和召回率等,虚警率是指在实际发音正确的音素中被检测为发音错误的比例;召回率是指实际发音错误的音素中被检测为发音错误的比例。为了避免语言模型对发音错误的召回产生影响,CTC 模型被作为发音检错系统的基础。但仅采用 CTC 音素识别的发音检错系统的准确率较低,在没有文本参考的情况下转写实际发音音素序列很具有挑战性,如果能利用已知的目标发音,就能更好地判断实际发音与目标发音之间的相似程度。通过将目标发音序列作为模型的输入,为模型提供额外的先验知识,在一定程度上提高模型学习的速度,这种方法提高了发音检错系统的性能。

考虑到标注真实发音错误的音频需要耗费大量时间和人工的专业知识,难以获取大规模的标注数据,所以该模型的训练数据主要包含发音正确的样本。在这种情况下,为了增强模型的发音检错性能,并避免直接原样输出参考音素序列,系统采用了随机替换输入音素序列中的音素的方法来模拟发音错误的方式来降低虚警率。经过分析发现,高频虚警和高频未召回的音素主要涉及发音相近的音素。例如,将元音/ɪ/错误地识别为/iː/等。然而在实际英语口语教学场景中,纠正用户这类微小发音差异相对于其他更明显的发音错误来说,其优先级应该更低。因此,系统中降低了发音相近的音素的纠正优先级,例如,/ʌ/和/ɑː/、/s/和/θ/,以及词尾的/s/和/z/等,这一策略降低了系统的虚警率并提升了召回率,有利于用户在实际使用该功能时敢于大胆练习[143]。

13.2　智慧教学系统运用

尽管目前的信息化技术在教育行业中已经得到广泛应用,但许多学生的学习过程仍未能实现个性化定制。这意味着学生仍然接受相对标准化的教学内容和时间安排,没有充分考虑到学生的个人知识需求和学习速度。学生因兴趣爱好、知识水平、学习习惯等方面的不同,迫切需要个性化的学习路径和资源,但传统教育模式难以满足这些需求。对于教师而言,很难从预习、听课、复习、自学、作业、考试等多个学习场景中观察和了解每位学生的学习特征,受限于较大的班级规模和有限的教学时间,难以精准地指导每位学生的学习。因此,教育行业需要更多的应用工具来帮助实现个性化的教学方案和学生学习进展的追踪。除了教师,学校的管理也面临挑战,尤其是在数据管理方面,各类数据分布于不同的业务系统,导致数据无法融合和共享,将最终导致学校在制订管理决策的过程中缺乏全面可信的数据支持[144]。

1. 智慧教学

在这种背景下,将人工智能技术融入智慧教学,有望解决传统教育面临的个性化挑战,为学生、教师和学校带来更精确、个性化的支持和管理。智能教学集成了智能教育核心服务中的学情分析服务。信息系统会首先收集班级中的各种数据,包括学生的学习行为、姓名等基础信息和考试测验成绩等数据,并将其提交给学情分析服务,利用大数据分析和人工智能算法对数据进行处理和分析。学情分析服务会根据分析结果生成相应的学情分析报告,实现对学生学习情况的全面评估,包括单个学生的表现和整个班级情况的概览。教师可以查看这些报告来了解学生的学习情况,并根据报告中的各项指标数据来规划教学路径和设计教学方案。这种做法有助于实现教学过程的个性化和精准化,更好地满足学生的需求和提高教学效果。

以英语学科作文课这一场景为例,利用人工智能技术实现智能教学的过程如下所述:

(1) 作文练习作业批改与数据采集。AI 代理首先负责批改学生提交的英语作文练习作业。通过自然语言处理技术,它会分析和评估学生的作文内容,检测语法错误、拼写错误、句子结构等问题。同时,AI 代理还会记录学生的作文得分、评价和批注信息。

(2) 自动生成学情分析报告。基于批改和评价的数据,AI 助手会自动生成班级和个人学情分析报告。这些报告将包含多种分析指标,如错误类型分布、平均得分、常见问题等。采用图标的方式将其进行可视化展示,帮助教师直观地了解班级作文练习中的问题分布情况。

(3) 学生个性化建议与反馈。AI 助手可以根据作文批改和分析结果,为每个学生提供个性化的建议和反馈。例如,对于常见的语法错误,AI 助手可以提示学生相关的语法规则和例句,帮助他们纠正错误。这种个性化的指导可以帮助学生更有针对性地改进写作技巧。

(4) 教师教学策略调整。通过分析整体班级的学情报告,教师可以了解学生在不同错误类型上的表现,以及哪些知识点需要更多的强化。基于这些数据,教师可以调整教学策略,有针对性地安排教学内容和练习,满足学生的需求。

(5) 学习效果评估。在下一次作文练习中,学生可以应用之前的个性化建议和教师的调整进行写作。AI 助手会再次对学生的作文进行批改和分析,以评估学生是否在错误类型上有所改进,从而形成一个闭环的学习反馈循环。

2. 智慧推荐

除了直接将人工智能技术应用于智慧教学之中,基于人工智能的智慧推荐技术在教育领域也具有重要作用,它利用人工智能技术分析学生的数据和行为,为教师和学生提供个性化的学习资源、指导和支持,从而优化学习体验和学习成果。教育领域的智慧推荐技术步骤可以概括如下:

(1) 数据收集与处理。在数据收集阶段,系统不仅收集学生的基础信息和学情信息,还会考虑使用自然语言处理技术进行学生作文内容的分析。这可能包括语义分析、文本挖掘及情感分析,更准确地把握学生的学习状态和情感。

(2) 数据挖掘与分析。系统会采用更复杂的机器学习和数据挖掘算法,如深度学习模型(如循环神经网络、Transformer 模型)来对收集到的数据进行分析。这些模型可以从学生的多种数据源中提取更丰富、高层次的信息,如学习模式的时间序列分析、情感变化的动态建模等。

(3) 行为建模与经验建模。行为建模与经验建模可以利用机器学习技术,如马尔可夫模型和隐马尔可夫模型,更准确地捕捉学生的学习行为和经验,从而更精确地预测学习需求和路径。

(4) 生成学科知识图谱。学科知识图谱的生成涉及知识表示学习(knowledge graph embedding)等方法,可以将学科知识抽象为向量空间中的嵌入,从而更好地描述知识点之间的关系。在知识图谱中,每个知识点被表示为一个实体,而不同知识点之间的关系则被表示为图谱中的边。例如,一个数学知识图谱可能包含诸如"代数""几何"等实体,以及它们之间的关系,如"属于""包含"等。知识表示学习是生成学科知识图谱的关键步骤之一,它涉及将实体和关系映射到向量空间中的嵌入(embedding),使得相似的实体在向量空间中距离较近,同时保留实体之间的语义关系。

(5) 个性化学习路径规划。根据学生的学习历史、兴趣、能力和学科需求,为每个学生制订适合其个性化特点的学习路径和计划。使用强化学习算法,特别是深度强化学习,可以更准确地实现个性化学习路径规划。首先,需要将学生的学习情况和背景表示为一个状态。这个状态可以包括学生的知识水平、学习目标、学科兴趣、学习历史等信息。这些信息共同构成了学生的学习环境,用来描述学生目前的状态。然后构建行动空间,行动空间定义了学生可以在学习环境中采取的行动或选择。每个行动代表一个学习活动,如阅读教材、观看视频、做练习等。这些行动可以根据学科知识图谱、课程内容和教材资源进行定义。同时,为了制订合适的学习路径,需要定义一个奖励函数,它衡量学生在特定状态下采取某个行动后获得的回报或奖励。奖励函数可以根据学生的学习目标、知识掌握情况、学习进度等因素来设定,以鼓励学生采取有助于实现学习目标的行动。深度强化学习使用 Q-值函数来评估在给定状态下采取不同行动的预期回报。Q-值函数可以用神经网络来近似表示,将状态和行动作为输入,输出预期的 Q-值。通过训练神经网络,可以使其逐渐逼近最优的 Q-值函数。使用深度强化学习算法,如深度 Q 网络(Deep Q-Leaning Network, DQN)或深度确定性策略梯度(Deep Deterministic Policy Gradient, DDPG),在学习过程中,系统会与学生互动,观察其状态、采取行动及获得奖励。通过调整神经网络的参数,使得 Q-值函数逐渐收敛到最优的状态—行动值。训练过程中会采用经验回放等技术来平衡样本和提高学习效率。一旦 Q-值函数训练完成,就可以根据学生当前的状态和行动空间,使用 Q-值函数来评估每个行动的预期回报。然后,可以通过贪婪策略或随机选择等方法,选择具有最高预期回报的行动作为下一步的学习活动,从而生成个性化学习路径。

（6）进行学习资源的推荐。将学生和学习资源的特征表示为矩阵，其中每行表示一个学生，每列表示一个学习资源，矩阵中的值表示学生对资源的评分或交互情况。然后，可以使用基于矩阵分解的协同过滤方法，如 SVD＋＋(SVD with implicit feedback)或 FM(Factorization Machines)来分解矩阵并捕捉潜在的学生和资源的关系。为了更好地提高推荐的准确性，可以结合时间因素和多源数据。时间因素可以考虑学生的学习历史变化，使得推荐更加适应学生当前的学习需求。多源数据包括学生的社交媒体行为、在线讨论参与等，以丰富推荐模型的输入和特征。根据学生的特征和历史行为，使用训练好的模型来预测学生对未来学习资源的兴趣和评分，然后从尚未学习过的资源中选择评分较高的资源作为推荐，从而生成个性化的学习资源推荐。

3. 文本分类技术助力智慧教学

借助文本分类技术能够更好地理解和处理大量的教育文本数据，从而实现更智能化和个性化的教学、学习和管理。伴随着深度学习算法的发展，越来越多的应用场景开始运用自然语言处理(NLP)技术。NLP 是人工智能的一个子领域，主要研究人类语言与计算机之间的交互，包括理解、处理和生成自然语言文本的方法。针对文本分类这一业务场景，需要应用自然语言处理模型来对文本数据进行处理，以生成适用的文本分类标签。这样可以确保分类标签具有客观稳定性，并且能够直接应用于相关业务场景。

在 NLP 中，BERT(Bidirectional Encoder Representations from Transformers)是最具代表性的模型之一。BERT 是一种基于 transformer 架构的预训练模型，通过大规模无监督预训练和有监督微调的方式，为各种 NLP 任务提供强大的语言表示能力。与传统的语言模型只能单向处理文本不同，BERT 引入了双向编码器，能够同时从左到右和从右到左对文本进行建模。这使得 BERT 能够捕捉上下文的丰富信息，从而更好地理解词语的语义和语境。BERT 的预训练过程包括两个关键任务：掩码语言建模(Masked Language Model，MLM)和下一句预测(Next Sentence Prediction，NSP)。在 MLM 任务中，输入的文本会被随机掩盖一部分词语，模型需要预测这些被掩盖的词语。在 NSP 任务中，模型需要判断两个句子之间是否存在关联。预训练完成后，BERT 模型可以通过微调适应各种具体的 NLP 任务，如文本分类、命名实体识别、问答系统等。在微调过程中，BERT 模型会接收少量的有监督数据，通过在特定任务上进行训练来调整模型参数来更好地适应下游任务的需求。

然而在某些实际应用场景中，BERT 模型的庞大参数不仅会消耗很多计算资源，而且限制了模型进一步的扩展迭代。在作业帮的文本分类场景中，文本的分类需要使用相应的类别标签,而标签的创建和生成分为多个阶段,每个阶段的标签在不同情况下有不同的阈值。每个阶段的标签既独立存在,又相互关联。更重要的是,由于每个阶段的有监督数据很难获得,一般的机器学习模型在训练时不易获得良好的效果,所以每个阶段的标签都需要对 BERT 模型进行微调(fine-tuning)。这些问题使得每当有新的任务需求出现时,都需要对 BERT 模型进行微调。并且随着在线教育平台中的任务数量增加,部署在服务器上的 BERT 模型也会增加,这不仅会消耗大量的GPU 计算资源,也不利于后续标签的更新与维护。

为了降低计算资源的消耗,对 BERT 进行轻量化处理的方法主要包括以下几种:知识蒸馏(knowledge distillation)采用教师—学生(teacher-student)训练结构,如图 13-2 所示。通过利用已经训练好的教师模型传递知识给学生模型进行训练。在轻微性能损失的前提下,学生模型能够获得教师模型中所包含的复杂知识,实现知识的迁移,从而实现轻量化。剪枝(pruning)是在不改变模型结构的情况下,通过去除模型中较小作用的连接来减小模型的维度。通过剪枝,可以消除冗余的连接,降低模型参数量,达到轻量化的效果。量化(quantization)是将高精度的参数类型转换为精度较低的参数类型,以减小模型的尺寸和计算时间消耗。通过将浮点型参数转换为定点型参数或较低位数的浮点型参数,可以大幅度降低模型的存储和计算需求,实现模型的轻量化。

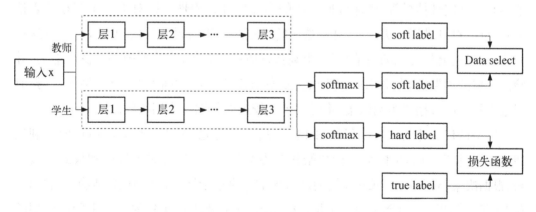

图 13-2 教师—学生(teacher-student)训练结构

通过结合知识蒸馏中的教师—学生模式与主动学习方法,可采用 BERT 模型对TextCNN(Text Convolutional Neural Network)的推理结果进行筛选。主动学习的目的是为了解决标注数据的获取问题,通过主动地选择哪些未标注的样本进行标注来最大限度地减少标注成本。TextCNN 是一种将卷积神经网络(CNN)应用于文本分类的改进模型。TextCNN 将文本表示为一个固定大小的向量,通过卷积操作捕捉文本中的局部特征,并通过池化操作对这些特征进行汇总。在输入层中,模型把文本数据映射为向量,将其表示为词嵌入(word embeddings)。卷积层通过多个不同大小的卷积核对输入的文本进行卷积操作,以捕捉不同长度的局部特征。卷积层后应用非线性激活函数(如 ReLU 函数)来引入非线性特征表示。然后对每个卷积核的输出进行池化操作(如最大池化或平均池化)来获取最显著的特征。最后将池化层的输出连接到全连接层,以便于进一步的处理和分类。TextCNN 中的损失函数(loss)是用于衡量模型在预测过程中产生的预测结果与真实标签之间的误差。在训练过程中,模型通过最小化损失函数来优化模型参数,以使预测结果尽可能接近真实标签。通过使用数据增强的方法对 TextCNN 进行迭代训练,逐步提高其推理效果,并使其接近于 BERT 模型。

在线教育平台上的文本数据具有一定的时间周期性,且部分文本数据的表达方式相似。正负例样本之间存在竞争性表述,导致相同主题的表达方式具有较大差异。而且在文本数据(如用户的评论和咨询)中,使用的表情符号种类繁多,一些特殊表情的数据可以代表特定的类别。此外,由于自动语音识别(ASR)及光学字符识别(OCR)的准确度有限,存在一定的误识别问题。

为解决数据的周期性问题,可拉取长时间范围内的数据,以确保涵盖多个数据周期。同时为了保证训练数据的覆盖完整性,采用多种抽样方式,如多样性抽样、随机抽样和不确定性抽样等,确保数据样本的多样性和代表性。针对文本中存在的表情符号,可以对其进行分类统计,并筛选出特殊范式作为语料的预处理阶段。通过这种方式,可以过滤掉无用的表情符号,提高数据质量。此外,为确保模型的泛化能力,并验证数据的周期性,在训练集和测试集划分时需要考虑时间上的隔离,例如,选择时间范围较近的数据作为测试集,将时间范围较远的数据作为训练集。

模型迭代训练的完整流程如图 13-3 所示。首先,对 TextCNN 进行训练,利用训练数据对 TextCNN 模型进行初始化和参数优化,以学习文本特征和模式。接下来,根据决策指标对 TextCNN 模型进行评估。决策指标包括准确率、精确率、召回率和 F1 等。如果 TextCNN 模型满足指标需求,还需要进行额外的步骤来验证模型的泛化能力。使用近期的采样新数据进行测试,以评估模型在未见过数据上的性能。如果 TextCNN 模型未能满足指标需求,则需要进行进一步的分析。根据模型输出的 loss 值和标签得分情况,了解模型在训练数据上的误差,然后分析结果确定下一轮训练数据的采样策略,有针对性地丰富训练数据。最后需要迭代上述流程,根据预设的指标进行多轮训练。迭代的轮次取决于任务的复杂性和预期的模型性能提升程度。运用蒸馏中教师—学生训练结构原理和主动学习的方法,经过多轮迭代的 TextCNN

模型除了在处理文本分类任务上表现出良好的性能外,还大幅降低了对计算资源的需求量和计算时间,有利于后续分类任务的更新和拓展[145]。

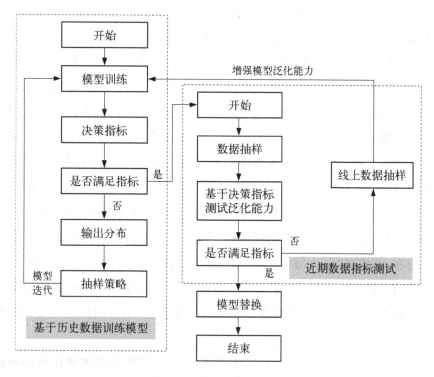

图 13-3　模型迭代训练流程

13.3　智慧校园设施建设

1. 智慧黑板

在教育数字化深刻影响着教育发展的今天,如何在新的教育背景下加强教育装备的作用,利用新科技和新技术为智慧教育赋能,确保学校课程的有效实施和教学的实践性与体验性,已经成为至关重要的问题。针对这一问题,基于人工智能技术的智能黑板,为校园内的教师和学生带来全新的视听体验。通过人工智能技术的支持,教师能够进行更加灵活的教学设计,同时,多模态交互技术的应用,也使得人机交互和师生互动更加频繁。

首先在硬件方面,智慧黑板的研发分别从视觉和听觉两方面入手,致力于打造更好的视听效果。在视觉方面,AI 红外智慧黑板在芯片防蓝光技术的基础上,率先应用了新一代 DC 调光技术,实现了流畅的画面展示,并显著减少了屏幕的频闪现象。

频闪作为一种常见的屏幕问题,可引起眼睛疲劳、视觉不适和头痛等不良反应。而通过新一代 DC 调光技术,这款智慧黑板能够在保证画面清晰度的同时,消除频闪所带来的不适感,使得师生们能够长时间地舒适使用该产品。

在听觉方面,面对教室内复杂的声场环境,如何解决前后排学生的听觉体验差异,以最大限度还原多媒体资源的高质音效,成为新一代硬件设计的重要关注点。为此,智慧黑板引入了全新的 AI 声学系统,该系统利用机器学习和深度学习等人工智能算法,对音频信号进行分析、处理和识别,以实现各种声音相关任务和应用。系统通过训练算法模型,学习不同类型的声音特征,如语音、环境噪声、音乐等,从而实现对声音的自动识别和分类。基于深度学习模型,系统将特定的音源进行识别和分离,并抑制或去除其他干扰噪声,提高声音的清晰度和质量,从而实现对声音的增强和降噪处理。智慧黑板通过多个全频扩音单元的组合,打造了 2.2 声道的面状发声声场,声学指标 STI 达到了不小于 0.7 的标准。同时,结合空间自适应技术,确保声音在教室中均匀分布,清晰纯净,让每位学生都能享受到优质的听觉效果。此外,该系统还成功降低了前后排学生之间的响度差异,整体差异不超过 6 dB。这意味着无论学生坐在教室的前排还是后排,都能够获得相似的音效体验,不会因位置而受到听觉质量的影响。

除了在视听方面的硬件性能改进,智慧黑板的主要特点还体现在更加智能的数字化教学创设。为了解决这一问题,智慧黑板借助多要素 OCR 识别技术,实现了对中英文、立体图形、化学方程式、表格、流程图等九种要素的手写识别。多要素 OCR 识别技术是指在 OCR 技术基础上,综合多个要素信息进行文字识别和分析的技术。OCR 技术是指将印刷或手写的文字从图像或文档中提取出来,并将其转换为可编辑的文本形式。而多要素 OCR 识别技术则进一步考虑上下文、语义和其他相关信息,利用卷积神经网络(CNN)、循环神经网络(RNN)等深度学习和机器学习模型来训练大规模的数据集,提高文字识别的准确性。同时,基于智能推荐引擎的支持,智慧黑板能够精准推荐与板书相关的知识卡片、实验视频等资源,帮助教师更加生动直观地进行知识讲解,提高知识传递的效率。课后教师所书写的板书可以保存并与他人分享,使得板书的价值得以延伸,为教学资源的积累和共享提供了便利。学生可以随时回顾教师的板书内容,进一步巩固和理解课堂知识;同时,教师精心准备的教学资料也能够在更广泛的范围内发挥作用,促进教学的持续优化。

此外,智能的数字化教学创设还体现语言学习方面。根据新课标要求,学生在日常学习中需要更加注重口语表达和口语训练。然而,听力的即时性和记忆的短时性常常会限制学生口语能力的提升。为了解决这个问题,智慧黑板采用了 AI 语音转写技术,旨在将音频中的语音内容转换为文本形式。它结合了自然语言处理和语音识别的方法,首先对语音信号进行预处理,通过去除背景噪声、调整音频质量、语音分段等操作,以确保输入的音频数据质量良好。然后采用语音识别算法,通过大规模的标注语音数据和对应的文本数据来训练模型,以识别语音信号中的语音单元,如音素或单词。当语音被识别为语音单元后,AI 语音转写技术会继续运用自然语言处理算法来处理这些单元,包括语法分析、词性标注、实体识别等一系列自然语言处理任务,将其转换为可读的文本形式。AI 语音转写技术帮助学生将口语表达实时转换为文字形式,使得原本只能听到但摸不着的口语表达能够直观地呈现出来。教师则可以通过文本回溯、语音回放、批注讲解等方式,检查学生发音或句法形态中的错误,实施精准的教学指导。

智慧黑板以人工智能技术为基础,专注于改善师生之间的互动模式。智慧黑板还配备了新一代的 AI 教学智能笔,不仅在书写和扩音等基本功能上有显著提升,还通过多模态交互技术进一步提升了语音识别的准确率。凭借语音转写和语音识别等核心技术的支持,新一代 AI 教学智能笔能够实现课堂语音、文字和交互信息的数字化。基于综合素质和学科素养的要求,AI 教学智能笔将日常评价融入教学,这种记录方式帮助学生更好地了解自己、认识自己,促进了学生的主动参与和自主学习,提供了个性化的教育体验。

2. 智慧体育

为了解决体育师资力量不足、专业性有待提高的问题,给学生提供更加专业和更加有针对性的体育运动辅导,人工智能技术在校园体育教育方面的应用开始兴起。通过融合人工智能核心技术和体育与健康教育专业知识,利用视频采集学生的运动数据,并运用 3D 人体姿态估计与分析、运动目标检测与跟踪、动作行为识别与理解、动作质量分析与评价等先进技术,以构建基于运动图谱的系统。该系统能够进行全方位的运动姿态分析,精确识别违规行为并评估学生的运动能力。基于学生的个体特点和运动图谱,系统可以为每位学生量身定制训练提升方案,并在训练过程中实时动态测评指导。同时,结合学生的运动负荷情况,系统能够调整训练量,确保训练的质量和效果。

全场景智能运动空间以 AI 运动超脑技术为核心,通过将各种智能设备相互连接,实现了校园操场、室内运动馆等多种场景的智能化。基于 AI 技术的全场景智能运动空间可以帮助体育老师为学生提供个性化的教学。AI 智慧操场配备了智能测评功能,能够涵盖 50/100 m 跑、800/1 000 m 跑、自由跑、实心球、跳绳、足篮排球、仰卧起坐、引体向上等 20 多项运动项目。AI 测评和识别技术能够对学生的运动表现进行动态测评,并提供针对性的训练指导,从而为每个学生量身定制个性化的训练方案。同时,通过学生穿戴设备的应用,教师可以在课前了解每个学生的身体状况和运动能力,以便进行有针对性的备课和课堂活动设计。在体育锻炼过程中,教师可以通过动态心率监测实时了解学生的运动健康状态,以便及时进行预警和干预,确保学生运动的安全性。

在可视化方面,全场景智能运动空间系统解决了传统体育教学中难以量化和评估的问题,学生的运动强度和运动密度均可详细呈现,为体育教师提供了可靠的运动负荷参考,系统运用 AI 技术针对学生的情况实现智能分层。通过智能预警系统精准定位每个学生的薄弱项,为个性化辅导提供数据支持。这种人机协同教学的方式,能够帮助体育教师因材施教,保障每个学生都能够在科学的指导下进行运动,提高体育活动的质量。

在课后运动这个实际应用场景中,全场景智能运动空间可以有效提升学生对体育运动的兴趣。智慧体育系统通过综合运用计算机视觉技术、人体姿态识别、人脸识别、手势识别等技术,实现了体育运动的智能感知和监测功能。系统可以支持跳绳、跳远、开合跳、高抬腿、深蹲、视力检测等多个项目。

计算机视觉技术被应用于分析运动场景中的图像或视频,以实现运动动作的智能感知和监测。其中,人体姿态识别算法是核心之一,用于检测和识别人体的姿态和动作。该算法的实现流程包括以下五个步骤:

(1)目标检测。使用基于深度学习的卷积神经网络(CNN)等方法,检测输入图像或视频中的人体位置。这一步骤可以帮助系统定位运动者的位置。

(2)骨骼关节点检测。在人体检测的基础上,算法进一步确定人体的骨骼关节点位置。这些关节点代表了人体的关键部位,如手、肘、膝盖等。

(3)动态轨迹建模。机器学习技术,如隐马尔可夫模型(HMM)和条件随机场(CRF),可以将骨骼关节点作为时间域动态轨迹序列进行求解,从而实现对运动动作的建模和识别。

(4)分类识别。深度学习方法,如卷积神经网络(CNN),可以对骨骼关节关键点进行建模,以实现不同运动动作的分类识别。

(5)姿态预测。一旦确定骨骼关节点位置,算法会通过训练神经网络来预测人体的姿态信息,从而实现对运动姿态的精确分析。

人脸识别算法通过分析和比对人脸的特征信息,如面部轮廓、眼睛、鼻子等来确认学生身份,实现对学生的身份验证,以便于提供个性化的记录和训练指导。在智慧体育系统中人脸识别技术步骤可以概括如下:

（1）数据收集和预处理。需要收集包含不同学生的人脸图像数据集，这些图像应涵盖不同角度、表情和光照条件。然后，对这些图像进行预处理，包括图像增强、标准化和人脸对齐，以提高识别的准确性。

（2）特征提取。从预处理后的人脸图像中提取特征，这些特征可以包括面部轮廓、眼睛、鼻子等关键点的位置信息。常用的特征提取方法包括主成分分析（PCA）、局部二值模式（LBP）和深度卷积神经网络（CNN）等。

（3）特征匹配和训练。使用已提取的特征来进行人脸匹配和训练模型。对于每个学生，建立一个人脸特征数据库，并使用机器学习算法（如支持向量机、K 近邻等）或深度学习模型（如 CNN）来训练人脸识别模型。

（4）身份验证。当学生进行体育运动时，系统会通过摄像头捕捉学生的人脸图像，并提取特征。然后，将提取的特征与已训练的人脸特征数据库进行比对，以确认学生的身份。如果匹配成功，那么学生的身份将得到验证。

除此之外，还需要运用到手势识别技术，通过识别学生在跳绳等运动中的手部动作，从而进行实时的动作分析和反馈，帮助学生矫正运动姿态，其技术步骤概括如下：

（1）手部检测和跟踪。使用计算机视觉技术，如目标检测和图像分割，来检测和跟踪学生手部的位置和轨迹。这可以通过检测颜色、纹理或形状等手部特征来实现。

（2）手势特征提取。一旦手部位置被跟踪，系统需要从图像序列中提取手势的关键特征，如手指的位置、运动方向、手掌形状等。

（3）手势分类和识别。提取的手势特征将被输入到机器学习模型（如随机森林、支持向量机）或深度学习模型（如循环神经网络、卷积神经网络）中，以进行手势的分类和识别，模型会将每个手势映射到特定的动作或姿态。

（4）实时分析和反馈。当学生进行运动时，系统会实时地分析捕捉到的手势，并将其与预定义的手势模式进行比对。如果学生的手势与预期的动作不匹配，系统将提供实时反馈，帮助学生调整运动姿态，以达到更准确的运动效果。

13.4　小结

通过 AI 技术的赋能，智能教育核心服务平台为教师的智能化教学模式提供了有力支持，智能化的评估结果为教育管理和决策提供了依据，学生获得了更加具有针对性和个性化的学习体验。在硬件方面，AI 红外智慧黑板为数字化课堂建立起了教学新空间，利用人工智能技术优化了教育基础设施，为智慧教育的实现提供了强有力的物质保障。通过人工智能技术与体育知识的融合，全场景智能运动空间实现了体育教育的数字化转型，为广大学生提供了专业化、个性化的智慧体育解决方案。在教育辅导领域，拍照搜题、发音测评等功能不仅为计算机视觉、语音识别和自然语言处理等一系列人工智能技术在教育行业的应用提供了契机，也为目前需求强劲的教育辅导行业开辟了新的发展方向。在未来，人工智能技术在教育行业仍有无限可能。例如，运用自然语言处理、情感识别和智能对话等技术，可以实现 AI 对学生情感和认知需求的理解，为学生提供更加细致和个性化的学习支持，切实减轻教师负担。而虚拟现实(VR)和增强现实(AR)技术等可以创造沉浸式的学习体验，提高学生在实验、历史、艺术等多学科多领域的参与度和理解力。随着技术的不断发展，人工智能将进一步提升教育质量，为学生提供更加个性化、专业化的学习体验，推动教育行业迈向数字化和智能化的未来。

思考题

(1) 传统教育模式的改革存在着哪些痛点？如何利用人工智能实现智慧教育的发展模式？

(2) 人工智能在教育领域的应用为学生提供了更好的学习体验，在提升学习效果的同时也提高了教育机构的教学效率，请思考 AI 赋能教育给实际的教育场景带来了哪些改变。

(3) 如果你是一家在线教育辅导机构的负责人，结合你自己的经历，谈谈你认为有哪些教育辅导功能可以应用人工智能算法来改进。

第14章
制造行业

14.1 AI重工业：钢铁行业的创新升级

2022年，工信部、国家发改委、生态环境部联合印发《关于促进钢铁工业高质量发展的指导意见》，提出要大力发展智能制造，开展钢铁行业智能制造行动计划，推进5G、工业互联网、人工智能、商用密码、数字孪生等技术在钢铁行业的应用，力争到2025年基本形成钢铁工业的高质量发展格局。人工智能技术在钢铁行业的应用前景十分广阔，通过进一步推动人工智能技术的研发和应用，钢铁企业将能够实现更高水平的智能化生产及运营调度，在提升竞争力的同时，推动钢铁行业的可持续发展。

1. 智慧铁水运输

钢铁工业作为国民经济的重要基础产业之一，在推动工业化进程和经济发展方面发挥着重要作用。然而，在实际生产过程中，传统钢铁企业面临着技术方面的挑战。特别是在铁水运输环节，人力成本投入大且存在安全隐患，制约了钢铁企业的效率提升。此外，钢铁企业现有的业务管理和信息系统缺乏统一调度能力，不同部门间的信息流通不畅，导致生产与物流信息的透明度低下。在金相分析方面，传统的分析检测方法高度依赖检测人员的个人专业能力，检测效率和准确度仍有待提高。在这种背景下，需要将人工智能技术赋予钢铁行业，通过以人工智能技术为核心的智能解决方案，解决传统钢铁产业的痛点难点，促进钢铁行业的智能化转型与产业升级，并提高钢铁企业的生产运营效率。

对于钢铁行业来说，铁水运输是钢铁企业的生命纽带，是钢厂物流系统与生产联系最紧密的环节。传统的铁水运输每台机车配备1—2名司机，司机接受调度下发指令，人工选择行进线路，将铁水罐车运输至固定工位后驶离，完成下一任务。运输途中，司机需要长时间不间断地频繁上下车作业，重复操控机车的一系列工作流程，不仅步骤烦琐复杂，而且需要耗费巨大的体力，在操作人员产生疲惫后，运输效率还会进一步降低。铁水罐车中的铁水温度超过1 500℃、高炉下存在铁水喷溅和漏铁的可能，司机频繁在此区域作业，人身安全风险大。操作人员个人状态会影响效率和导致误操作，曾出现过道岔未完全闭合、司机未及时发现而导致机车脱轨的重大事故。因此，传统的铁水运输，存在着高昂的人力成本投入，以及效率提升瓶颈和巨大的安全隐患。

（1）智慧铁水运输系统。智慧铁水运输系统主要由计算机联锁系统、智能铁水（运输）调度系统、机车无人驾驶系统、自动摘挂钩系统、机车与混铁车定位系统、脱轨检测系统、环境感知系统等组成。系统硬件组成如图14-1所示。

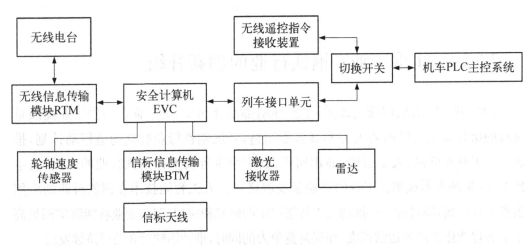

图14-1　智慧铁水运输系统硬件组成结构

该系统以目前成熟的计算机联锁、智能调度、无人驾驶、精确定位、无线通信、监控技术为基础。联锁设备一直被视为信号系统的安全核心。通过联锁设备，系统可以确保车辆在预定轨道上安全可靠地运行，并且协调不同部分之间的运营，避免潜在事故的发生，有助于提高运输系统的整体效率和安全性[146]。在监控中心设置监控屏幕，由操作人员集中控制和远程监督。首先从制造管理系统、炼铁系统获取生产计划，并结合机车、罐车、线路等资源使用情况，通过智能铁水（运输）调度系统自动生成调度指令，实现机车调度、铁水调度、罐车调度、高炉配罐决策、运输配载决策、最优路径规划等功能。通过铁路信号优先绿灯通行原则，再由计算机联锁系统搬动道岔、锁闭进路、开放信号。指令同时传输至机车信号控制系统，实现机车的自动行驶、自动停止、全自动摘挂钩，直至完成任务。其中机车位置与车辆位置、脱轨检测信息、各种设备故障状态实时上传并进行监控，当机车行进轨道上有车辆、行人及其他障碍物等，机车自动停止。

智慧铁水运输系统替代了物流部铁水调度员和运输司机的作业，其作业过程为：① 智慧铁水调度模块接收高炉出铁计划和炼钢出钢计划,结合现有混铁车资源状态,生成混铁车调度指令并通过地面 PLC(Programmable Logic Controller,可编程逻辑控制器)以无线通信的方式发送至运行管控模块,根据目前机车、线路资源状态,生成机车调度指令和具体的运输路径,然后根据计算机联锁系统自动扳动道岔、开放信号。② 机车收到运输指令后,开始启动自检并走行至目标混铁车停放处,自动与混铁车连挂,之后混铁车自动驻车系统释放,机车推动混铁车走行,并根据混铁车上的环境感知模型感知外部环境,遇到突发事故时进行临时停车和应急处理。③ 运行至高炉出铁场后,机车通过机车运行决策模块缓慢地将混铁车停放至指定的高炉出铁口下方,混铁车停稳后自动驻车系统自动锁紧,机车通过自动摘钩装置自动提销摘钩与混铁车分离,根据智慧铁水调度和运行管控模块指令进行配空拉重等其他运输任务。④ 混铁车受铁完毕后,机车根据运行管控指令单机走行至高炉出铁场下,自动与混铁车连挂,之后混铁车自动驻车系统释放,机车牵引混铁车向炼钢方向走行,并根据机车上的车载环境感知模型判断外部环境,运行至重罐停放线后,混铁车自动驻车,机车与混铁车通过自动摘钩系统分离,并转线推送空罐返回高炉作业区完成炼铁区域铁水运输的一个作业周期。⑤ 炼钢区域的机车与混铁车自动连挂,混铁车驻车单元释放,机车推送混铁车至炼钢车间内,沿途通过地面环境感知系统判断外部环境,应对突发事故,并根据测速定位系统停放至指定位置后,混铁车通过自动驻车系统将车轮锁紧,机车与混铁车通过摘钩单元自动分离,并转线走行至炼钢空罐区,通过挂钩单元与空车完成连挂,车辆自动驻车系统释放,机车牵引空罐至空罐停放区,完成炼钢区域的一个运输周期。以上作业周而复始完成高炉至炼钢的铁水运输作业。

在整套智慧铁水运输系统之中,不乏人工智能技术的应用,如环境感知系统、智能铁水调度(运输)系统。环境感知系统用于识别铁水运输区内闯入的行人、车辆及障碍物等,为无人驾驶提供重要安全依据。环境感知利用一系列最新研究成果,包括激光雷达、高清摄像头、毫米波雷达等高精度感应元件,并采用深度学习等人工智能最新技术,针对钢铁厂特定场景进行学习和定制化开发,将车载感知与地面关键路段感知相结合,对机车行驶路径前方各种状况进行感知和预测,实现系统性感知机车周边环境。环境感知装置包括感知传感元件及高性能感知处理器,感知元件将采集的图像、激光等信息发送至感知处理器,通过深度学习、点云拟合等算法,计算出前方的障碍物类别、大小和位置。智能铁水调度(运输)系统则是通过对制造管理系统、炼铁L3 系统和炼钢 L3 系统生产计划的获取,针对高炉至炼钢倒罐站间的铁水运输作业实现智能调度,具体包括重罐调度、空罐调度、堵口罐/残铁罐调度、检修罐调度、清口罐调度、拼罐作业、铸铁作业、罐车加盖作业、增减运行罐作业等内容;结合机车、罐车、线路等资源使用情况,自动生成铁水运输调度指令,具体包括铁水运输起终点选择、机车罐车选择、最优路径规划等;与公路信号灯联锁,采取铁路信号优先原则,将指令直接传输至机车控制系统,以取代现有调度员的人工操作。该系统通过信息化手段,利用强化学习、数字孪生等先进技术,在保障铁水运输作业安全的前提下,实现铁水调度作业的无人化、高效化。

(2) 深度学习与工业容错视觉标签技术。在铁水运输过程中,由于铁水罐车需要在高温、高粉尘等恶劣环境下运行,罐车上的罐号很容易出现被遮盖或模糊等问题,从而导致系统对铁水罐号自动识别的准确度下降,这将严重影响铁水智能运输的稳定性和安全性。而工业容错视觉标签技术的应用成功解决了该问题,它将二维码与深度学习相结合,并利用编解码技术来精确识别铁水罐号。这项技术的创新在根本上解决了恶劣作业条件下物流跟踪识别问题。通过边缘计算数据回传,该技术能够在任何作业场景下精确识别铁水罐号,确保了铁水智能运输的稳定性和安全性。

为解决高温、高粉尘环境下铁水罐车罐号无法识别的问题,钢铁企业首先采用双层钢板镂空设计和耐高温、耐腐蚀、不易反光的特制标签材料制作并安装编码牌,从硬件角度尽可能保证罐号编码的清晰度。在软件上,钢铁企业采用铁水罐罐号识别系统来实现对罐号的准确识别。该系统基于容错目标检测与跟踪技术,融合了目标检测算法、空间姿态矫正算法和容错解码算法,并且同时采用二维编码技术,具有很强的容错和纠错能力,可显著提升罐号识别效率并降低钢铁企业的运营成本。容错目标检测与跟踪技术具有适应能力强、识别效果稳定等特点,可在复杂天气和光照条件下高精度识别,并提供低成本、高效率的 ID 识别功能。该技术支持高密度编码,信息容量大、容错能力强、译码可靠性高,误码率不超过千万分之一。即使在码元污损 60% 的情况下,仍能正确自动识别罐车罐号[147]。

目标检测算法是计算机视觉领域的关键技术,其任务是在图像或视频中自动识别出所需要的目标,并且确定其在图像中的位置和大小。目标检测算法的困难之一在于,它需要在图像中识别出目标的位置、大小、方向等属性,而这些属性可能会因为目标的不确定性而存在差异。同样,一张图像中也可能存在多个目标,这就增加了算法对于目标检测的复杂性。因此,目标检测算法需要具备高效且准确的检测能力,才能满足实际场景中对于目标检测的需求。深度学习是目标检测算法中最主要的方法之一,其核心思想是利用神经网络自动从数据中学习特征,并通过分类和回归等技术完成目标检测任务。目标检测算法能够自动学习图像特征,具有良好的泛化能力,可通过增加训练数据来提高识别准确率。基于深度学习的目标检测算法主要分为单阶段(one stage)检测算法和双阶段(two stage)检测算法[148]。单阶段检测算法直接从输入图像中预测目标位置和类别,代表模型有 YOLO、SSD 等。双阶段检测算法的逻辑则是先生成一组候选目标区域,再利用卷积神经网络对这些候选区域进行分类和回归等处理,代表模型有 R－CNN、SPPNet、Fast R－CNN 及 Faster R－CNN 等。单阶段检测算法的特点是计算速度快,而双阶段检测算法则在检测准确率和定位精度上具有一定优势。

这里以实际应用的目标检测算法为例,采用的是双阶段检测方法,该方法首先通过算法生成目标候选框,然后对这些候选框进行分类,从而实现目标检测。在模型架构方面,该目标检测算法使用了 ResneXt152 网络结构作为骨干网络,用于提取多尺度特征图。为了进一步提高检测精度,该算法还使用了一个 6 级特征金字塔网络(Feature Pyramid Networks,FPN),以生成更丰富的多尺度卷积特征金字塔。此外,在分类和回归两个子任务中,该目标检测算法使用了两个共享子网,其中一个子网用于分类目标框,另一个子网用于将目标框回归到真实框。最后,该算法采用 focal-loss 作为二分类的损失函数,在训练中使用了多尺度测试融合,以便网络能够根据不同的图像尺度来关注不同的目标框信息,从而进一步提高检测性能。

在目标检测模型的训练过程中,数据增强是一种常见的技术手段。AInnoDetection 目标检测算法在数据增强方面采用了填充小目标和 mixup 的方法。填充小目标方法通过在单个图像上复制多个小目标并添加到图像中,从而增加小目标在训练中的曝光次数,使模型更好地学习相关特征,提高算法对小目标的检测准确性。而 mixup 方法则是将多幅图像进行混合,产生多个目标相互重叠的图像,这种做法增加了图像中的场景类别,丰富了模型所需检测的目标类型。这样就能够使模型在处理复杂的图像数据时,更加有效地学习目标特征,提高模型的稳健性[149]。

2. 铁钢界面智慧管控

除了铁水运输问题,钢铁企业现有的业务管理与信息系统协同能力也普遍存在着不足,这将直接影响到生产作业效率的提升。在钢铁企业内部,高炉、炼钢和运输等环节之间的信息流通存在问题,生产信息的透明度不高,数据管理缺乏统一标准。同时,在分级调度方面也存在问题,由于高度依赖人工组织调度,所以调度员的技能水平和经验直接影响到生产效率的提升。此外,调度作业人员每班需要持续高强度工作 12 h,工作强度很大。在数据录入方面,钢铁企业的生产数据仍然需要手工录入,这导致实时性不高、数据存在偏差和延迟等问题,同时也增加了人员之间的沟通成本和作业风险,进一步影响了生产效率。尤其是在面对紧急生产情况时,需要企业快速做出动态响应,但数据延迟导致调度响应速度缓慢,这都说明钢铁企业的铁水生产运输相关业务管理与现有信息系统之间仍需要进一步提升协同能力[150]。

在钢铁生产中,铁钢界面是指连接铁前集控与钢后一体化的部分,包括生产组织、调度管理、作业工艺、生产装备、运输线路等流程。其中,铁钢匹配和铁水调度等步骤对钢铁实际生产至关重要。在传统的铁钢界面运行过程中,数据的收集严重依赖人工,数据输入仍主要手动进行。各部门之间信息连通性很低,生产调度通知主要通过电话传达。随着传统产业智能化升级,以人工智能技术为核心的智能制造正向钢铁冶金领域深入推进。建立一个统一的铁钢界面智慧管控平台,能够智能化管理钢铁冶金生产环节,并实现生产与物流的有效衔接,从而优化钢铁产业结构,提高企业生产效率。

基于人工智能技术,铁钢界面智慧管控平台构建了全流程跟踪和管理系统,用于监控铁水在高炉、铁水运输和炼钢过程中的信息。铁钢界面智慧管控平台通过集中管理智能状态信息、智慧模型和自学习等技术手段,实现了远程控制和无人驾驶。为实现与平台管控技术之间的适配,钢铁厂首先智能化升级了高炉、炼钢厂、机车、储罐、鱼雷罐车和道口等设备,然后通过铁钢界面智慧管控平台实现了对上百条铁水运输线路的智能化管控。这些举措有效推动了钢铁园区的物流智能化升级,确保了钢铁企业的高质量发展[151]。

铁钢界面智慧管控平台由四个子系统组成,包括全流程智能跟踪系统、全流程智能状态管理系统、综合信息集中管理系统和前面介绍过的智慧铁水调度系统。该系统采用机器学习算法,通过统一管理钢铁生产和物流数据,彻底改变了传统的作业模式。全流程智能跟踪系统针对铁钢生产工艺,系统覆盖从高炉到炼钢车间运输作业全过程,实现铁水罐罐号、机车号的自动识别,机车位置自动跟踪、到位自动确认,提供位置信息动态展示,完善任务自动闭环。全流程智能状态管理系统通过对出铁口状态、罐车受铁状态、炼钢车间倒罐/折铁状态、罐车空/重状态的自动识别、采集,完成对罐车、机车异常状态、检修状态在线管理,实现数据集中透明管理。综合信息集中管理系统通过对铁水生产及运输信息集中管理和可视化展示,自动生成生产实绩信息后,系统对关键指标由统一界面整合,再进行多元、多维度的综合分析。智慧铁水调度系统运用自主研发铁钢界面智慧铁水调度模型,实现智能铁钢平衡、铁水智能分配、机车任务自动编制及下发执行,实现铁水无人化、智能化运行[152]。

3. 智能金相分析技术

在实际的钢铁冶炼过程中,少量炉渣、耐火材料及冶炼反应产物会进入金属液中,形成非金属夹杂物,对生产出的钢的性能造成一定影响。由于夹杂物的种类不尽相同,因此,准确判断它们的来源成了一个难题。为了解决这个问题,金相分析成了钢铁生产中重要的手段之一。金相分析是金属材料试验研究的重要手段之一,采用定量金相学原理,通过测量和计算二维金相试样磨面或薄膜的金相显微组织来确定合金组织的三维空间形貌,从而建立合金成分、组织和性能之间的定量关系[153]。传统的金相分析方法由专业人员通过光学显微镜观测测试样抛光面上夹杂物的大小、分布、数量,再基于国家标准进行手动分类确认夹杂物的类型。但是这种分析方法的准确性受限于检验员个体技术水平,相关检验员的进入门槛高,钢铁企业面临人才稀缺的难题。并且在实际检验的过程中,容易出现检测周期长、准确率不稳定等问题,对钢铁的生产效率造成一定的影响[154]。

为解决金相分析过程中的实际问题,智能化金相分析技术利用机器视觉、数字图像处理和机器学习等先进技术,为钢铁企业提供智能金相分析解决方案,旨在实现金相分析全流程的自动化和智能化。该解决方案基于大数据和机器学习算法,通过智能化的金相分析系统准确分析夹杂物的组织结构,并生成结构化的检测报告。

智能化金相分析系统的使用流程分为四个部分(见图14-2):首先,利用由科研级显微镜和工业相机组成的图像采集设备进行自动采图,获得清晰且视野广阔的图像。其次,将采集到的图像进行预处理和二次处理,以得到非金属夹杂物的准确边界信息,并利用自主研发的金相图像 AI 模型进行训练和预测,最终得到非金属夹杂物的分割结果。然后,根据《GB/T 10561 钢的非金属夹杂物含量测定标准评级图显微检验法》和《ASTM E45 Standard Test Methods for Determining the Inclusion Content of Steel》两个试验标准,利用人工智能和大数据技术对钢中 5 类非金属夹杂物进行智能分类评级。最终由系统自动生成结构化的检测报告[155]。

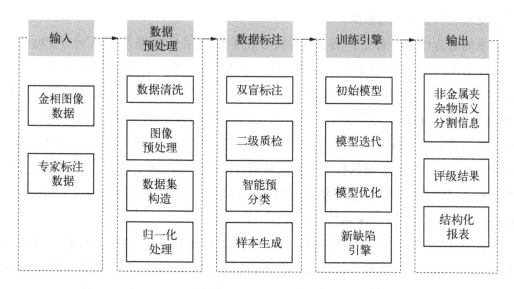

图 14-2　基于计算机视觉技术的智能金相分析流程

智能金相分析系统的引入使得检测人员进行金相分析的准确率显著提高,其中分类准确率高达 99%,定性准确率达到 100%。除了分析结果的准确率提高,检测时间也明显缩短,系统分析每个样例的耗时低于 30 s。系统的实际操作流程简便易行,显著降低了相关检验人员的进入门槛,解决了钢铁企业缺乏相关检验人才的难题。智能金相分析系统能够使检测效率提升 5 倍,降低 80% 成本。除了金相分析,该解决方案还可应用于钢铁连铸和中厚板探伤等缺陷检验场景。以人工智能技术为核心的质检整体解决方案相较于传统的人工检测方式,可以大幅节省质检耗时和人力成本,从而帮助企业降低成本、提升生产效率[156]。

14.2　AI 轻工业：家具制造行业的数字变革

1. 智能机器人制造工厂

传统的家居产品制作涉及多个环节,包括设计、生产、物流等,导致供应链冗长。实木家具的离散式生产模式决定了组织部件繁杂,生产效率低。依赖人工操作的家居产品生产方式容易产生人为错误,导致家居产品的质量不稳定,增加次品率和售后问题。同时,因为人为因素和不正确的操作,还可能导致材料和能源的浪费,进一步增加生产成本。并且传统生产方式难以适应不同产品类型和规格的生产需求,无法快速实现生产线的转换和调整。由于家居产品制作的传统生产方式周期较长,需要较长的时间才能将产品交付给消费者,限制了市场响应速度,造成生产效率低下、无法满足市场快速变化的需求。

智能制造作为一种生产方式,其核心在于利用信息物理系统（Cyber Physical Systems，CPS）来实现智能生产环境。这一方法的重点在于人、机器和产品这三者之间的智能交互,同时也为企业和客户之间的良性互动增添了新的活力。对于企业来说,智能制造的目标主要是提高生产效率,为消费者创造新的价值,有效地增强了企业的核心竞争力。利用智能机器人进行产品的自动化生产,能够极大地提升生产率,降低企业在人力资本方面的投入。智能机器人主要分为焊接机器人、打磨机器人、喷涂机器人、装配机器人、搬运机器人、AGV 机器人等。从焊接、打磨、喷涂、装配到搬运,自动化机器人贯穿了家具生产的整个环节。

首先,焊接机器人主要负责执行焊接任务,通常具有三个及以上可编程的轴,以便在工业环境中进行各种焊接操作。在家具制造业中,焊接机器人通常被程序化以执行不同类型的焊接任务,如点焊、弧焊、激光焊等,以满足不同家具制造工艺的需求。

焊接完成之后,还要对家具进行打磨。木质家具的表面美观很大程度上受到打磨的影响。然而,传统的打磨过程存在着一些问题,其中一个主要问题就是粉尘污染,木质材料的切削和研磨会产生大量木质粉尘,这不仅会污染工作环境,还会对操作工人的生命健康造成威胁。此外,木质粉尘还具有易燃性,容易引发爆炸等严重事故。在工厂中引入打磨机器人,可以很好地避免这些事故。机器人可以根据工件轮廓形状、表面粗糙度及加工工艺要求,对家具进行自动打磨[157]。

除此之外,涂装是家具制造过程中的关键环节,对于家具产品的外观质量、耐久性和装饰性能有着重要的影响。然而,传统的家具涂装过程存在一些问题,包括工作环境的恶劣条件导致工人健康受到损害、喷涂质量与效率低下等。采用喷涂机器人替代传统的人工喷涂是解决这些难题的有效方案。喷涂机器人作为一种工业机器人,专门进行自动涂装和涂漆工作。它们通常具有多个自由度的机械结构,能够在复杂的三维空间中灵活运动,以完成家具表面的涂装任务。

家具装配机器人是一类负责在家具制造过程中进行装配工作的工业机器人。在家具制造中,装配环节需要对零部件或组件进行组装,是家具制造的后续关键步骤。家具装配机器人的出现旨在提高装配过程的自动化程度、装配质量和装配效率。这些机器人能够自动执行装配任务,减少人工干预的需求,提高了生产线的自动化程度。通过精确地定位和组装零部件,可以确保每个家具产品的装配质量。在家居产品生产的高峰期,机器人可以在短时间内完成复杂的装配任务,在提高生产效率的同时有效缩短生产周期。

搬运机器人是一种能够自动搬运和移动物体的机器人。在家具制造中,搬运机器人主要负责将家具制造过程中所需的零部件和材料从一个位置转移到另一个位置,或者是在不同的制造工序之间传递已加工或待加工的家具部件,还能够根据生产需要将不同的家具零部件分类分拣,以便在装配阶段使用。AGV 机器人作为自动导引运输车,配备有自动导引系统,可以在指定的导引路径上进行无人驾驶,在家居制造中主要负责生产厂内的物流运输。它们都配备有传感器和机器视觉系统,以便能够安全地进行运输操作并避开障碍物,具体的行动轨迹和操作可以通过系统编程进行精确控制。

2. C2M 消费驱动制造

C2M(Customer-to-Manufactory)是一种顾客对工厂的商业模式,又被称为消费驱动制造。C2M 模式的核心思想是通过直接对接消费者的需求与制造工厂的生产,实现定制化生产和个性化服务。通过最大限度地消除中间的流通环节,实现客户需求与设计、制造和服务之间的无缝对接。这种模式能够使产品的生态链变得更短,使消费者能够购买到高品质、可定制和个性化的商品。

在家居企业实行 C2M 的发展模式中,传统的家居产品分销环节被简化,消费者可以直接与制造工厂进行沟通,实现个性化的家居产品定制。制造工厂利用智能制造技术,如物联网、机器学习和自动化生产线等实现高效、灵活的生产。这样一来,消费者可以以更加合理的价格购买到符合其需求的家居产品,享受到更加个性化的商品,同时也在一定程度上减少了家居企业库存过高的风险。

实现家居产品制造的 C2M 模式涉及数字化设计、智能制造、实时跟踪和个性化服务等多个技术环节。这些技术共同协作,使消费者可以直接参与产品定制和生产过程,从而获得个性化、高质量的家居产品:

(1) 数字化设计。在 C2M 模式下,消费者可以通过数字化平台与制造工厂进行直接沟通和交流。制造工厂需要建立一个在线平台,允许消费者上传平面图、3D 模型或草图,详细描述自己的需求和定制要求。这需要应用前端技术、图像处理技术和交互设计,使消费者能够轻松上传、编辑和共享设计信息。

(2) 智能设计和仿真。制造工厂可以利用计算机辅助设计(CAD)软件和虚拟现实(VR)技术,将消费者提供的设计进行优化和完善。虚拟现实技术可以在虚拟环境中展示家居产品的外观、尺寸、材质等细节,帮助消费者更好地理解设计效果。此外,制造工厂还可以利用仿真技术模拟不同材料、加工工艺和装配方式,预测产品的性能和质量。

(3) 智能制造和生产。基于消费者的定制需求和设计,制造工厂可以借助智能制造技术实现高效灵活的生产。物联网技术可以将生产设备、机器人和传感器连接起来,实现实时监控和数据采集。机器学习技术可以优化生产流程,根据不同的产品特点和定制要求,调整加工顺序和参数。自动化生产线可以实现产品的自动装配和质量检测,提升操作效率和最终产品的质量。

(4) 实时跟踪和反馈。制造工厂需要建立实时的跟踪系统,使消费者可以随时了解产品的生产进度和状态。这需要涉及物联网技术、数据分析和移动应用开发。消费者可以通过手机 App 或网络平台查看产品生产的进展,获取实时反馈和更新。同时,消费者还可以与制造工厂进行及时沟通,提出修改意见或补充要求。

(5) 实现个性化交付。一旦家居产品制造完成,制造工厂可以根据消费者的选择,采用个性化的交付方式,如快递、物流或上门安装。此外,制造工厂还可以利用物联网技术实现产品的远程监控和维护,为消费者提供更智能化的售后服务。消费者可以通过手机 App 监测产品的使用状态、维护需求等,制造工厂可以远程诊断和解决问题。

智能制造端(M 端)的智能工厂需要对所有产品结构进行模块化的改造和设计。经过模块再造,这些模块被数字化地整合到工厂内部的零件超市中。这样一来,利用数据调用模块进行产品重组变得极为便捷,实现了全面的柔性生产,使得生产实木家具成为可能,并且实现了零成品和零库存的目标。家居产品的消费者可以根据自己的喜好和需求选择组合方案,完成个性化的家居产品设计。

3. 家居行业特色:VR 技术助力产品展示

相对于其他普通日用消费品,家居用品通常体积较大,需要占用较大的展示空间。在传统的家居零售门店中,由于门店的空间有限,往往只能选择一部分产品进行展示,无法展示所有的款式、颜色和尺寸。在门店内,消费者只能看到有限的家居样品,难以获取有关产品的全面信息,这限制了消费者的选择范围,往往导致消费者难以找到符合自己需求和偏好的产品。同时,对于家居门店来说,大面积的家居产品陈设空间也提高了线下店铺的运营成本。除了体积大,许多家居产品的重量也较大,商品摆放位置的灵活性很低,难以挪动。在家居购买的过程中,空间规划、样式色彩搭配是消费者重要的考虑因素。消费者需要考虑家居产品在自己家中的实际摆放效果,如要购买的家具是否与室内其他装饰或家具相协调、家具的实际尺寸是否合适等问题。然而,传统门店的有限展示空间无法提供足够的家居产品搭配参考,家具自身的重量也限制了现场按照消费者偏好提供搭配效果的可能性。消费者对于实际的家装效果只能依靠想象,很容易发生将家居用品买回家才发现不满意的情况,因此产生的退换货行为增加了消费者的购买成本,甚至会对家居企业的品牌形象产生影响。由于实体门店的地理位置限制,消费者可能需要花费大量时间和精力在门店之间穿梭来寻找所需的产品。这种来来回回的体验会浪费消费者的时间,降低消费者的购物体验。

随着互联网的发展和云计算等技术的进步,消费者逐渐步入了万物皆可云的时代,网上购物的崛起,不仅对零售业产生了深远影响,也对传统实体店模式的家居企业带来了冲击。因此需要结合 VR 技术,精确还原真实的门店场景、布展效果和商品展示,使消费者能够在线进行全景浏览。基于 VR 技术的线上样板间能够满足客户的需求,消费者可以自主更改样板间的设计,随时在样板间的基础上加入自己的个性化设计。消费者只需通过手机等移动设备,便能在线逛店浏览,并轻松找到心仪的产品和理想的布局搭配。同时,通过 VR 技术在线举办系列门店活动,实现了门店业务的在线展示、在线咨询、在线设计、在线下单、在线预约配送以及在线售后客服等全流程服务。VR 这一技术的引入为消费者提供了更加便捷和高效的购物体验。

通过 VR 技术,消费者能够在虚拟环境中体验家居产品的摆放效果和整体装饰效果,产生身临其境的代入感和体验感。在传统门店中,家居产品通常陈列在特定的展示区域中。然而,这样的陈列安排可能使消费者难以从多个角度观察产品,无法全面了解其外观或细节信息。而引入 VR 技术为解决这一痛点提供了有力的工具。通过沉浸式的体验效果,VR 技术能够增强人们对现实世界的认知,并为家居装修领域提供独特的解决方案。通过 VR 设备,消费者可以沉浸于虚拟环境中,准确地感受到家居产品所呈现的实际效果。他们可以在虚拟场景中观察不同风格、布局和材质的家具、家电等家居产品的细节,通过亲身体验产品的视觉效果,更加准确地了解相关产品的细节。

VR 不仅仅提供了对家居产品的直观、真实的感知体验,还为消费者提供了更大的选择空间。消费者在购买家居产品后,由于风格搭配或空间限制等因素,常会面临实际效果与预期效果差异较大的问题。然而,通过与虚拟环境的互动,消费者可以根据自己的偏好和需求进行定制选择,调整家具的样式、颜色、尺寸等细节,从而实现理想的家居装修效果。VR 技术的应用不仅能够帮助消费者在购买之前避免不满意的情况,有效降低退换概率和购买成本,同时为家居企业提供了一个创新的销售工具。通过提供沉浸式的虚拟体验,消费者能够更理性和实际地做出家居产品购买决策,有效增强了家居品牌的口碑效应。

虚拟现实是一项综合集成技术,涵盖了计算机图形学、人机交互技术、传感技术、人工智能等多个领域。其核心目标是通过计算机生成逼真的三维视觉、听觉等感官体验,使用户能够自然地与虚拟世界进行互动和体验。在 VR 技术中,用户通过设备可以进入到一个计算机生成的虚拟环境,感受到身临其境的体验。当用户进行位置移动时,计算机能够实时进行复杂的运算,将精确的三维世界影像传送回用户,从而产生逼真的沉浸感。技术整合了计算机图形技术、计算机仿真技术、人工智能、传感技术等多个领域的最新发展成果。VR 作为一种借助计算机技术生成的高度模拟系统,可以提供真实感觉的虚拟体验。

在 VR 技术中,计算机图形学技术扮演着重要角色。通过图形学算法和技术,可以创建逼真的虚拟环境,包括建模、渲染和动画等方面的技术。人机交互技术则关注如何改进用户与虚拟环境的交互方式,以提高沉浸感和用户体验。传感技术用于感知使用者的动作,使系统能够实时响应用户的操作。人工智能技术则可以赋予虚拟环境中的角色或物体更智能的行为和反应能力。

对于家居行业来说,在制作 VR 样板间的过程中,首先需要确定 VR 样板房的设计目标和需求,包括房间结构、装饰风格、家具布置等,制定好样板房的外观和内部布局。接着借助各种软件进行建模和渲染,利用计算机辅助设计(CAD)软件或其他建模软件,对房间的结构及装饰元素进行三维建模,包括房间的几何结构、材质贴图及家具摆放等。再利用渲染技术为建模结果添加逼真的材质、光照和阴影效果,使其更加真实。然后需要将 3D 建模和渲染完成的样板房导入虚拟现实平台或引擎中,进行虚拟环境的搭建,进一步创建虚拟空间、设置用户交互元素和导航方式,保障用户的交互体验。还要进行场景优化和调整,以确保 VR 体验的流畅性和互动性。通过精心设计,制作好的 VR 样板间可以提供如同真实家居环境的虚拟体验,帮助消费者更好地体验家居产品的实际风格和布局搭配。

14.3　AI 轻工业:纺织行业的智能转型

纺织的主要任务是将纤维材料,如棉、毛、丝、化纤等转变为各种类型的纺织品,包括衣物、家居用品、工业用品等。纺织业在人类社会中具有重要地位,是人类生活的基本需求之一,同时也是全球经济的重要组成部分。纺织生产主要包括纺纱、织造、染色印花、织物整理等多个环节。在纺纱环节,需要将纤维材料进行纺织成线,包括清洁、拉伸和捻合等步骤,以便将纤维制成合适的线状材料,以供后续加工使用。在织造环节,使用纱线进行交织,形成各种不同的织物结构,如布料、毛毯等。织造技术涵盖了多种不同的织法,如从简单的平纹到复杂的提花和缎纹等。在染色与印花环节,织物会被染色、印花等处理。最后需要对织物进行检测,确保产品的质量符合要求。

1. 纺织机器人

为了应对复杂多变的市场环境和生产挑战,实现更高效的纺织品生产,纺织机器人开始被引入到纺织行业中来。纺织品生产对产品精准度要求极高,人工操作很容易引发微小误差,从而降低产品质量和市场竞争力。此外,长时间重复操作不仅导致操作人员疲劳,还会影响生产效率和员工健康。引入纺织机器人可以解决这些问题,确保每一步操作都按照标准进行,提高产品质量和一致性,同时减轻人工操作带来的疲劳,提高生产效率。另外,在一些纺织环节中,劳动强度大、工作环境恶劣,可能危及操作人员的身体健康。纺织机器人的应用能够提升操作员的工作条件和健康状况。同时,机器人可以连续高强度工作,无需休息,从而大幅度提高生产效率,满足市场需求。尽管机器人的引入需要较高的投资成本,但从长期来看,它们能够替代部分人工,降低人工成本,并且能够在恶劣的生产环境中工作,实现为纺织企业降本增效的目的。

在实际的纺织应用中,常用的纺织机器人有细纱自动落纱机器人、筒纱自动包装机器人和粗纱自动落纱机器人等[158]。

(1)细纱自动落纱机器人。在纺织生产中,纱线的精细程度对产品质量至关重要。细纱自动落纱机器人是一种能够实现高精度、高速度地将纱线引导到纺纱机的装置。传统上,这项任务需要手工操作,但手工操作容易产生纱线交织不匀、断纱等问题,影响生产效率和产品质量。而机器人能够准确、稳定地控制纱线的路径,避免纱线交织问题,从而提高了纺纱的一致性和效率。细纱自动落纱机器人在纺织业中的运作过程是一个高度精确、高效率的自动化流程,能够在细纱生产环节中显著提升生产效率和减轻工人的劳动强度。首先,当细纱满管时,这意味着一段纤维已经被纺织成了满管的纱线。此时,落纱机器人开始在预定的轨道上缓慢运行,准备进行下一步操作。然后,机器人配备了一个特殊的抓纱臂,这个装置具备高精确度的抓取能力。在运行过程中,抓纱臂被精确地定位到满管纱的位置上。一旦抓纱臂到达正确的位置,它会准确地抓取满管纱,并将其放置在预先准备好的纱筐中。这一步确保了纱线的顺利转移,避免了交叉和缠绕。完成满管纱的放置后,机器人会迅速地将空的纱管插入细纱机的锭子上。这个步骤确保了纱线的持续生产,将空管和满管相互交替使用,从而保持生产连续性。细纱自动落纱机器人的应用具有很高的灵活性。一台机器人可以适用于多台细纱机,使其成为细纱集体落纱装置的强有力的补充。

(2)筒纱自动包装机器人。传统的筒纱包装通常需要手工操作,工作量大且容易出现包装松散等问题。引入筒纱自动包装机器人可以实现自动化包装,将筒纱紧密地包装起来,提高包装效率和稳定性。筒纱自动包装机器人是在纺织业中用于自动化筒纱包装过程的关键装置。该装置通过一系列精密操作,将生产的筒纱经过自动化流程进行包装,从而提高生产效率,确保包装质量,减少人工操作的需求。筒纱自动包装机器人主要包括以下装置:

第一,筒纱传送装置。皮带传送装置被用来将络筒机生产的筒纱导入筒纱自动包装机器人的工作区域。这个过程保证了筒纱的连续供应,为后续的自动包装做好准备。

第二,装袋机械手。在机器视觉的辅助下,液压机械手被用来自动提起筒纱,并将其装入内层薄膜袋和外层纤维袋中。这项自动化操作确保了筒纱的安全装袋,避免了可能出现的损伤和交叉污染等问题。

第三,封袋机械手。超声波缝纫机械手被用来将筒纱包装袋进行封口,确保纱线在包装中的安全性。这种技术不仅高效,还能保持封口的完整性,避免了封口不牢固带来的包装松散问题。

第四，称重喷码机。装袋完成后，纱袋会自动传送到称重台进行称重。在这个环节，喷码机会将纱袋上的重要信息，如品种、重量和物流周转等内容，喷印在纱袋表面。这个过程利用物联网技术实现了实时信息标记，为后续的物流、仓储和销售管理提供了数据支持。

第五，纱袋传送装置。最终装置会将完成包装的纱袋送往下一个处理环节，以确保整个包装流程的连贯性。

（3）粗纱自动落纱机器人。与细纱不同，粗纱通常更厚重，要求更大的控制力和准确性。粗纱自动落纱机器人能够精准地引导粗纱进入纺纱机，确保纱线的均匀性，避免断纱等问题。由于粗纱的重量和尺寸，机器人的稳定性和精准性对于生产质量至关重要。该机器人的主体结构由行走系统、取放机械手、满纱吊装机械手、空管输送系统和轨道系统五个部分组成，这些部分相对独立但又相互关联，共同协作实现了粗纱自动落纱的复杂过程：

行走系统是机器人的移动部分，由 PLC 控制启动，根据预定的落纱时序以设定的步幅自动移动到位。行走系统的精准控制确保机器人在正确的位置进行操作，实现了落纱的准确性和效率。

取放机械手是机器人的核心部分，负责抓取和放置粗纱。机械手的定位精度对于整个落纱过程的效率和精确性至关重要。它能够准确抓取满管粗纱并将其放置在指定位置，从而实现粗纱的自动落纱功能。

满纱吊装机械手用于协助悬吊满纱，确保粗纱顺利移动和装填。它与空管输入和满纱输送系统交互，通过精确的网络信息交互和时序控制，实现满纱的精确吊装，确保落纱过程的顺畅进行。

空管输送系统负责将空的纱管输送到机器人的工作区域，以便机械手可以将满管纱装入空管中。这个系统的高效运作确保了落纱过程的连续性和高效性。

轨道系统为机器人提供了运动的路径，使其能够准确地在工作区域内移动，从而实现不同操作的精确定位。

2. 织物瑕疵检测[159]

织物瑕疵是指在工业化生产过程中，织物表面出现的缺陷和不良情况。这些缺陷可能包括断纱、擦痕、扎洞、断裂、错位、污渍等问题，影响了织物的完整性和外观。织物瑕疵不仅会影响产品的外观质量，还可能影响使用寿命和性能，甚至导致产品滞销和经济损失。这些织物瑕疵通常由多种因素引起，包括机器故障、纱线问题、不良加工、过度拉伸等。

　　织物瑕疵检测是织物生产中至关重要的一环。它旨在生产过程中及时识别、定位和修复织物中的瑕疵，以确保产品质量和外观达到要求。在以往的织物质量检测方法中，人工检测一直是主要的手段。人工检测虽然可以在一定程度上实现即时纠正错误，但是需要检测人员长时间的持续注意力，但人类在长时间重复任务中容易产生疲劳，从而降低检测的准确性。并且人员之间的主观判断差异也会导致对织物瑕疵的评估不一致，影响检测的一致性。除此之外，织物上可能存在微小的瑕疵，如小的断纱、细微的污渍等，这些问题可能在人工检测中被忽略或难以察觉。因此，人工检测往往不能完全保证检测到所有织物瑕疵。从生产效率和成本的角度来看，人工检测需要大量的人力和时间投入，这会增加生产成本，影响生产效率。如果需要进行大批量的织物瑕疵检测，大规模的人员培训和管理也会给纺织企业带来额外的费用。

　　在这种背景下，人工智能技术如计算机视觉和机器学习等算法被广泛应用于织物瑕疵检测，能够自动识别和分类各种瑕疵，提高检测的准确性和效率。这对于维护产品质量、降低生产成本、提升市场竞争力具有重要意义。织物瑕疵检测技术的不断进步将继续推动纺织行业向更高水平的质量控制和自动化方向发展。

　　根据图像处理原理的不同，织物瑕疵检测方法可划分为基于结构的、基于统计的、基于频谱的和基于深度学习的四种方法。

　　(1) 基于结构的织物瑕疵检测方法。基于结构的织物瑕疵检测方法是一种基于图像内在结构特征的技术途径，专注于利用图像的纹理、形状和边界等信息来实现瑕疵检测。在该方法中，图像的局部特征被提取并用于确定是否存在瑕疵，其技术步骤可以概括如下：

　　第一，特征提取。通过应用滤波器、边缘检测等技术，图像中的局部纹理和边界特征被捕捉出来。这些特征可以是图像的频域、空域、梯度等信息，用于描述织物图像的内在结构。

　　第二，模板和规则定义。基于事先确定的规则或者模板，检测系统可以对特征进行分析和比较，以确定是否存在瑕疵。这些规则和模板可能涉及纹理的变化、形状的规律性、边界的连续性等。

　　第三，瑕疵检测。将特征与事先定义的模板或规则进行比较，从而判定图像区域是否包含瑕疵。若特征与模板或规则匹配，则该区域可能存在瑕疵，反之则被视为正常。

　　基于结构的方法在对于具有明显形态或规律性的瑕疵情况下表现出较强的适用性。例如，当织物上的瑕疵呈现一定的几何形状，或者在织物纹理中具有特定的规则变化时，这种方法能够较好地捕捉并定位瑕疵。然而，对于织物纹理复杂或瑕疵形态不规则的情况,基于结构的方法的表现可能受到限制,因为纹理变化和特征提取难以准确区分瑕疵和正常区域。

(2) 基于统计的织物瑕疵检测方法。基于统计的织物瑕疵检测方法是一种基于图像统计特性的分析手段,目的在于通过探索图像中的像素值分布和灰度级等统计信息,从而实现潜在瑕疵区域的检测。典型方法包括阈值分割和灰度均衡等,其技术步骤概括如下:

第一,图像统计特性提取。在基于统计的方法中,首要任务是获取图像的统计特性,其中包括像素值的频率分布、均值、方差等。这些统计特性能够反映图像的整体亮度、对比度和灰度分布情况,为后续的瑕疵检测提供了依据。

第二,阈值分割。其核心在于将图像分成不同的区域,如瑕疵区域和正常区域。这通过设定阈值,将图像中的像素值与阈值进行比较,从而将像素分类为瑕疵或正常。当灰度分布在瑕疵区域与正常区域之间存在明显差异时,阈值分割方法能够有效地实现瑕疵区域的定位和提取。

第三,灰度均衡。灰度均衡是另一种基于统计的方法,通过重新分配图像像素的灰度级,从而增强图像的对比度和视觉质量。在织物瑕疵检测中,灰度均衡可以使得瑕疵区域与正常区域之间的差异更加明显,有利于检测瑕疵。

(3) 基于频谱的织物瑕疵检测方法。基于频谱的织物瑕疵检测方法是一种基于图像频域分析的技术途径,其关键在于通过应用傅里叶变换等频谱分析技术,以便探测可能存在的异常频率分量,从而实现潜在瑕疵区域的定位。此方法的主要过程涉及以下方面:

第一,频域表示与傅里叶变换。频域表示为图像提供了一种不同于空域表示的视角,通过将图像从空域转换为频域,可将图像的信息表示为频率成分。傅里叶变换是一种将图像从空域转换为频域的数学方法,它将图像分解为不同频率的正弦和余弦分量。在傅里叶变换中,每个频率成分都有一个幅度和相位,其中幅度表示了该频率成分的强度,相位表示了该频率成分的相对位置。通过应用傅里叶变换,可以将图像从空域转换为频域,从而将图像的信息表示为不同频率的成分。

第二,异常频率分量检测。在基于频谱的织物瑕疵检测中,关键在于寻找图像中的异常频率分量,这些分量可能是由瑕疵引起的。瑕疵可能导致图像中的频率分布发生变化,这种变化在频谱表示中会表现为不寻常的特征。通过对频谱图进行分析,可以检测到这些异常频率分量,从而指示可能的瑕疵区域。具体来说,当图像中的瑕疵引起频率分布的突变或异常时,这些异常频率分量会在频谱图中呈现出峰值或异常形状,与正常区域的频谱特征不同。

(4) 基于深度学习的织物瑕疵检测方法。这种方法是近年来兴起的一种高度自适应的技术,它通过构建深度神经网络模型,能够从原始图像数据中自动学习和提取特征,实现对织物瑕疵的准确检测。基于深度学习的方法主要基于卷积神经网络(CNN)等深度学习模型。深度学习模型通过多层神经网络来模拟人脑的信息处理,可以自动学习图像中的抽象特征。

与传统方法不同,基于深度学习的方法不需要手动定义特征提取规则。它能够从原始图像数据中自动学习特征,这意味着模型能够根据任务的需要提取相关的特征,从而更好地区分瑕疵和正常区域。基于深度学习的方法充分利用大量标注数据,通过训练深度神经网络模型,使其能够对不同类型的织物瑕疵进行区分。模型在训练过程中逐步调整网络参数,使其在瑕疵检测任务上达到最佳性能。基于深度学习的方法具有很强的适应性,能够适应不同类型的织物和不同瑕疵形态。通过在大规模数据集上进行训练,模型能够泛化到多种织物产品,实现全面的瑕疵检测。

基于深度学习的织物瑕疵检测方法的技术步骤可以概括如下:

第一,数据收集与预处理。需要收集包含正常织物和不同类型瑕疵的图像数据集,这些数据将用于训练和测试深度学习模型。数据预处理包括图像的大小调整、归一化和增强等操作,以确保模型的稳定训练和泛化能力。

第二,构建深度学习模型。常见的模型架构包括卷积神经网络(CNN),特别是针对图像处理的预训练模型,如 VGG、ResNet、Inception 等。模型的选择取决于任务需求和数据集的规模。模型通常由多个卷积层、池化层和全连接层组成,以学习不同层次的特征。

第三,数据分割和标注。数据集需要划分为训练集、验证集和测试集。同时,需要对图像进行标注,即为每张图像中的瑕疵区域和正常区域添加标签。标注可以是像素级的,也可以是边界框级别的,取决于任务的复杂性和需求。

第四,模型训练。使用训练集数据,将预处理后的图像输入到深度学习模型中进行训练。训练的目标是最小化损失函数,通常是交叉熵损失函数来优化模型的参数,使其能够正确地分类图像中的正常区域和瑕疵区域。

第五,评估与应用。在训练过程中,使用验证集数据来监控模型的性能,并及时进行调整,防止过拟合。可以根据验证集上的性能指标,如准确率、精确率、召回率等来优化模型的参数。训练完成后,使用测试集数据来评估模型的性能。通过计算各项指标,如准确率、精确率、召回率、F1 分数等来判断模型在瑕疵检测任务上的表现。在模型训练和评估完成后,可以将模型部署到实际的生产环境中。对于织物瑕疵检测,可以通过将模型嵌入到自动化的生产线中实现实时的瑕疵检测和判定。

14.4　小结

本章深入探讨了人工智能技术在钢铁、家居和纺织等制造行业的应用。人工智能与铁水运输这一相对外围但重要的环节结合,为钢铁行业实现了强有力的支持,不仅有效提升了钢铁作业的安全性,而且极大节省了企业运作的人力成本,运用人工智能技术助力钢铁企业实现数字化转型。通过统一的铁钢界面智慧管控平台,钢铁企业实现了各部门之间生产调度信息的连通,有效实现了生产与物流环节的高效衔接。具体到实际的钢铁生产环节,智能化金相分析系统通过自动化和智能化的金相分析流程,显著降低了钢铁企业招聘检测人员的技术门槛,缩短了检测时间,提高了检测结果的准确率。在家具制造领域,智能机器人的引入使得企业的制造效率得到了极大的提升,同时也减少了人力成本的投入。智能制造向我们证明,人工智能带给企业的不仅仅是新的技术,更是新的生产力、生产关系和生产方式,是使企业在竞争中立于不败之地的关键所在。同时,家居产品的消费者通过在线定制系统,可以按照个人的偏好来选择设计,避免了家居行业普遍存在的同质化问题,迎合了消费者个性化、多元化的消费需求,大大提高了家具制造企业的市场竞争力与品牌价值。在纺织行业,纺织机器人的出现不仅提高了生产效率,还降低了人工劳动的成本,实现了自动化的生产流程,大大降低了制造成本。另外,织物瑕疵监测利用人工智能的图像识别技术,能够高效地检测出织物上的缺陷,这不仅提高了产品质量,还减少了废品率,有助于降低企业的生产成本。在未来,人工智能技术将继续在制造行业发挥重要作用,提高生产效率和降低生产成本,促进高质量生产和个性化生产的实现。这一趋势将为制造业带来更多的机遇,促使企业不断创新,以适应日益变化的市场和技术环境。

思考题

(1) 在传统的制造行业中,存在哪些与行业相关的痛点问题?

(2) 在应用人工智能技术后,钢铁企业的物流及生产环节发生了哪些改变?

(3) 请总结家居行业是如何利用人工智能技术打造智能制造工厂,通过定制化生产来满足不断变化的客户需求的。

(4) 人工智能在纺织行业中的应用给我们带来哪些启发?你认为还有哪些轻工业行业可以利用人工智能技术实现生产效率的提高?

第15章

运输行业

15.1 AI 赋能智慧机场

随着交通的不断发达,人们对于便捷、高效的出行方式需求强烈。在这一背景下,航空交通作为一种快速便利的出行方式逐渐普及,这对机场运营提出了全新的挑战和机遇。面对日益增加的民航旅客人数及人们对智能化出行的强烈需求,国内各大机场纷纷将目光投向人工智能(AI),将其应用于机场运营,致力于打造"智能化、人性化航空"。人工智能作为一项颠覆性的技术,已经在多个领域展现出了巨大的潜力和能力。机场作为航空运输的重要枢纽,如何通过人工智能技术来优化运营流程、提升服务质量,已经成了机场管理者关注的焦点。

通过人工智能的应用,目前全国各大机场已经实现了安全监测的智能化、运营管理的自动化、旅客服务的个性化等方面的提升,为旅客提供更加智能化和便捷的航空出行体验。通过结合人工智能的强大算法和机器学习能力,机场可以更好地应对日益增长的旅客流量、提升安全性和运行效率,同时为旅客提供更加个性化、便利和舒适的旅行体验。在人工智能技术的引领下,机场已经迎来了一场技术革命,共同走向更加智能化的航空新时代。

1. 智能登机流程

AI 赋能后的登机流程能够通过引入更多的人工智能专业技术细节,让旅客们真切感受到机场的智能变革。过去的机场登机过程需要进行登机安检,这一环节对证件的核检通常需要花费分钟甚至更长时间,极大地影响了旅客们的出行体验。然而,现在机场采用了一系列人工智能技术,如自助值机、自助托运、人脸识别技术和毫米波安检技术,实现了无纸化便捷出行,极大地节省了核检时间。

(1)人脸识别。机场的人脸识别技术通过高度智能化的方法,将旅客的面部信息与数据库中的照片进行匹配,以确保旅客的身份一致性。人脸识别系统利用深度学习算法来分析比对面部图像。通过识别旅客面部的特征点、轮廓和纹理,然后将这些信息与数据库中的照片进行比对,以确定是否存在匹配。人脸识别系统可以在极短的时间内完成识别和匹配过程,因此可以大幅提高安检速度。旅客只需站在自动闸机前,无需出示个人的身份证件,系统即可迅速确认其身份[160]。

机场安检的核心是确保旅客和机场工作人员的安全,防止潜在的威胁。动态监控识别是一种强大的工具,可以在机场安检中辨别可疑人员。动态监控识别技术使用高分辨率摄像头捕捉机场内的人脸图像,利用人脸识别技术对这些图像进行分析,并提取关键的人脸特征。识别系统使用提取的人脸特征来建立每个人的人脸模型,并将其与管控人员数据库中的照片进行比对。当可疑人员被识别时,可以立即触发相关的安全警报。

(2)违禁品探测。在安检环节可以引入更多的人工智能专业技术,如视觉识别技术就是一种典型的非侵入性的检查方法,无需打开旅客的行李,就可以对行李内的可疑物体进行检测。利用 X 光技术结合智能识别技术,机场能够识别出乘客行李中携带的违禁物品,通过 AI 智能判图能够显著提升物品查验效率。

具体而言,安检人工智能辅助判图系统利用人工智能算法技术应用于常见违禁品的自动探测,并基于安检现场的局域网系统进行部署。该系统能够将各个通道的 X 光机通过系统产生适合智能识别格式的图像,并将这些图像发送至算法服务器。算法服务器执行人工智能算法对这些图像进行违禁品探测,并将探测结果返回并记录。通过这种方式,系统能够实现对违禁品的实时报警和安检过程中的抽样监控[161]。

这样的安检人工智能辅助判图系统在实践中能够显著提高安检效率和准确性。借助先进的人工智能算法,系统能够自动识别和标记出潜在的违禁品,减轻人工安检人员的工作负担,并有效缩短行李检查时间。此外,系统还能记录每个行李的检查结果,以便日后审查和追溯。通过引入这种人工智能辅助判图系统,机场安检部门能够更高效地保障旅客的安全,并确保安检过程的严密性和可靠性。

(3)自助行李托运。人工智能技术还赋能了全自助行李托运设备,实现了"自助行李托运"功能。该功能基于数字化转型,运用了多项成熟的技术,如 AI+3D 识别、大数据、RFID、生物识别和物联网等。旅客只需使用本人有效身份证件,在自助行李托运设备上打印行李条。根据屏幕指示,旅客将行李条拴挂在行李上,并将行李放入设备中进行自助检测和投放。同时,行李托运设备还会打印目的地机场的行李提取联。在整个过程中,系统会实时播报旅客操作和行李检测的异常情况,提醒旅客并确保其行李的安全。旅客还可以选择使用自助行李托运设备完成其他操作,如自助选座、打印登机牌和行李牌、粘贴行李标签、系统自助检测行李的尺寸和重量是否符合标准，以及扫描行李牌号码等。整个自助行李托运的办理过程平均只需 1 min，旅客无需排队等候在人工值机柜台，节省了旅客排队的时间，为旅客打造了无接触式的行李服务体验[162]。

在实现自助办理托运手续的同时，国内多家机场还实现了行李的全流程跟踪。随着旅客乘机和托运行李数量的增加，机场在托运行李处理环节面临着更大的压力，可能会出现行李误送或丢失的情况。因此，需要一种能够全程跟踪行李的解决方案。传统的行李跟踪方式是通过带有条形码的行李牌来识别行李，但当行李牌受到损坏时，行李信息将无法有效读取。近年来，随着 RFID 技术的普及和相关政策的引导，部分机场已经将传统行李牌替换为带有 RFID 芯片的行李牌，并在行李处理过程中利用光学扫描、OCR 和 RFID 扫描设备来获取行李牌信息并实现跟踪。这种方式极大提高了行李的识别率，但也增加了行李牌的制作成本。通过将行李信息嵌入 RFID 芯片的行李牌，并将其系挂在行李上，可以更准确地跟踪行李。但行李牌脱落时，仍然存在行李识别的问题。

为了解决这个问题，机场正在探索基于人工智能的解决方案。例如，利用计算机视觉技术，可以在行李处理环节使用摄像设备对行李进行实时监测和识别，从而减少对行李牌的依赖。通过对行李外观特征、形状和尺寸的分析，结合深度学习算法，系统能够自动识别行李并将其与旅客的行李信息进行匹配。在行李识别的过程中，首先从待查找行李中获取原始图像作为输入，通过卷积神经网络模型确定待查找图像所属的类别。然后通过图像处理技术提取待查找行李箱的颜色、尺寸和划痕等多个关键特征。最后，应用图像相似度匹配算法，通过计算多特征结合的特征向量与旅客行李图像数据库中相应类别图像的特征向量之间的相似度来评估待查找行李图像的匹配程度。这一过程依赖深度学习算法，利用特征提取、特征匹配和相似度度量等方法来精确计算。通过这种方式，可以准确衡量待查找行李图像与数据库中各类别图像之间的相似性。这种方式不仅提高了行李识别的准确性，还能够实时跟踪行李的位置和状态，减少行李误送和丢失的风险。

通过引入人工智能技术，机场的登机流程得以极大改进。行李检测、自助托运、人脸识别等技术的应用，使得登机流程实现了无纸化运行，从而大幅节省了核检时间。人工智能技术与海关的业务系统无缝对接，能够实现对走私者、逃犯等海关重点人群的布控。这些智能化的措施极大地提升了机场安检的效率和安全性。

2. 智能机位分配

机场的智慧还体现在机位的分配上。在实际场景中，远机位通常不受乘客喜欢，虽然与航站楼的距离只有几百米,但乘坐摆渡车可能需要耗费半小时的时间。机场在引入智能机位分配系统之前,面临着机位分配效率低、核心指标优化难以实现和智能化程度不高的问题。由于机位特性的差异和复杂的分配规则,传统的手工分配方式依赖运行指挥员的个人经验和大量的时间投入,无法快速满足计划外的分配需求,且难以实现全局优化。此外,不同来源的数据在传统模式下无法高效地汇集和同步,无法进行深度挖掘和综合分析,也无法实时量化机位分配效果并进行整体评估。

机场为了优化机位分配,充分利用人工智能技术,采用了 AI 算法策略,通过深入分析包括空管数据、雷达数据及跑道信息数据等多种数据源,从中评估和预测出最大可能概率的滑行路径。这一创新使得机场的机位分配实现了自动化和智能化。借助 AI 算法,机场机位资源智能分配系统实现了前所未有的高效率。原先耗时长达 4 h 的人工机位分配过程,现在仅需 1 min 即可完成。此外,该系统还定期每隔 10 min 进行一次滚动刷新,以及时适应动态变化的机位需求。

机场的智能化机位分配系统实现了大数据的整合和综合分析。系统采用实时和离线方式,收集来自航班信息管理系统、营运资源管理系统、机场协同决策系统、广播式自动相关监视、气象和跑道等各个系统的数据,并将其汇聚加工成专题库,实现对航班、机位和跑道等数据的整合和指标分析。同时,系统定义了 60 多条机位分配规则,包括基础规则类、优先级规则类和临时调整因素,通过规则库匹配确保机位分配符合各种情况下的需求。为了实现自动分配,机场构建了机位分配 AI 算法引擎,基于数学优化和启发式算法,在航班计划、机场协同数据和分配规则的基础上进行批量自动分配和动态调整。这一系统还针对多个维度进行靠桥率的优化,如机型、起落时间、停机位、跑道和滑道位置等。在特殊情况下,操作人员可以对系统生成的分配方案进行手工调整,通过在平面图上锁定或解锁机位,系统将根据预设条件重新指派新的机位给航班[163]。

机位资源智能分配技术通过深度挖掘和分析多源数据,结合 AI 算法的智能决策,实现了高效准确的机位分配。这不仅提升了机场的整体运行效率,还为旅客提供了更顺畅、便捷的登机体验。这为机场管理领域的智能化应用提供了有力的示范和借鉴,展示了人工智能技术在航空业中的巨大潜力。

3. 机场智能商业机器人

机场的"智"还体现在智能机器人与机场商业上。机场智能机器人可以向旅客或机场管理人员提供包括机场信息查询、自动巡逻安保、机场引导展览、智能人机交互等多项服务。机器人通常配备有显示屏幕,可以用来显示文字和图像等其他信息,通过语音识别技术,机器人可以理解旅客的口头指令和提出的问题,然后利用自然语言生成和语音合成技术，与旅客进行问题回答和对话交流。随着机场成为人员密集型公共服务场所，特别是航站楼内人员流动性高、业务量大，提供高效便捷服务成为一项重要挑战。为应对这一挑战，科技智能成为机场未来发展的新趋势。

构建智慧机场被视为解决当前机场业务规模大、运行主体众多、运行状况复杂等问题的有效途径。机场通过引入人工智能、大数据、云计算等新技术，致力于为旅客提供更高效、便捷的服务体验，为机场运营带来更高的效益。机场大厅机器人采用类人形状和全自由度的灵活双臂设计，结合多项人工智能技术，使其在与人进行互动时更加智能和逼真。其中，地图同步构建及定位（Simultaneous Localization and Mapping, SLAM）技术能够帮助机器人快速建立机场内部的地图，并准确确定自身的位置，实现精准导航和定位功能。通过精准人脸识别技术，机器人可以准确识别旅客的面部特征，进而提供个性化的服务和信息推荐。此外，机器人还利用大数据采集、管理和分析技术，能够实时收集和整合机场相关数据，并通过分析和学习，提供更加智能化的服务和决策支持。例如，机器人可以根据旅客的行为和偏好，提供个性化的乘机咨询和自助值机引导，使旅客的出行更加便捷和高效。通过视频客服功能，机器人可以与旅客进行远程实时交流和咨询，解答疑问并提供即时支持。此外，互动娱乐功能使得机器人能够与旅客进行有趣的互动，提供娱乐和休闲服务，为旅客带来更加愉快的机场体验。这些人工智能技术的应用使得机场机器人能够与旅客进行自然、流畅的人机交互。通过不断学习和适应，机器人能够提供个性化、高效的服务，为机场的运营和旅客的出行带来更大的便利和满意度。

在机场商业领域，人工智能技术发挥着重要作用。通常，机场会使用一种统一的支付接口或记账系统来管理旅客在机场内的消费。这个系统会记录旅客的购物、用餐、停车等消费活动，并生成相应的账单。计算机视觉识别算法的引入，使得当旅客在机场内进行消费活动时，系统可以捕捉到旅客的面部图像确定旅客的身份，然后将旅客的个人信息与他们的消费账单进行精确匹配。通过分析旅客的消费行为，机场能够深入了解旅客的偏好和需求，并根据消费情况对整个商业布局进行规划和调整，以提供更优质的商业服务。

为了实现智慧机场沿途的商业化运营与建设，各大机场也积极采用人工智能创新技术开发了一系列智能设备和系统，其中包括互动数字购物墙、智能广告牌和购物登机口交付等智能设备。互动数字购物墙是一种具有创意和互动性质的数字展示墙，在机场等公共场所能够通过高清晰度的显示屏、优美的声音效果、色彩绚丽的图像和视频等感官元素，达到引人入胜的效果。旅客可以通过互动墙来了解商品的价格优惠等信息，这有助于提升商业密度，增加机场的销售量和收入，也为旅客提供更多的购物选择和便利。另外,智能广告牌在机场中也发挥着重要作用。通过人工智能技术,智能广告牌能够根据旅客的飞行目的进行精准定位,并根据目标客户的需求和兴趣,优化和配置广告内容。这种个性化的广告投放不仅能提高广告的效果和转化率,还能够提供有针对性的服务和推荐,为旅客带来更好的体验。

机场通过运用人工智能技术对商业领域进行了创新,实现了智慧机场沿途购物的商业化运营与建设。通过视觉识别、数据分析和智能设备等技术手段,机场能够更好地了解旅客需求、提供个性化服务,并优化商业布局和广告投放,为旅客提供更便捷、舒适和满意的机场商业体验。

4. 人工智能跑道检测

作为飞机起降的核心区域,跑道的安全和可靠性直接关系到飞行操作和乘客的安全。跑道监测的主要目的是及时发现和处理潜在的问题,以确保跑道表面和附属设施的完好和可用性。传统机场跑道检测主要依赖人工进行巡视和观察,这种方法存在人为疏漏和主观判断的风险。人工巡检可能无法及时发现隐蔽的问题或准确评估跑道表面的状况,导致安全隐患的存在。

为解决跑道监测问题,机场开始引入智能检测系统,采用人工智能等先进技术,实现对机场跑道的智能检测。不同于以往的人工或半自动检测方式,这种检测主要利用智能机器人进行数据采集,并通过人工智能自动处理这些数据,建立道面的三维数字模型,以了解道面损坏的发展趋势,并为下一步的治理和预防提供参考。

通过运用智能机器人和先进的无损检测仪器,如视觉摄像头和三维电磁波设备,可实现机场跑道道面健康检测。智能机器人搭载视觉摄像头后,其工作流程基于计算机视觉技术,实现对道面的实时图像采集和分析。其技术步骤可以概括如下:

(1) 进行图像采集。智能机器人通过视觉摄像头对跑道进行图像采集。摄像头捕捉道面的图像数据,包括裂缝、坑洼、磨损等可能的损伤。

(2) 图像预处理。采集到的图像数据首先进行预处理,包括去噪、图像增强等。这有助于提高图像质量,减少后续分析的干扰。

(3) 特征提取。在图像处理阶段,采用特征提取算法来识别道面上的不同特征和病害。这些算法可以检测图像中的边缘、角点、纹理等特征,从而找到可能的损伤区域。

(4) 模式识别。接着需要使用模式识别算法对提取到的特征进行分析和分类。这些算法根据特征的组合和分布,将道面损伤分为不同的类型,如裂缝、坑洼、磨损等。

(5) 分类器训练。为了实现准确的识别和分类,需要使用机器学习算法来训练分类器。通过提供大量已标注的图像数据，分类器可以学习不同类型损伤的特征模式，从而能够在新的图像中准确地识别损伤类型。

（6）检测和生成结果。在实时图像中，训练有素的分类器会自动检测并识别图像中的损伤。一旦损伤被检测到，智能机器人会生成位置、大小、严重程度等信息的检测结果。

智能机器人还配备三维电磁波等无损检测仪器，这些设备通过发送和接收电磁波，可以勘测道面的内部结构和材料特性。电磁波数据采集分析道面的厚度、密实度、含水量等参数，从而评估跑道的健康状况和结构稳定性。视觉和电磁波数据传输至后台系统，通过人工智能技术进行数据处理和分析。深度学习算法基于大量数据进行模型训练，提取道面病害的特征，准确识别和分类。

机器学习和模式识别技术帮助智能机器人快速、准确地分析跑道损伤的位置、大小、严重程度等信息。智能机器人通过高稳态高精度定位导航和多传感器协同控制，实现全自动、全覆盖、高精度、可视化的精准检测。机器人能够自动分析道面表观和地下结构病害，并将分析结果用于预防性精准养护。通过运用人工智能技术进行跑道道面健康检测，机场能够更准确地评估跑道状况，及时采取维护和修复措施，确保跑道的安全性和可靠性。这种技术方案在提升道面检测精度和维护效率方面发挥了重要作用[164]。

15.2 AI 构建智慧铁路

近年来，人工智能技术在我国铁路行业掀起了一场革命性的变革，广泛而深入地应用于铁路的各个方面，包括建设、装备和运营等领域。这些应用不仅令铁路系统在提质、增效、节能、减排，以及安全等目标方面迈出了坚实的步伐，为整个行业的发展赋予了前所未有的新动能。人工智能在我国铁路的应用与发展，主要集中在推理与推荐系统、机器学习、计算机视觉、知识表达与常识库等方面[165]。

1. 推理与推荐系统

案例推理是一种涵盖增量学习能力等特点的智能化问题解决方法。它能够模仿人类思维的分析和问题解决能力，在许多领域，尤其是那些难以用传统数学模型建立的领域得到广泛应用。在铁路领域，推理与推荐系统是一个相对新兴的问题求解和学习方法，尤其在处理复杂的铁路线网规划和运输组织优化等系统时发挥了积极的作用。

传统的铁路线网规划所面临的复杂性源自地理和地质环境的多样性,设计工作的繁重性,以及周期较长等挑战。这种复杂性导致了铁路建设领域积累了大量的设计参数和约束条件数据,这些数据在规划和设计过程中具有至关重要的作用。然而,针对复杂的多因素优化问题,传统的人工方法往往难以在合理的时间内找到最佳的设计方案。在这种背景下,引入先进的地理信息系统(Geographic Information System,GIS)、建筑信息模型(Building Information Model,BIM)等技术,结合案例推理方法,构建线网规划案例推理系统,成为一种创新和高效的解决途径。

地理信息系统(GIS)是一种以地理空间数据为核心,用于收集、管理、分析和展示地理信息的技术体系。在铁路规划中,GIS 可以将地理数据(如地形、气候、土地利用)与设计参数数据结合,形成空间数据库。这种数据库为规划人员提供了全面的地理信息,使他们能够更好地理解地域特点和环境限制,为设计方案提供基础。建筑信息模型(BIM)是一种集成的数字表示方式,用于描述建筑物的几何形状、结构、材料和性能等信息。在铁路规划中,BIM 技术可以用来构建铁路线路的虚拟模型,其中包括地形数据、地下设施、交通流动等。这种模型可以在虚拟环境中模拟不同设计方案的影响,帮助规划人员更好地预测各种因素对设计的影响。

线网规划案例推理系统的技术步骤可以概括如下:

(1) 数据收集与整合。在这一步骤中,需要收集包括地理数据、设计参数数据和历史案例数据在内的各种数据。地理数据可以包括地形地貌、气象数据、土壤信息等。设计参数数据涵盖施工要求、安全标准、交通流量等。历史案例数据是成功或失败的设计方案及相关效果的记录。这些数据需要从各种来源,如地理信息系统、调查报告、历史记录等进行采集。

(2) 知识表示与建模。在这一步骤中,需要对收集到的数据进行规范化和整理,以便系统能够有效地理解和分析。这涉及数据清洗、归一化、地理坐标转换等。然后,可以将数据以适合推理的方式进行表示,如图谱、数据库或规则库。地理信息可以使用空间数据库进行存储,设计参数可以建立参数化的模型,而历史案例可以构建成规则或模式。

(3) 推理引擎的设计。在这一步骤中,需要开发一个推理引擎,它将使用案例推理技术。案例推理是一种基于历史案例的推理方法,通过分析已知案例中的成功和失败,从中提取出模式和规则,以指导新案例的决策。引擎需要能够自动从历史案例中提取有用的知识,并将其转化为可供推理使用的形式。

(4) 推荐策略制订。在这一步骤中,需要制订推荐策略,考虑多个因素,如地理环境、工程要求、资源限制等,具体涉及多目标优化、约束条件建模等技术。推荐策略的制订需要结合专业知识和系统的能力,以确保生成的设计方案在多方面都能满足要求。

(5)推荐结果生成。在这一步骤中,推理引擎将分析输入的地理信息、设计参数和历史案例数据,然后根据已有的知识和推荐策略生成针对特定地理位置和设计目标的设计方案。这些方案应该能够在满足多个条件和约束的前提下达到预期的目标。

(6)方案评估和调整。生成的设计方案需要进行评估,以验证其效果和可行性。这可以通过建筑信息模型(BIM)和仿真技术来进行。系统可以将生成的方案在虚拟环境中进行模拟,分析其对地形、环境和交通流量的影响。评估结果会导致一些方案需要进行调整和优化。

(7)决策支持。系统向工程师提供推荐的设计方案,并解释推荐的依据,以及为什么这些方案被认为是合理的。这种决策支持可以帮助工程师理解方案的优势和限制,使他们能够做出明智的决策[166]。

2.机器学习

在铁路领域,机器学习作为一种重要的人工智能技术,已经得到广泛的应用和研究。实际应用主要集中在以下三个方面:辅助决策、模式识别及分类聚类分析。

(1)辅助决策。辅助决策是一种基于信息智能采集处理技术、自然语言处理技术和信息检索技术的方法,它旨在构建以决策为导向的方法集,为铁路领域提供全方位、多层次的决策支持。在铁路管理和运营中,辅助决策通过结合人工智能技术,能够处理复杂的情境和数据,为决策者提供更准确、及时的信息,以帮助他们做出更明智的决策。

应急救援决策:在铁路突发事件应急救援方面,辅助决策技术利用人工智能方法对多种因素进行多维分析,包括设备状态、环境情况、人员分布等。这些分析能够加速救援决策的过程,缩短救援时间,降低救援成本。例如,系统可以实时监测各项参数,通过数据分析判断故障的可能原因,然后基于历史案例和规则,提供关于应急救援方案的建议。这可以提高救援的效率和精确性,从而最大限度地减少铁路突发事件的损失。

工电供故障检测与应急处理:在铁路的工电供系统中,设备的状态对于运营的安全和可靠性至关重要。辅助决策技术可以将工电供设备状态数据与决策支持相结合,实现智能检测设备的风险。系统可以监测设备的运行状况,预测潜在的故障,提供相应的预警方案。这有助于事故的预防,避免由于检测和维修的延时性和滞后性造成的问题。此外,系统还可以根据历史故障和维修记录,为维修人员提供更有针对

性的指导,加速设备的恢复。其主要的技术步骤可以概括如下:

① 数据采集与处理。收集各种相关数据,包括设备状态、环境信息、历史案例等。这些数据通过传感器、监测设备、数据库等途径获取。然后,数据需要经过预处理,包括清洗、去噪、归一化等,以确保数据的准确性和一致性。

② 多维分析和模型构建。使用人工智能方法,将收集到的数据进行多维分析,主要包括机器学习算法、数据挖掘技术等。通过对各种影响因素进行综合分析,可以识别出潜在的模式和规律。根据已有的数据和经验,构建适合于辅助决策的模型。

③ 决策支持系统开发。基于分析和模型,开发一个决策支持系统。这个系统包括数据可视化工具、预测模块、推荐引擎等。系统要能够实时地处理数据,提供及时的决策建议。

④ 应急响应与执行。当出现突发事件或设备故障时,决策支持系统会根据实时数据提供相应的建议,主要包括采取特定的行动,如紧急维修、停车措施等。系统还可以支持决策者进行场景模拟,评估不同决策方案的影响。并且随着时间的推移,系统需要进行不断学习和优化。通过收集更多的数据和实际应用经验,系统可以更新模型和算法,提供更准确的决策支持。

(2) 模式识别。模式识别是一种利用机器学习技术分析和处理铁路系统中的大量数据流的方法,旨在从中识别出隐藏在数据背后的模式、趋势及异常情况。在铁路领域,数据涵盖了车辆状态、信号信息、乘客流量等方面,这些数据蕴含着宝贵的信息,通过模式识别可以从中获得有价值的洞察,用以提高铁路系统的安全性、可靠性及运行效率。大致的技术步骤可以总结如下:

① 数据采集与预处理。根据不同的任务要求,分别收集所需要的数据,如车辆状态、信号信息、乘客流量等多源数据,并进行预处理以确保数据的质量和一致性。预处理可能涉及数据清洗、去噪、填充缺失值等步骤。

② 特征提取与选择。在数据预处理后,需要从原始数据中提取有意义的特征。这些特征可以包括时间序列特征、频域特征、空间分布特征等。特征选择也是一个重要的步骤,它有助于减少特征维度,提高模型的效率和准确性。

③ 选择合适的机器学习算法。针对不同的数据类型和具体问题,需要选取适当的算法进行模式识别。常用的算法包括支持向量机(SVM)、随机森林、神经网络等。选择算法时要考虑数据特点和识别目标。

④ 模型训练和优化。利用标注好的训练数据,对选定的机器学习算法进行模型训练。训练数据应涵盖正常状态和异常状态的情况,以便模型能够识别异常情况。在训练过程中,需要进行参数调整和优化,以提高模型的泛化能力。

⑤ 模式识别与异常检测。训练好的模型可以应用于实际数据中，识别出隐藏的模式和趋势。例如，通过对车辆传感器数据进行分析，模型可以检测出异常行为，如制动系统异常、轮胎异常等。一旦检测到异常，系统可以立即发送警报或触发维修流程。

（3）分类聚类分析。分类聚类分析是一种利用人工智能技术对铁路业务数据进行分析的方法，旨在将铁路系统中的研究对象根据相似性分为不同的类别或簇群，从而更好地理解数据的结构和特征。在铁路领域，分类聚类分析可以帮助解决由于铁路业务的计划性特征导致的分类模糊、研究主观性强等问题，实现对铁路数据的科学划分和深入分析。技术方法和步骤可以总结如下：

① 数据预处理。在进行分类聚类分析之前，需要对原始数据进行预处理，包括数据清洗、去噪、归一化等步骤，以确保数据的质量和一致性。

② 特征提取与选择。铁路数据通常包含多个维度的特征，如设备状态、性能参数、时间戳等。在特征提取时，需要选择最具代表性的特征，同时可能需要对特征进行降维，以减少数据的维度。常用的降维方法包括主成分分析（PCA）和 t-SNE 等。

③ 选择合适的聚类算法。不同类型的数据和问题需要选择相应的聚类算法来进行分析处理。常见的聚类算法包括 K 均值聚类、层次聚类、DBSCAN 等。这些算法可以将数据点分成不同的簇群，每个簇群内的数据点具有较高的相似性。

④ 模型训练和聚类分析。根据选定的聚类算法，对预处理后的数据进行模型训练。聚类算法会自动将数据分成不同的簇群，每个簇群代表着一类相似的数据。例如，在铁路路基病害特征分析中，可以通过聚类算法将相似的路段进行分组，以便更好地理解不同路段的特征。

⑤ 结果评估和解释。完成聚类分析后，需要对结果进行评估和解释。这可能涉及对每个簇群的特征进行分析，找出它们之间的共性和差异。结果评估有助于从数据中提取有价值的信息，为铁路决策提供支持。分类聚类分析在铁路领域可以应用于多个领域，如设备故障诊断、列车调度优化等。在道岔故障特征智能诊断中，聚类分析可以帮助识别不同类型的故障模式，从而为智能诊断提供支持。

3. 计算机视觉

计算机视觉是指利用计算机代替人眼进行图像和视频数据的识别、分析、处理和理解，从而实现对目标物体、场景和状态的感知和认知。在铁路领域，计算机视觉技术可以应用于多个方面，包括车站运营和入侵检测等，以提高铁路系统的效率、安全性和管理水平。

（1）车站运营。在铁路车站运营中，计算机视觉技术被广泛应用于安检过程，以实现自动化的安全检查、危险物品识别和旅客安全。其技术步骤可以总结如下：

① 数据采集与预处理。车站安检区域设置了安检设备，如 X 光机等，用于扫描乘客携带的行李。这些设备会生成 X 光图像或其他形式的图像数据。这些数据需要被采集并传输到计算机视觉系统中，然后进行数据预处理，包括去噪、图像增强、归一化等步骤，以提高后续分析的准确性。

② 物体检测与分割。用目标检测算法，如 YOLO 或 Faster R-CNN 对安检设备生成的图像进行分析，以检测出图像中的物体。这些物体可能是乘客携带的行李或物品。

③ 危险物品识别。针对检测到的物体，使用深度学习技术，如卷积神经网络（CNN），对物体进行分类。事先训练好的模型可以识别出潜在的危险物品，如武器、爆炸物品等。这需要大量的标注数据来训练模型，使其能够准确地辨别不同类别的物品。

④ 迭代计算。计算机视觉系统实时对乘客携带的物品进行识别和分类，将识别结果与危险物品的模式进行比对。在识别潜在危险物品后，计算机视觉系统将结果传递给安检人员，提供有关被标记物品的图像和信息。安检人员可以根据系统提供的信息做出决策，是否需要进行更详细的检查，以及如何进一步处理。

（2）入侵检测。在铁路行车安全方面，入侵检测系统是关键的一部分，它可以通过实时监测轨道和车辆周围的区域，检测是否有异物入侵轨道，从而保障行车安全、预防事故发生。其技术步骤可以概括如下：

① 视频监控设备布置。在铁路的关键位置，如车站、隧道口、弯道等，设置视频监控设备，用于实时监测铁路轨道和周边区域。这些监控设备可以包括摄像头、红外传感器等。

② 图像数据采集与传输。监控设备采集实时的图像或视频数据，并通过网络传输到中央服务器或控制中心。这些图像数据将成为入侵检测的输入。

③ 区域检测与背景建模。使用计算机视觉技术，对监控图像进行处理，进行区域检测和背景建模。将监控区域划分为不同的区域，如轨道区域和非轨道区域。然后建立背景模型，用于与实时图像进行比对，从而检测出是否有新的物体出现。

④ 区域限界与边缘更新。对于轨道区域，需要设置限界区域，以排除正常的铁路设备、信号灯等。同时实时监测这些区域的边缘情况，防止误检。

⑤ 异常检测与识别。监测系统会对图像进行连续分析，检测是否有异物进入轨道区域。通过比对背景模型和实时图像，系统可以识别出异物，如行人、动物、物品等。一旦系统检测到轨道区域内有异物入侵，会触发预警机制，发送警报给相关人员或控制中心。这样，铁路工作人员可以及时采取行动，防止潜在的危险。

4. 知识表达与常识库

知识表达与常识库是基于领域知识的系统,通过将专业领域中的知识和经验进行合理的组织、推理和表达,从而支持智能的决策和问题求解。在铁路领域,这种方法可以利用丰富的经验知识来指导生产决策,从而提高铁路系统的效率和稳定性。

知识获取与整理:通过与铁路专业人员交流,收集领域内的专业知识和经验。人员包括工程师、运营人员、维护人员等。可以研究相关的铁路文献、规范、标准,从中提取和整理有关铁路运营、维护、安全等方面的知识。

常识库构建:将收集到的知识整理为具有结构的形式,如本体、图谱、数据库。可以使用知识图谱技术来表示领域中的实体、关系和属性。使用本体语言(如 OWL)来定义领域内的概念、关系和约束,构建出一个有层次结构的知识表示。

推理引擎设计:开发推理引擎,使用基于逻辑的推理方法,如前向推理、后向推理,从常识库中提取信息并进行推论。可以使用专业的规则引擎,如 Drools、Jess 等来处理领域内的规则和推理。

故障检测与应急维护:整合传感器和监测设备的数据,将其输入到推理引擎中进行分析。推理引擎可以识别潜在的故障特征并与常识库中的故障模式进行匹配。根据匹配结果,推理引擎可以为运维人员提供故障诊断和应急维护建议。

操作流程标准化:将铁路操作流程的规范和步骤整理为常识库中的知识表示。每个操作步骤和约束都可以用本体语言进行表达。当操作人员执行任务时,推理引擎可以根据输入的情境,从常识库中提取相应的操作规范并提供指导。

安全风险控制:基于历史事故数据和领域知识,构建安全风险模型。将模型中的各种风险因素进行编码和关联。当新的情况发生时,推理引擎可以根据风险模型进行评估和预测,提供相应的风险控制建议。

知识更新与维护:随着铁路领域的发展,新的知识和经验会不断涌现。因此,需要建立知识更新机制,定期将新的信息添加到常识库中。同时可以利用自然语言处理技术,从文本中自动提取新的知识,并将其映射到常识库中的相应部分。

15.3 AI 引航智能港口

1. 基于人工智能算法的港口物流船舶运输路径优化

港口物流涉及诸多因素,如船舶特性、货物类型、港口位置、航线限制、气象条件等,这些因素相互交织构成了一个高度复杂的优化问题,难以用传统方法解决。在这个复杂问题中存在着大规模的路径搜索空间,而人工搜索这个庞大空间是非常困难的,因此需要借助高效的算法来寻找最佳路径。同时,港口物流环境具有动态性和不确定性,涉及天气变化、货物需求波动、交通延误等因素,这种变化传统规划方法难以应对,而人工智能算法则能够在动态环境中实时适应调整。此外,问题涉及非线性关系,而人工智能算法可以更灵活地适应和解决这些复杂的关系。多目标优化也是港口物流的特点,需要权衡降低成本、缩短运输时间、提高资源利用率等目标,而这种多目标优化问题适合使用多种人工智能算法来寻找权衡的解。

(1) 港口配送路径优化。解决港口配送路径优化问题的过程如图 15-1 所示,具体步骤如下:

① 对全局中的所有子种群进行初始化操作,即为每个子种群创建初始解。

② 执行提升操作,以增强全局群体的各个子种群。该步骤在港口配送路径优化过程中具有核心作用,不仅在模型的层次之间建立桥梁,还确保优秀的个体在种群中保持稳定,从而维持结果的多样性。

③ 针对局部种群的领域进行自适应操作,通过此操作获得新的种群。自适应操作根据适应度值调整各个个体在局部种群内的分布,从而提升局部搜索能力。

④ 执行协同操作,促使不同子种群之间进行信息交流与合作,以促进全局搜索和优化。

⑤ 通过自适应遗传操作获得终止种群,即最终的优化解集合。

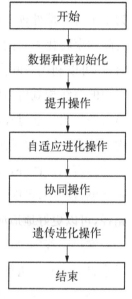

图 15-1　基于人工智能算法的港口配送路径优化流程

在自适应遗传算法的运行中,当子种群按照不同的适应度进行排序后,表现优异的个体,也就是优化后的港口配送路径会根据提升概率被引入局部种群中。对局部种群中所有个体的适应度进行分析,如果个体在种群中的适应度关联较低,则需要从种群中删除,以维持种群的多样性和有效性[167]。

(2) 基于人工智能算法的港口物流客户分组优化。客户分组质量直接影响着港口配送路径的优化结果。在一个配送系统中存在多个客户,由于客户的需求各不相同,将这些客户按照一定的规则进行分组,并在优化过程中对分组质量进行有效管理,被称为客户分组。在给定的地理区域内,不同客户被划分到不同的区域,从而形成多个客户子集。为了确定合适的配送策略,首先需要分析船舶的最大运行距离,根据客户需求确定所需的配送船舶数量,并对每艘船的配送路径进行优化。

在实际进行配送时,配送中心和客户所在区域之间的距离会受到多种因素的影响。因此,在规划配送区域时,需要将配送中心设定在一个集中的区域,以便更好地满足客户的需求。这样的集中区域规划方式形成了不规则的配送网络。在这个不规则的网络中,以配送中心为圆心,采用"径—环切割"理论,将每个配送区域分割成适当数量的船只进行配送。这种理论能够在保证配送效率的前提下,合理规划船只的分配,从而更好地满足各个区域的配送需求。

在规划船舶的最优路径时,必须同时考虑船舶的时间要求及客户的实际需求。为了更有效地处理时间问题,常常会将时间要求转换为时间窗的概念。这意味着将时间约束转化为时间段,通过时间窗的分析来处理船舶运输过程中的路径问题。同时,还可以利用时间窗来进行库存补充规划,以提高安排的灵活性。在这个过程中,客户的路线规划可以由多种不同的组合形成。这样的方法能够在降低成本方面产生显著的效果。通过在时间窗内安排船舶的运输路径,可以确保船舶在特定的时间段内到达客户处,以满足其时间要求。这种方法能够使配送计划更加紧密地符合客户的实际需求。此外,利用时间窗和库存补充规划,可以增加整体安排的灵活性。在实际运输过程中,可能会遇到一些突发情况,如交通堵塞、天气变化等。通过灵活调整路径,可以更好地适应这些变化,保持运输进程的顺利进行。

客户路线的多种不同组合意味着存在许多可行的路径选择,而这些路径在降低成本方面会有显著的优势。通过综合考虑时间要求、路径规划、库存补充等因素,可以找到最佳的船舶运输路径,以实现降低成本、提高效率的目标。

2. 基于人工智能技术的船舶最优停靠点计算

在船舶航线规划中,选择最优的停靠港口需要考虑多方面因素,如货物的目的地、货物种类、运输时间、成本等。不同港口可以提供不同的装卸设施和服务,因此需要综合考虑这些因素来做出合理的选择。港口的综合条件包括港口的地理位置、设施设备、运营能力、水深、岸边设施等。地理位置决定了港口的交通连通性,而设施设备和运营能力则影响港口的装卸效率。港口的泊位调度是指通过整体的协调和优化,提高港口内作业活动的效率。这涉及如何合理分配泊位资源,以便船舶能够迅速停靠并进行装卸作业。有效的泊位调度可以减少等待时间,提高港口的运营效率。

粒子群优化(Particle Swarm Optimization, PSO)算法是一种基于群体智能的优化算法,模拟了鸟群行为,通过不断迭代优化来寻找问题的最优解。在船舶最优停靠点研究中,可以将港口的各个位置看作粒子,每个粒子的位置表示一个停靠点,通过不断更新粒子的位置来寻找最优的停靠点组合。在实际计算种,首先需要定义一个目标函数,用于衡量每个停靠点组合的优劣。这个目标函数可以考虑多个因素,如航程时间、运输成本、装卸效率等。目标函数的设计需要综合考虑船舶和港口的多个因素,以及不同因素之间的权重关系。同时,在船舶最优停靠点研究中,还需要考虑一些约束条件,如航线可行性、港口的停靠能力、装卸设施的可用性等。这些约束条件会影响到可行的停靠点组合。其技术步骤(见图 15-2)可以概括如下:

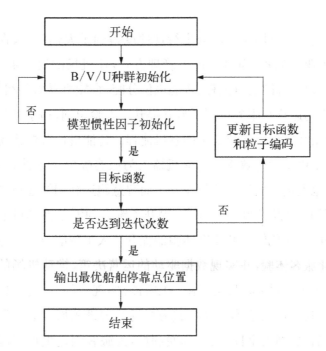

图 15-2　结合 PSO 人工智能算法的船舶最优停靠点优化流程

(1) 初始化粒子群。在 PSO 算法中,需要初始化一群粒子,每个粒子表示一个停靠点组合。粒子的初始位置可以随机选择,或者根据一定的启发式方法选择。

(2) 计算适应度。对于每个粒子,根据定义的目标函数计算其适应度,衡量其停靠点组合的优劣程度。

(3) 更新粒子位置。根据粒子当前的位置和速度,以及全局最优和个体最优的位置信息,更新粒子的位置和速度。这个更新过程模拟了粒子在搜索空间中的移动。

(4) 检查约束条件。在更新粒子位置后,需要检查约束条件,确保得到的新位置满足航线可行性、港口停靠能力等约束。

(5) 迭代优化。重复执行第(2)步骤和第(3)步骤,直到达到预定的迭代次数或达到一定的收敛条件。在每次迭代中,粒子的位置会逐渐趋近于最优解,从而找到最优的停靠点组合。

(6) 输出结果。在 PSO 算法收敛后,可以从粒子群中选择具有最佳适应度的粒子,得到最优的停靠点组合作为计算结果,这个最优组合可以作为船舶最优停靠点的建议[168]。

15.4　小结

　　人工智能在机场的应用使得民众出行便捷度得到了大幅提升,在满足旅客需求同时,不仅优化了业务流程,而且改进了管理方式,让机场的安全更可靠、运行更高效、服务更贴心。通过智能登机流程、智能机位分配、智能机器人与机场商业,以及智慧跑道的应用,机场运营和服务得到了显著提升。人脸识别、违禁品检测和自主行李托运等技术帮助旅客实现了高效安全的登机流程。智能机位分配系统通过数据分析和优化算法提高了机场运行效率。智能机器人为旅客提供了个性化的客户服务,同时人工智能算法也促进了机场商业的发展。而智慧跑道利用智能机器人和人工智能算法实现了全面的损伤检测和养护建议,提升了跑道的安全性和可靠性。这些应用共同推动了机场的现代化转型和旅客体验的提升。人工智能技术的应用使机场能够提升安全性、优化旅客体验,并实现数据驱动的运营决策,推动机场的可持续发展和提升竞争力。在未来,机场将继续运用人工智能,实现新的变革。自动安全检测、智能运营管理、个性化客户服务体验等将成为机场的关键领域。通过深度学习算法和机器人技术,机场将提高安全性、效率和便利性,为旅客创造更加智能化的航空出行环境。在中国经济和科技进一步发展的明天,AI 的助力必将会为智慧机场的建设提供强有力的支持。

　　人工智能技术在我国铁路行业的应用已经带来了深刻的变革。从铁路建设到装备和运营,人工智能技术的广泛应用,不仅在提高服务质量、提高效率、节约能源和减少排放方面取得了显著成果,还为整个行业的发展注入了强大的新动力。当前,我国铁路领域的人工智能应用主要涵盖了推理与推荐系统、机器学习、计算机视觉、知识表达与常识库等领域。这一发展趋势引人瞩目,它表明,铁路行业已经取得了令人振奋的进展,通过引领技术创新,不断提高了智能化、自动化和数字化水平,实现了更高水平的运营效率和安全标准。这一变革对我国铁路行业具有深远影响,同时也为全球铁路交通领域树立了榜样和典范,凸显了人工智能在现代基础设施建设中的潜力。随着技术不断演进,未来可以期待更多的创新,进一步推动人工智能与铁路行业的深度融合,为铁路相关的业务难题提供更多有力的解决方案。

　　人工智能在港口领域的应用为港口管理和货物运输带来了革命性的改变。基于人工智能算法的港口物流船舶运输路径优化,能够对各种运输参数进行实时监测和分析,使得港口管理者能够更准确地预测和规划船舶运输路径。另外,基于人工智能技术的船舶最优停靠点计算,使得港口管理者能够更智能地决定船舶的停靠位置,不仅有助于减少港口拥堵,节省了时间和成本,还提高了港口的整体运营效益。

思考题

(1) 在传统运输行业的服务流程中,存在着哪些亟待解决的痛点?

(2) 人工智能技术帮助机场、铁路、港口行业实现了哪些方面的改进?

(3) 结合你自己的工作和生活经历,谈谈你认为在交通运输行业,还有哪些地方应该利用人工智能技术来实现管理和运营效率的提高。

参考文献

［1］肖兴政,冉景亮,龙承春.人工智能对人力资源管理的影响研究［J］.四川理工学院学报(社会科学版),2018(06)：37－51.

［2］韩保刚,杜素艳,于乃文,等.基于人工智能的人力资源招聘系统的研究［J］.法制与社会,2019(23)：184－185.

［3］赵晔辉,柳林,王海龙,等.知识图谱推荐系统研究综述［J］.计算机科学与探索,2023(04)：771－791.

［4］徐孟奇,熊熙,李斌勇,等.基于知识图谱的人岗推荐系统构建［J］.计算机应用研究,2022(01)：194－198.

［5］Rossi, A., Barbosa, D., Firmani, D., Matinata, A. Knowledge graph embedding for link prediction: A comparative analysis［J］. ACM Transactions on Knowledge Discovery from Data (TKDD), 2021, 15(2)：1－49.

［6］Bordes, A., Usunier, N., Garcia-Duran, A., Weston, J. Translating embeddings for modeling multi-relational data［J］. Advances in Neural Information Processing Systems, 2013：26.

［7］徐孟奇,熊熙,李斌勇,等.基于知识图谱的人岗推荐系统构建［J］.计算机应用研究,2022(01)：194－198.

［8］徐孟奇,熊熙,李斌勇,等.基于知识图谱的人岗推荐系统构建［J］.计算机应用研究,2022(01)：194－198.

［9］杨真,陈建安.招聘面试人工智能系统的框架与模块研究［J］.江苏大学学报(社会科学版),2017(06)：73－80＋92.

［10］韩向东,余红燕.智能财务的探索与实践［J］.财务与会计,2018(17)：11－13.

［11］刘彬,石亮亮.银行科技系统会计引擎作用浅析［J］.中国金融电脑,2017(09)：57－63.

［12］何瑛，李墈爽，于文蕾. 基于机器学习的智能会计引擎研究［J］. 会计之友，2020(05)：52-58.

［13］何瑛，李墈爽，于文蕾. 基于机器学习的智能会计引擎研究［J］. 会计之友，2020(05)：52-58.

［14］杨寅，刘勤. 企业财务转型与价值创造影响因素分析：基于力场模型视角的财务共享服务中心多案例研究［J］. 会计研究，2020(07)：23-37.

［15］顾明，李飞凤. 企业财务大数据自动审计的深度学习方案［J］. 贵阳学院学报(自然科学版)，2023(02)：28-33.

［16］杨佳丽. 智能识别模式在电子发票会计核算中的应用［J］. 财会通讯，2021(09)：119-122.

［17］田高良，陈虎，郭奕，等. 基于 RPA 技术的财务机器人应用研究［J］. 财会月刊，2019(18)：10-14.

［18］李玲，魏国华，杨旸，等. 基于自然语言处理的合同智能审查应用设计［J］. 中国信息化，2020(02)：54-56.

［19］周红，王书钰，黄文路. 基于 NLP 技术的建设工程合同风险智能检测框架研究［J］. 建筑经济，2021(06)：94-98.

［20］周红，王书钰，黄文路. 基于 NLP 技术的建设工程合同风险智能检测框架研究［J］. 建筑经济，2021(06)：94-98.

［21］周红，王书钰，黄文路. 基于 NLP 技术的建设工程合同风险智能检测框架研究［J］. 建筑经济，2021(06)：94-98.

［22］周红，王书钰，黄文路. 基于 NLP 技术的建设工程合同风险智能检测框架研究［J］. 建筑经济，2021(06)：94-98.

［23］周红，汤世隆，顾佳楠，等. 基于自然语言处理和深度学习的建设工程合同智能分类方法研究［J］. 科技管理研究，2023(08)：165-172.

［24］周红，汤世隆，顾佳楠，等. 基于自然语言处理和深度学习的建设工程合同智能分类方法研究［J］. 科技管理研究，2023(08)：165-172.

［25］周红，王书钰，黄文路. 基于 NLP 技术的建设工程合同风险智能检测框架研究［J］. 建筑经济，2021(06)：94-98.

［26］Shang, J., Liu, J., Jiang, M., Ren, X., Voss, C. R. Automated phrase mining from massive text corpora［J］. IEEE Transactions on Knowledge and Data Engineering, 2018, 30(10): 1825-1837.

［27］Dong, Y. Q., Wang, X., Liu, Y. Building network domain knowledge graph from heterogeneous YANG models[J]. Journal of Computer Research and Development, 2020, 57(4)：699 - 708.

[28] 杨波,杨美芳. 知识图谱研究综述及其在风险管理领域应用[J]. 小型微型计算机系统,2021(08)：1610 - 1618.

[29] Kalavri, V., Vlassov, V., Haridi, S. High-level programming abstractions for distributed graph processing[J]. IEEE Transactions on Knowledge and Data Engineering, 2017,30(2)：305 - 324.

[30] Zheng, S., Xu, J., Zhou, P., Bao, H. A neural network framework for relation extraction：Learning entity semantic and relation pattern[J]. Knowledge-Based Systems, 2016, 114：12 - 23.

[31] 杨波,杨美芳. 知识图谱研究综述及其在风险管理领域应用[J]. 小型微型计算机系统,2021(08)：1610 - 1618.

[32] 赵洪. 生成式自动文摘的深度学习方法综述[J]. 情报学报,2020,39(3)：330 - 344.

[33] Mnih, V., Kavukcuoglu, K., Silver, D., et al. Human-level control through deep reinforcement learning[J]. Nature, 2015, 518(7540)：529 - 533.

[34] 陈佳沣,滕冲. 基于强化学习的实体关系联合抽取模型[J]. 计算机应用, 2019,39(7)：1918 - 1924.

[35] 楼雯,王慧,鞠源. 基于二值相似度计算的异构本体融合方法[J]. 情报学报,2019,38(6)：622 - 631.

[36] Tang, D., Wei, F., Qin, B., Yang, N., Liu, T., Zhou, M. Sentiment embeddings with applications to sentiment analysis[J]. IEEE Transactions on Knowledge and Data Engineering, 2015, 28(2)：496 - 509.

[37] 高俊平,张晖,赵旭剑,等. 面向维基百科的领域知识演化关系抽取[J]. 计算机学报,2016,39(10)：2088 - 2101.

[38] Socher, R., Huval, B., Manning, C. D., Ng, A. Y. Semantic compositionality through recursive matrix-vector spaces [J]. In Proceedings of the 2012 joint conference on empirical methods in natural language processing and computational natural language learning, 2012, 7：1201 - 1211.

[39] Chen, D., Socher, R., Manning, C. D., Ng, A. Y. Learning new facts from knowledge bases with neural tensor networks and semantic word vectors. arXiv：2013, 1301. 3618.

[40] Feng, K., Xu, A. J., Wu, P. F., He, D. F., & Wang, H. B. Case-based reasoning model based on attribute weights optimized by genetic algorithm for predicting end temperature of molten steel in RH[J]. Journal of Iron and Steel Research International, 2019, 26: 585 - 592.

[41] 黄微,刘熠,孙悦. 多媒体网络舆情语义识别的关键技术分析[J]. 情报理论与实践,2019(01): 134 - 140.

[42] 黄微,刘熠,孙悦. 多媒体网络舆情语义识别的关键技术分析[J]. 情报理论与实践,2019(01): 134 - 140.

[43] 郭学涛,秦胜利,雷利锋. 基于推荐算法的大数据精准营销[J]. 信息技术与标准化,2019(05): 40 - 43.

[44] 耿祎雯. 基于深度学习的推荐系统的研究[J]. 电脑与电信,2020(11): 65 - 70.

[45] 李恒超,林鸿飞,杨亮,等. 一种用于构建用户画像的二级融合算法框架[J]. 计算机科学,2018(01): 157 - 161.

[46] 苏翠华,熊婷. 基于深度学习的精准营销推送算法设计与仿真[J]. 现代电子技术,2020(22): 144 - 147.

[47] 黄佳琪. 虚拟数字代言人的营销机制与风险治理[J]. 今传媒,2023(02): 124 - 129.

[48] Khurana, D., Koli, A., Khatter, K., Singh, S. Natural language processing: State of the art, current trends and challenges[J]. Multimedia Tools and Applications, 2023, 82(3): 3713 - 3744.

[49] 姜智彬,戚君秋. 学习,生成与反馈：基于动觉智能图式理论的广告智能创作. 新闻大学,2020(2): 1 - 16.

[50] 姜智彬,戚君秋. 学习,生成与反馈：基于动觉智能图式理论的广告智能创作[J]. 新闻大学,2020(2): 1 - 16.

[51] 徐琳宏,林鸿飞,祁瑞华,等. 基于多特征融合的谐音广告语生成模型[J]. 中文信息学报,2018(10): 109 - 117.

[52] 徐琳宏,林鸿飞,祁瑞华,等. 基于多特征融合的谐音广告语生成模型[J]. 中文信息学报,2018(10): 109 - 117.

[53] 曹仰杰,贾丽丽,陈永霞,等. 生成式对抗网络及其计算机视觉应用研究综述[J]. 中国图象图形学报,2018(10):1433 - 1449.

[54] 姜智彬,戚君秋. 学习、生成与反馈：基于动觉智能图式理论的广告智能创作[J]. 新闻大学,2020(2): 1 - 16.

[55] 姜智彬,戚君秋. 学习,生成与反馈：基于动觉智能图式理论的广告智能创作[J]. 新闻大学,2020(2)：1-16.

[56] 姜智彬,郭博. 流程性匹配：智能技术范式下互联网广告管理平台的动态能力研究[J]. 山西大学学报(哲学社会科学版),2023(02)：75-85.

[57] 夏雪,侍啸,柴秀娟. 人工智能驱动智慧奶牛养殖的思考与实践[J]. 中国乳业,2020(08)：5-9.

[58] 夏雪,侍啸,柴秀娟. 人工智能驱动智慧奶牛养殖的思考与实践[J]. 中国乳业,2020(08)：5-9.

[59] 夏雪,侍啸,柴秀娟. 人工智能驱动智慧奶牛养殖的思考与实践[J]. 中国乳业,2020(08)：5-9.

[60] 胡媛敏,张寿明. 基于机器视觉的奶牛体尺测量[J]. 电子测量技术,2020(20)：115-120.

[61] 康熙,刘刚,初梦苑,等. 基于计算机视觉的奶牛生理参数监测与疾病诊断研究进展及挑战[J]. 智慧农业(中英文),2022(02)：1-18.

[62] 李前,初梦苑,康熙,等. 基于计算机视觉的奶牛跛行识别技术研究进展[J]. 农业工程学报,2022(15)：159-169.

[63] 杜峻,尹作重,杨书评,等. 基于 RFID 技术的乳制品安全追溯应用研究[J]. 制造业自动化,2013(08)：148-150.

[64] 杜峻,尹作重,杨书评,等. 基于 RFID 技术的乳制品安全追溯应用研究[J]. 制造业自动化,2013(08)：148-150.

[65] 杜峻,尹作重,杨书评,等. 基于 RFID 技术的乳制品安全追溯应用研究[J]. 制造业自动化,2013(08)：148-150.

[66] 申炳豪,阿布都热合曼·卡的尔,陈茜. 基于区块链的乳制品供应链溯源研究[J]. 中国乳业,2021(05)：7-13.

[67] 江震,曲娜,胡从强. 基于深度学习的银行客户身份识别算法研究[J]. 青岛理工大学学报,2023(01)：147-152.

[68] Gottschalk, L. A., Auerbach, A. H., Haggard, E. A., Isaacs, K. S. Micromomentary facial expressions as indicators of ego mechanisms in psychotherapy[J]. Methods of Research in Psychotherapy, 1966：154-165.

[69] Ekman, P. Darwin, deception, and facial expression[J]. Annals of the New York Academy of Sciences, 2003, 1000(1)：205-221.

[70] 沈旻旭,于中宝,杨晓彦,等. 零售信贷客户知识图谱反欺诈应用研究[J]. 中国

金融电脑,2021(06):48-54.

[71] 李嘉宝. 基于深度学习构建个人投资者画像探讨[C]. 创新与发展:中国证券业 2018 年论文集(下册),2019.

[72] 宋群力,徐畅泽,胡振宁,等. 中信证券智能云平台以及智能应用[C]. 创新与发展:中国证券业 2020 年论文集,2021.

[73] 蚂蚁技术 AntTech 微信公众号. 深度学习图像技术的又一突破性应用:蚂蚁金服发布"定损宝"[EB/OL]. (2017-06-28)[2023-10-20]. https://mp.weixin.qq.com/s/9vXqFpNeNNMbxLBObx54BA.

[74] 蚂蚁技术 AntTech 微信公众号. 深度学习图像技术的又一突破性应用:蚂蚁金服发布"定损宝"[EB/OL]. (2017-06-28)[2023-10-20]. https://mp.weixin.qq.com/s/9vXqFpNeNNMbxLBObx54BA.

[75] 黄明杰,金桂根,崔普远,等. 穿梭车式密集仓储系统技术与应用[J]. 物流技术,2020(06):106-110.

[76] 杜江明,李宇. 密集仓库存储系统专利技术综述. 科技展望,2016(31):144.

[77] 黄明杰,金桂根,崔普远,等. 穿梭车式密集仓储系统技术与应用[J]. 物流技术,2020(06):106-110.

[78] 物流技术与应用微信公众号. 京东物流无人仓前沿技术探秘[EB/OL]. (2018-05-24)[2023-10-22]. https://mp.weixin.qq.com/s/EFzqGcC7NWqIUP0yhjAa1w.

[79] 朱家云. 浅谈 AGV 的构成和工作原理[J]. 计算机产品与流通,2018(05):264.

[80] 沈逸飞,朱真逸,王逸飞,等. "人工智能+物流"中智能配送与管理的应用[J]. 科技风,2021(08):74-75.

[81] 汪洋,孙剑. 菜鸟驿站无人配送车物流路径规划算法实证研究[J]. 物流科技,2022(16):24-26+30.

[82] 吴开兴,刘小雨. 基于改进蚁群算法的物流配送路径规划研究[J]. 信息与电脑(理论版),2022(11):52-55.

[83] 汪洋,孙剑. 菜鸟驿站无人配送车物流路径规划算法实证研究[J]. 物流科技,2022(16):24-26+30.

[84] 伍国华,毛妮,徐彬杰,等. 基于自适应大规模邻域搜索算法的多车辆与多无人机协同配送方法[J]. 控制与决策,2023(01):201-210.

[85] 伍国华,毛妮,徐彬杰,等. 基于自适应大规模邻域搜索算法的多车辆与多无人机协同配送方法[J]. 控制与决策,2023(01):201-210.

[86] 张骏. 无人机快递运营模式[J]. 电子商务,2019(07):1+9.

[87] 张骏. 无人机快递运营模式[J]. 电子商务,2019(07):1+9.

[88] 邓扬,何军,李奇. 自动化无人机快递系统的研究与设计[J]. 计算机光盘软件与应用,2014(12):102-104.

[89] Khanafseh, S. M. GPS Navigation Algorithms for Autonomous [M]. Ann Arbor UMI Dissertation Publishing, 2011.

[90] 邓扬,何军,李奇. 自动化无人机快递系统的研究与设计[J]. 计算机光盘软件与应用,2014(12):102-104.

[91] 邓扬,何军,李奇. 自动化无人机快递系统的研究与设计[J]. 计算机光盘软件与应用,2014(12):102-104.

[92] 邓扬,何军,李奇. 自动化无人机快递系统的研究与设计[J]. 计算机光盘软件与应用,2014(12):102-104.

[93] https://zhuanlan.zhihu.com/p/442166763.

[94] 王激扬,张航,宋闯,等. 无人飞行器的多源信息融合技术发展综述[J]. 战术导弹技术,2019(02):106-112.

[95] 王激扬,张航,宋闯,等. 无人飞行器的多源信息融合技术发展综述[J]. 战术导弹技术,2019(02):106-112.

[96] 徐景祥. 无人机飞控三大算法汇总[EB/OL]. (2020-04-09)[2023-10-23]. https://www.cnblogs.com/kinson/p/9651434.html.

[97] 杨芳,汪洋. 无人便利店的现状及发展趋势[J]. 管理现代化,2018(01):63-65.

[98] 张宝玉. "拿上就走"技术的原理分析和应用前景展望[J]. 计算机时代,2017(04):32-34.

[99] 李志远. 人脸识别技术研究现状综述[J]. 电子技术与软件工程,2020(13):106-107.

[100] Yao, G., Lei, T., Zhong, J. A review of convolutional-neural-network-based action recognition[J]. Pattern Recognition Letters, 2019, 118:14-22.

[101] 钱慧芳,易剑平,付云虎. 基于深度学习的人体动作识别综述[J]. 计算机科学与探索,2021(03):438-455.

[102] 彭月,甘臣权,张祖凡. 人类动作识别的特征提取方法综述[J]. 计算机应用与软件,2022(08):1-14+68.

[103] 张宝玉. "拿上就走"技术的原理分析和应用前景展望[J]. 计算机时代,2017(04):32-34.

[104] 马晗,唐柔冰,张义,等. 语音识别研究综述[J]. 计算机系统应用,2022(01):

1-10.

[105] 马晗,唐柔冰,张义,等. 语音识别研究综述[J]. 计算机系统应用,2022(01)：1-10.

[106] 赵继贵,钱育蓉,王魁,等. 中文命名实体识别研究综述[J/OL]. 计算机工程与用,(2023-10-24)[2023-10-26]. http://kns.cnki.net/kcms/detail/11.2127.TP.20230717.1232.002.html.

[107] 邱元阳. 情感计算[J]. 中国信息技术教育,2023(13)：13.

[108] 竹间智能微信公众号. 美媒：苏宁联合竹间智能打造 AI 购物助手,亮相 2018 CES[EB/OL]. (2018-01-12)[2023-10-22]. https://mp.weixin.qq.com/s/EB-WJAlwI5tL6_v94GzEsA.

[109] 周肖肖. 基于多模态融合的情感计算研究(硕士学位论文)[C]. 西安：西安邮电大学,2018.

[110] 苏宁技术研究院微信公众号. 一文读懂"情感计算"在零售中的应用发展[EB/OL]. (2020-04-09)[2023-10-23]. https://mp.weixin.qq.com/s/NFo7QSB1HRHt5xsrPEby9g.

[111] 苏宁技术研究院微信公众号. 一文读懂"情感计算"在零售中的应用发展[EB/OL]. (2020-04-09)[2023-10-23]. https://mp.weixin.qq.com/s/NFo7QSB1HRHt5xsrPEby9g.

[112] 廖俊,徐洁洁,皮志鹏,等. 深度学习在药物研发中的研究进展[J]. 药学进展,2020(05)：387-394.

[113] 刘伯炎,王群,徐俐颖,等. 人工智能技术在医药研发中的应用[J]. 中国新药杂志,2020(17)：1979-1986.

[114] 轩中. 人工智能帮助新药研发[J]. 互联网周刊,2018(24)：16-17.

[115] 刘伯炎,王群,徐俐颖,等. 人工智能技术在医药研发中的应用[J]. 中国新药杂志,2020(17)：1979-1986.

[116] https://mp.weixin.qq.com/s/qQjvaoQ5IIRN5raB3-5VFg.

[117] 王震霆,卢熙奎,伍湘平,等. 基于随机森林模型的人类免疫缺陷病毒 1 亚型整合酶抑制剂的虚拟筛选[J]. 抗感染药学,2022(09)：1248-1255.

[118] 志刚. 人工智能在医疗产业中的应用[J]. 大众科学,2018(10)：44-45.

[119] 李一哲,刘卓,陈树银,等. 人工智能技术在医疗领域的应用及存在的问题[J]. 数字技术与应用,2022(06)：133-135.

[120] 王迪. 人工智能在智能医疗机器人设计中的应用研究[J]. 电子制作,2019

(12)：20－21＋35.

[121] 李一哲,刘卓,陈树银,等. 人工智能技术在医疗领域的应用及存在的问题[J]. 数字技术与应用,2022(06)：133－135.

[122] 李琴兰."互联网＋健康管理"模式探讨及其应用[J]. 中国社会医学杂志,2018(01)：4－6.

[123] 李志勇,李鹏伟,高小燕,等. 人工智能医学技术发展的聚焦领域与趋势分析[J]. 中国医学装备,2018(07)：136－145.

[124] 黄桦,滕海渤,刘义法,等. 机器视觉技术在汽车制造行业中的应用研究[J]. 汽车工艺与材料,2022(06)：8－15.

[125] 尹仕斌,任永杰,刘涛,等. 机器视觉技术在现代汽车制造中的应用综述[J]. 光学学报,2018(08)：11－22.

[126] 彭惠平. 视觉系统在工业自动化上的应用[J]. 企业科技与发展,2018(11)：143－145.

[127] 尹仕斌,任永杰,刘涛,等. 机器视觉技术在现代汽车制造中的应用综述[J]. 光学学报,2018(08)：11－22.

[128] 尹仕斌,任永杰,刘涛,等. 机器视觉技术在现代汽车制造中的应用综述[J]. 光学学报,2018(08)：11－22.

[129] 王科俊,赵彦东,邢向磊. 深度学习在无人驾驶汽车领域应用的研究进展[J]. 智能系统学报,2018(01)：55－69.

[130] Wang, Z., Wu, Y., Niu, Q. Multi-sensor fusion in automated driving：A survey[J]. Ieee Access, 2019, 8：2847－2868.

[131] https://blog.csdn.net/qq_15063463/article/details/102957066.

[132] 李永丹,马天力,陈超波,等. 无人驾驶车辆路径规划算法综述[J]. 国外电子测量技术,2019(06)：72－79.

[133] 李永丹,马天力,陈超波,等. 无人驾驶车辆路径规划算法综述[J]. 国外电子测量技术,2019(06)：72－79.

[134] 李永丹,马天力,陈超波,等. 无人驾驶车辆路径规划算法综述[J]. 国外电子测量技术,2019(06)：72－79.

[135] 何兆楚,何元烈,曾碧. RRT与人工势场法结合的机械臂避障规划[J]. 工业工程,2017(02)：56－63.

[136] 黄辰,费继友,刘洋,等. 基于动态反馈A～＊蚁群算法的平滑路径规划方法[J]. 农业机械学报,2017(04)：34－40＋102.

［137］李克强，戴一凡，李升波，等. 智能网联汽车（ICV）技术的发展现状及趋势［J］.
汽车安全与节能学报，2017(01)：1-14.

［138］唐风敏. 基于人工智能神经网络技术的汽车故障诊断［J］. 汽车电器，2019(11)：
4-6+10.

［139］张书乾，邓召文. 汽车故障诊断技术研究现状与发展趋势研究［J］. 汽车实用技
术，2018(22)：257-260.

［140］高小焕. 基于神经网络的汽车故障诊断研究（硕士学位论文）［C］. 西安：西北
大学，2013.

［141］傅鹤川. 基于模糊神经网络的汽车发动机故障诊断系统及其方法研究（硕士学
位论文）［C］. 广州：华南理工大学，2017.

［142］庄新一. 以拍照搜题为例，浅谈教育人工智能的发展与应用［J］. 中国新通
信，2019(03)：165-166.

［143］作业帮技术团队微信公众号. 端到端英语发音检错在作业帮的应用［EB/
OL］.（2022-06-10）［2023-10-22］. https：//mp. weixin. qq. com/s/e_Yl
fLYseAgn1CilT0jng.

［144］吴晓如，王政. 人工智能教育应用的发展趋势与实践案例［J］. 现代教育技
术，2018(02)：5-11.

［145］作业帮技术团队微信公众号. BERT 能否被"平替"？作业帮文本分类场景下
的一次尝试［EB/OL］.（2022-09-15）［2023-10-22］. https：//mp. weixin.
qq. com/s/v0AMoXZ25GBEjMRdKEsccg.

［146］魏冬. 浅谈铁路运输计算机联锁技术［J］. 中小企业管理与科技（上旬刊），
2012(03)：282-283.

［147］赛迪奇智微信公众号. 赛迪奇智自主研发"容错目标检测与跟踪技术"，大幅提升
工业场景 ID 识别准确度［EB/OL］.（2021-07-19）［2023-10-22］. https：//mp.
weixin. qq. com/s/nFgPu61ZwYaZWAQVeZcbIQ.

［148］秦大勇，林玉娥，梁兴柱. 基于特征融合和注意力机制的 SSD 改进算法［J］. 兰
州工业学院学报，2022(06)：72-77.

［149］机器之心微信公众号. 夺冠 PASCAL VOC 视觉大赛，创新奇智团队提出目标
检测新算法［EB/OL］.（2019-07-04）［2023-10-22］. https：//mp. weixin.
qq. com/s/-0kyEOsVxo6UeljjHTCzbQ.

［150］http：//www. cisaitech. com/chanpin/product2/.

［151］创新奇智微信公众号. AI＋钢铁冶金，铁钢界面智慧管控平台［EB/OL］.（2022-

04－01)［2023－10－23］. https：//mp. weixin. qq. com/s/cDtMiY6mbBIVvhs7MJ Thqw.

[152] 创新奇智微信公众号. AI＋钢铁冶金,铁钢界面智慧管控平台［EB/OL］.（2022－ 04－01)［2023－10－23］. https：//mp. weixin. qq. com/s/cDtMiY6mbBIVvhs7MJ Thqw.

[153] 阚隆鑫,周子凯,李磊. 一种 Al－Ti－B 中间合金组织形貌定量分析方法［J］. 特 种铸造及有色合金,2018(01)：100－104.

[154] http：//www.cisaitech.com/chanpin/product3/.

[155] 创新奇智微信公众号. AI＋钢铁冶金丨智能金相分析整体解决方案［EB/ OL］.（2022－03－18)［2023－10－22］. https：//mp. weixin. qq. com/s/p3KN n4wt0smSyULRTG6cqw.

[156] 创新奇智微信公众号. AI＋钢铁冶金丨智能金相分析整体解决方案［EB/ OL］.（2022－03－18)［2023－10－22］. https：//mp. weixin. qq. com/s/p3KN n4wt0smSyULRTG6cqw.

[157] 李荣荣,徐伟,熊先青,等. 工业机器人在家具行业的应用现状研究［J］. 林业机 械与木工设备,2018(12)：32－34＋55.

[158] 阎迪. 纺织机器人的应用及发展趋势［J］. 棉纺织技术,2017(09)：81－84.

[159] 田宸玮,王雪纯,杨嘉能. 织物瑕疵检测方法研究进展［J］. 计算机工程与应 用,2020(12)：8－18.

[160] 庞娟,樊重俊,鞠晓玲. 人工智能在中国智慧机场建设中的应用［J］. 经济研究 导刊,2021(03)：98－100.

[161] 数字化航空微信公众号. 智慧民航数据治理典型实践案例分享,上海虹桥国际机 场有限责任公司：基于大数据运用的机场安检管理［EB/OL］.（2023－06－14) ［2023－10－23］. https：//mp. weixin. qq. com/s/cSVSl_Di0mTzR_yaP6ldyA.

[162] https：//mp. weixin. qq. com/s/jEXA6eGrp0nsaftA-qTJBw.

[163] 深圳机场机位智能分配系统建设案例［EB/OL］.（2022－03－18）［2023－ 10－22］. https：//mp.weixin.qq.com/s/y-ji-c7o1HIYhFV-pin8fw.

[164] 三亚机场运用人工智能技术开展跑道道面健康检测工作［EB/OL］.（2022－03－18) ［2023－10－22］. https：//mp.weixin.qq.com/s/PDZ8i1ckbi6CODFovPkukw.

[165] 张晓栋,马小宁,李平,等. 人工智能在我国铁路的应用与发展研究［J］. 中国铁 路,2019(11)：32－38.

[166] 张晓栋,马小宁,李平,等. 人工智能在我国铁路的应用与发展研究［J］. 中国铁

路,2019(11)：32-38.

[167] 于斌. 基于人工智能算法的港口物流船舶运输路径优化研究[J]. 舰船科学技术,2019(22)：196-198.

[168] 任冬炎. 基于人工智能技术的船舶最优停靠点推荐研究[J]. 舰船科学技术,2023(04)：155-158.